Material para comprender la Naturaleza de Cristo

TOCADO POR NUESTROS SENTIMIENTOS:

UN ESTUDIO COMPLETO DE LA NATURALEZA DE CRISTO EN LOS DÍAS DE LOS PIONEROS Y ELENA G. DE WHITE

Edición Completa

Jean Zurcher

Copyright ©2023

LS COMPANY

ISBN: 978-1-0881-5955-2

Tabla de Contenido:

Prefacio 5

Introducción 11

Capítulo 1—La Divinidad de Cristo 19

Capítulo 2—La Naturaleza Humana de Cristo 30

Capítulo 3—La Cristología de Ellen G. White (1827-1915) 39

Capítulo 4—Ellet J. Waggoner (1855-1916) 54

Capítulo 5—Alonzo T. Jones (1850-1923) 64

Capítulo 6—William Warren Prescott (1855-1944) 78

Capítulo 7—El Movimiento de la Carne Santa 92

Capítulo 8—Extractos de las Publicaciones Oficiales (1895-1915) 102

Capítulo 9—Extractos de las Publicaciones Oficiales (1916-1952) 113

Capítulo 10—"El Nuevo Marco Histórico Adventista" 132

Capítulo 11—Las Primeras Reacciones al libro Cuestiones Sobre Doctrinas 146

Capítulo 12—Reacciones a la Nueva Cristología (1970 a 1979) 163

Capítulo 13—El Auge de la Controversia 190

Capítulo 14—En busca de la Verdad Histórica 214

Capítulo 15—Evaluación y Crítica 243

Capítulo 16—Datos bíblicos sobre Cristología 259

Epílogo 277

Prefacio

Desde que yo era un niño pequeño, al comienzo de 1920, mis padres me enseñaron que el Hijo de Dios vino a este mundo con la herencia física semejante a la de cualquier otro bebé humano. Sin destacar Su línea de ascendencia de pecadores, ellos me contaron de Raab y David, y enfatizaban que, a pesar de Su herencia física, Jesús vivió una vida perfecta como niño, joven y adulto. Ellos me decían aun que Cristo comprendía mis tentaciones, pues fue tentado como yo, y que deseaba conferirme poder para vencer como El lo hizo. Eso me impresionó profundamente, pues me ayudó a ver a Jesús no apenas como mi Salvador, sino como un ejemplo, y a creer que por Su poder yo podría vivir una vida victoriosa.

En años posteriores aprendí que la enseñanza de mis padres con respecto a Jesús estaba bien apoyada en la Biblia, y que Ellen G. White, la mensajera del Señor para la iglesia remanente, dejó clara esa verdad en numerosas declaraciones, como las que siguen a continuación:

"Que los niños tengan en mente que el niño Jesús tomó sobre Sí mismo la naturaleza humana, en semejanza de carne pecaminosa, y fue tentado por Satanás como todos los niños lo son. Él fue capaz de resistir a las tentaciones de Satanás a través de la dependencia del divino poder de Su Padre celestial, mientras estuviese sujeto a Su voluntad y obediente a todos Sus mandamientos". Youth's Intructor, 23 de Agosto de 1894.

"Jesús tuvo vuestra edad. Las circunstancias y los pensamientos que ustedes tienen en ese periodo de vida, Jesús también los tuvo. Él no pudo pasarlos por alto en esa fase crítica. Cristo comprende los riesgos que los envuelven. Él está relacionado con vuestras tentaciones". 4ML:235.

Una de las principales razones por las cuales Cristo entró en la familia humana para vivir una vida de conquistas, desde el nacimiento hasta la madurez, fue el ejemplo que Él debería darle a aquellos a quien vino a salvar. "Jesús tomó la naturaleza humana, pasando por la infancia, niñez y juventud, para que pudiese saber como simpatizar con todos, y dejar un ejemplo para todas los niños y jóvenes. Él está relacionado con las tentaciones y las debilidades de los niños". Youth's Intructor, 1 de Septiembre de 1873.

En mis años de curso medio y facultad, continué escuchando de profesores adventistas y pastores que Jesús tomó la misma naturaleza carnal que cada ser humano tiene carne afectada e influenciada por la caída de Adán y Eva. Se destacaba que los católicos no creían en eso, porque su doctrina del pecado original exige que alejen a Jesús de la carne pecaminosa. Ellos hicieron eso al crear el dogma de la inmaculada concepción, la doctrina en que María, la madre de Jesús, aun cuando fue concebida naturalmente, estaba desde el momento de su concepción, libre de cualquier mancha de pecado original.

Así, una vez que ella era diferente de sus ancestrales y del resto de la raza caída, podía proveerle a su Hijo carne semejante a la de Adán antes de la caída. Aun cuando algunos protestantes rechacen la doctrina católica, la mayoría aun debate sobre la diferencia entre la humanidad de Cristo y la de la raza a la cual vino a salvar. Sobrenaturalmente, dicen ellos, Él fue privado de la herencia genética que podría haber recibido de Sus degenerados antepasados; de ahí que está exento de ciertas tendencias contra las cuales los seres humanos, como un todo, precisan batallar.

Desafiados por los Críticos

Porque los adventistas, desde el inicio, sostienen que Jesús tomó la naturaleza humana después de 4000 años de pecado, ministros y teólogos de otras iglesias han distorsionado esa creencia y la han utilizado para desviar al pueblo de la verdad del sábado y de los tres mensajes angélicos. Con la doctrina del pecado original en su orden de referencia, ellos declaran que si Jesús tomó un cuerpo "en semejanza de carne de pecado" (Rom. 8:3), Él habría sido un pecador y, consiguientemente, Él mismo habría tenido la necesidad de un salvador.

Al principio de 1930, un artículo desafiando tres enseñanzas adventistas, inclusive la naturaleza de Cristo, apareció en el Moody Monthly (Mensario Moddy). Francis D. Nichol, editor de la Review and Herald (hoy Revista Adventista), respondió a las acusaciones escribiéndole una carta al editor de Moody. Con referencia a la enseñanza de que Cristo "heredó una naturaleza decaída y pecaminosa", él dijo: "La creencia de los adventistas del séptimo día sobre ese asunto está claramente fundamentada en

(Hebreos 2:14-18). En la medida en que ese pasaje bíblico enseña la real participación de Cristo en nuestra naturaleza, así nosotros lo predicamos". Más tarde, en un editorial en que comentaba la respuesta crítica a su declaración, él escribió:

"Concordamos plenamente que para que alguien diga que Cristo heredó una naturaleza pecaminosa y decaída, podría, en la ausencia de cualquier otra declaración calificativa, ser mal interpretado, significando que Cristo era un pecador por naturaleza, como nosotros. Esa sería, realmente, una doctrina aterradora. Pero, tal enseñanza no es creía por nosotros. Enseñamos completamente que aun cuando Jesús hubiese nacido de mujer, compartía de la misma carne y de la misma sangre que nosotros, hecho tan verdaderamente semejante a Sus hermanos, que le era posible ser tentado en todos los puntos como nosotros, pero sin pecado. Él no conoció el pecado.

"La clave de todo el asunto, de hecho, es la frase 'pero sin pecado'. Creemos irrestrictamente en esa declaración de las Escrituras Sagradas. Cristo era, verdaderamente, sin pecado. Creemos que Aquel que no conoció pecado, fue hecho pecado por nosotros. De lo contrario, Él no podría haber sido nuestro Salvador. No importa en que lenguaje cualquier adventista se esfuerce por describir la naturaleza que Cristo heredó del lado humano -- y ¿quién puede esperar hacer eso con absoluta precisión y libre de cualquier posible mal entendido? -- creemos implícitamente, como ya lo hemos declarado, que Cristo era 'sin pecado'". –Review and Herald, 12 de Marzo de 1931.

La posición colocada por el Pr. Nichol era precisamente la creencia que la iglesia, así como muchos respetables estudiosos no adventistas de la Biblia, mantuvieron a través de las décadas. Ese era el punto de vista sustentado por Ellen White. Ella escribió: "Tomando sobre Si la naturaleza humana en su estado decaído, Cristo no participó, en lo mínimo que fuese, de su pecado... Él fue tocado con la sensación de nuestras debilidades, y en todo fue tentado como nosotros. Y sin embargo no conoció pecado... No debemos tener dudas acerca de la perfecta ausencia de pecado en la naturaleza humana de Cristo". 1MS:256.

Dialogo y Cambio

Imagine mi sorpresa entonces, cuando, como uno de los editores de la Review en los años cincuenta, oí algunos líderes de iglesia decir que ese no era un punto de vista correcto que esa era apenas la visión de un "ala lunática" de la iglesia. El diálogo fue tomando espacio entre unos pocos ministros evangélicos, que estaban comprometidos con un punto de vista sobre la naturaleza del hombre, lo cual incluía el error de la inmortalidad del alma. Me fue dicho que nuestra posición sobre la naturaleza humana de Cristo estaba siendo "aclarada". Como resultado de ese diálogo, muchos líderes de la iglesia que habían estado envueltos en las discusiones, declararon que Cristo tomó la naturaleza de Adán antes de la caída y no después de ella. El cambio fue de 180 grados: póst-lapsarianos y pre-lapsarianos.

Esa dramática alteración me compelió a estudiar la cuestión con una intensidad que anduvo cerca de la obsesión. Con toda la objetividad que pude reunir, examiné las Escrituras y leí los escritos de Ellen White. También leí las declaraciones de pensadores adventistas hechas en los últimos cien años. Examiné estudios y libros de teólogos contemporáneos, adventistas y no-adventistas. Traté de comprender que efecto podría traer ese cambio de creencia sobre:

1- el simbolismo de la escala de Jacob, que alcanzaba la Tierra y el Cielo.

2- el propósito de haber Cristo asumido la naturaleza humana;

3- la relación de Su humanidad para ser calificado como nuestro Sumo Sacerdote (Heb. 2:10; cf. DTG:745, y Vida de Jesús:155

4- la relativa dificultad de luchar contra el adversario en carne inmaculada, en lugar de carne pecaminosa

5- el profundo significado del Getsemaní y del Calvario

6- la doctrina de la justificación por la fe

7- el valor de la vida de Cristo como ejemplo para mí.

Durante cuarenta años continué ese estudio. En consecuencia, llegué a comprender mejor no solamente la importancia de sustentar una correcta visión de la naturaleza humana de Cristo, sino también dos comentarios de Ellen White sobre el por qué de verdades simples eran algunas veces aparentemente confusas:

1) "Profesos teólogos parecen tener placer en volver misterioso aquello que es claro. Ellos revisten las enseñanzas simples de la Palabra de Dios con sus propios razonamientos obscurantistas, y así confunden las mentes de aquellos que oyen sus

doctrinas". (Signs of the Times, 2 de Julio de 1896).

2) "Muchos pasajes de la Escritura, que hombres doctos consideran misterios o pasan por alto como mereciendo poca importancia, están llenas de confort para aquel que aprende en la escuela de Cristo.

Una de las razones por que muchos teólogos no tienen una mejor comprensión de la Biblia es que ellos cierran los ojos para las verdades que no les conviene practicar. La buena comprensión de la Biblia no depende tanto de la fuerza intelectual puesta al servicio do su estudio, como de la singularidad de propósito, del sincero deseo de conocer la verdad". (Consejos Sobre la Escuela Sabática:38)

Durante las recientes décadas, cierto número de escritores han tratado de probar su creencia de que Cristo tomó la naturaleza de Adán antes de la caída. Sus textos bíblicos de prueba parecen robustos apenas cuando interpretados de acuerdo con sus presuposiciones. Ocasionalmente utilizan de un abordaje ad hominem, esto es, para confundir a quien los oye o lee, en la cual se empeñan en desacreditar respetabilísimos profesores y ministros adventistas, que mantienen el punto de vista póst-caída. Entiendo que sus tentativas fueron moldeadas según un abogado a quien se le atribuye las siguientes palabras: "Si usted tiene un caso difícil, trate de confundir la cuestión. Si usted no tiene ningún caso, reprenda al jurado".

Estoy ampliamente convencido de que antes que la iglesia pueda proclamar con poder el último mensaje divino de advertencia al mundo, debe unirse en torno de la verdad de la naturaleza humana de Cristo. He esperado largamente que alguien con credenciales espirituales y académicas impecables colocase en forma sucinta y legible la completa Cristología basada en la Biblia (y en el Espíritu de Profecía), y expusiese cómo la iglesia se apartó de esa verdad 40 años atrás.

Este libro atendió a esa esperanza. Conozco a su autor ya hace muchos años. Él es un fiel adventista del séptimo día, un erudito que procura la verdad con objetividad in común. Aproximadamente hace tres décadas él hizo una excelente contribución a la teología contemporánea, escribiendo la obra The Nature and Destiny of Man (La Naturaleza y el Destino del Hombre), publicada por la Philosophical Library, de Nueva York, en 1969. Con clara comprensión de la naturaleza humana, Jean Zurcher ha tenido el discernimiento necesario para examinar la doctrina de la naturaleza humana de Cristo.

En este volumen él presenta cuidadosamente la verdad acerca de la naturaleza humana de Cristo, y muestra que la gloria de la exitosa misión del Salvador a este mundo es aumentada, y no disminuida, por el hecho de haber triunfado a pesar de haber asumido los riesgos de la "carne pecaminosa".

Creo que este libro meticulosamente investigado y bien escrito, será entusiásticamente recibido por todos aquellos que aman la verdad y desean comprender mejor cuan íntima es la relación entre Jesús y la familia humana.

Verdaderamente, "la humanidad del Hijo de Dios es todo para nosotros. Es la corriente de oro que liga nuestra alma a Cristo, por medio de Cristo a Dios". 1MS:244.

Kenneth H. Wood, presidente

Consejo Procurador del Patrimonio de Ellen G. White

10 de Agosto de 1996.

Introducción

A través de la historia de la Iglesia Cristiana, el asunto de la Cristología, que trata de Cristo, Su persona y obra[1] fue el centro de muchas disputas teológicas. Las más dañinas herejías y más dramáticos cismas tuvieron sus orígenes en la diversidad de teorías concernientes a la persona y obra de Cristo.

Debido a la helenización de la fe (conformar la fe al carácter y cultura griegas) y del surgimiento de doctrinas herejes, los apóstoles y sus sucesores fueron forzados a contender en función de la cuestión de la naturaleza divino-humana de Cristo. Eso dio como resultado la creación de "una Cristología en el estricto sentido de término, o una expresa doctrina de la persona de Jesucristo".[2]

Hoy, la naturaleza humana de Cristo aún permanece como un serio problema para el Cristianismo, y varias denominaciones tratan de resolverlo conforme una variedad de modos. Ese es un importantísimo tópico. De ese punto dependen no apenas nuestra comprensión de la obra de Cristo, sino también el entendimiento del modo de vida esperado de cada uno de nosotros, mientras seguimos "la verdad que es en Jesús". (Efe. 4:21).

Los Apóstoles Enfrentan Las Primeras Herejías

Es interesante notar que en los comienzos del Cristianismo, la cuestión de la persona de Cristo no fue: "¿Cuál fue Su naturaleza?", sino "¿Quién es Él?". Cuando Jesús le preguntó a Sus discípulos: "¿Quién, dicen los hombres, ser el Hijo del hombre? Ellos respondieron: "Unos dicen que es Juan el Bautista; otros, Elías; y otros, Jeremías, o alguno de los profetas". "Pero vosotros, les preguntó Jesús, ¿quién decís que Yo soy?" Simon Pedro respondió: "Tu eres el Cristo, el Hijo del Dios vivo". (Mat. 16:13-16).

A medida que la evangelización del mundo greco-romano progresaba, la cuestión dejó de ser una simple materia sobre quien Jesús era. Ahora el problema cambió de rumbo: ¿Cómo Jesús se refería a Dios? ¿Era Él verdaderamente divino, o apenas un hombre? Si ambos, ¿cómo podemos explicar el relacionamiento entre Su divina naturaleza y Su naturaleza humana? La iglesia, al confrontarse con la herejía, fue obligada a considerar esas cuestiones y tratar de responderlas.

Pablo y Juan fueron los primeros a refutar las falsas enseñanzas sobre la naturaleza de Cristo, en respuesta a dudas que surgieron acerca de Su divinidad y humanidad. En la epístola a los Filipenses, después de enfatizar la igualdad de Cristo con Dios, Pablo dice que Jesús vino a este mundo y se volvió "semejante a los hombres, y encontrado en la forma de hombre..." (Fil. 2:7-8) Igualmente, habiéndole escrito a los romanos que Dios envió a "Su Hijo en semejanza de carne de pecado..." (Rom. 8:3), él le declara enfáticamente a los colosenses que Cristo "es imagen del Dios invisible", y que "en Él habita corporalmente toda la plenitud de la Divinidad". (Col. 1:15; 2:9)

Fuera de eso, Juan fue compelido a afirmar en su evangelio que "el Verbo era Dios", y que "el Verbo se hizo carne" (Juan 1:1 y 14) Entonces, confrontado con las alegaciones de los gnósticos, él decidió que era necesario advertir a la iglesia contra aquellos que negaban la humanidad de Cristo: "En esto conocéis el Espíritu de Dios: todo espíritu que confiesa que Jesucristo vino en carne es de Dios; y todo espíritu que no confiesa a Jesús, no es de Dios; ese es el espíritu del anticristo". (1 Juan 4:2-3)

La Cristología A Través De Los Siglos

Desde el inicio del segundo siglo, los sucesores de los apóstoles fueron atraídos para los inexorables argumentos que tratan de la persona de Cristo, y en particular de Su naturaleza. Enfrentado con el desarrollo del arrianismo, que negaba la divinidad de Cristo, el Concilio de Nicea (325 d. C.) resolvió el problema afirmando la divinidad de Jesús. Permaneció aun el problema de las dos naturalezas, humana y divina, que fue solucionado por el Concilio de Caledonia (451 d. C.), y ese dogma se volvió la declaración de fe de la Iglesia Católica.

Los reformadores no fueron, en realidad, innovadores cristológicos; ellos estaban más preocupados con los problemas referentes a la naturaleza de la fe y de la justificación, que con aquellos de la Cristología. En términos generales, todos ellos aceptaron "el dogma fundamental de la esencial divinidad de Cristo, con la unidad de la persona y la dualidad de naturalezas".[3] Apenas unos pocos teólogos protestantes en Suiza de habla francesa abandonaron la "doctrina de las dos naturalezas".[4]

Sin embargo, muchos teólogos del siglo veinte siguieron sus pisadas. Oscar Culmann, por ejemplo, considera que "la discusión relativa a las dos naturalezas es, esencialmente, un problema griego y no judío o bíblico".[5]

Emil Brunner garantiza que "el complejo conjunto de los problemas suscitados por la doctrina de las dos naturalezas es el resultado de una cuestión equivocadamente presentada, de un problema que desea conocer algo que nosotros simplemente no podemos saber, o sea, cómo la divinidad y la humanidad están unidas en la persona de Cristo".[6]

Esa notable retirada del dogma de Calcedonia por parte de esos teólogos, está en la base de la nueva tendencia en Cristología. La vasta mayoría de los teólogos, hoy, tanto católicos como protestantes, reconocen que el estudio del misterio de Cristo no puede más estar separado de su significado para la humanidad. En otras palabras, una característica de las Cristologías contemporáneas es que ellas están más estrechamente ligadas a la antropología.

Naturalmente, esa nueva relación conduce algunos teólogos a una consideración mucho más profunda de la naturaleza humana de Cristo. El concepto de que el Hijo del hombre tomó la naturaleza humana es reconocido por todos los cristianos. Pero la cuestión es sobre qué especie de naturaleza humana Él asumió: ¿aquella afectada por la caída o la originalmente creada por Dios? En otros términos ¿la naturaleza de Adán antes o después de la caída?

Cristología Contemporánea

A través de los siglos pasados, atreverse a sugerir que la naturaleza humana de Cristo era la de Adán después del pecado, habría sido considerado una grave herejía. Hoy, muchos consideran que esa cuestión aun es discutible.[7]

No obstante, debemos ciertamente reconocer que los más eminentes teólogos protestantes de la segunda mitad del siglo veinte, tales como Karl Barth, Emil Brunner, Rudolf Bultmann, Oscar Culmann, J. A. T. Robinson y otros, se han declarado abiertamente en apoyo a la naturaleza humana afectada por la caída.

Karl Barth fue el primero a declarar su apoyo a esa explicación, en un artículo publicado ya en 1934.[8] Sin embargo, su más amplio análisis es encontrado en Dogmatics (Dogmáticos), bajo el título Truly God and Truly Man (Verdaderamente Dios y Verdaderamente Hombre)[9] Habiendo afirmado su creencia de que Jesucristo era "verdaderamente Dios", él considera pormenorizadamente como el "Verbo Se hizo carne". Para él no había ninguna posible duda sobre la caída naturaleza humana de Jesús. Con certeza él afirmó: "Él (Jesús) no era un pecador. Mas interior y exteriormente Su situación era de un hombre pecador. Él nada hizo de lo que Adán practicó, sino que vivió en la forma en que precisó asumir como base el acto de Adán. Él soportó inocentemente todo aquello de que hemos sido culpados -- Adán y todos nosotros en Adán. Espontáneamente, Él Se solidarizó con nosotros y entró en necesaria asociación con nuestra perdida existencia. Apenas de ese modo podría la revelación de Dios a nosotros y nuestra reconciliación con Él, manifiestamente volverse un evento en Él y por Él".[10]

Habiendo justificado sus conclusiones con versos de Pablo y la epístola a los Hebreos, Barth añade: "Pero no debe haber cualquier debilitación o ensombrecimiento de la salvadora verdad de que la naturaleza que Dios asumió en Cristo es idéntica a nuestra naturaleza, como nosotros la entendemos a la luz de la caída. Si eso fuese diferente, ¿cómo podría Cristo ser realmente semejante a nosotros? ¿Qué relación tendríamos con Él? Estamos delante de Dios caracterizados por la caída. El Hijo de Dios no apenas asumió nuestra naturaleza, sino que penetró en la concreta forma de nuestra naturaleza, bajo la cual estamos delante del Señor como hombres maldecidos y perdidos. Él no creó o estableció esa forma diversamente de la nuestra; aun cuando era inocente, Él Se hizo culpado; a despecho de ser sin pecado, Él Se volvió pecado. Pero esas cosas no deben llevarnos a disminuir Su completa solidaridad con nosotros y de ese modo alejarlo de nosotros".[11]

Emil Bruner, en su Dogmatics, llega a la misma conclusión. Él no duda en declarar que "el hecho de que Él haya nacido de mujer, así como nosotros, muestra que Él era verdaderamente hombre"[12]. Bruner indaga: "¿Fue Jesús de hecho un hombre como nosotros y así, un pecador?" La respuesta viene de la Escritura: "El apóstol Pablo, hablando de la humanidad real de Jesús, va hasta donde es posible cuando dice que Dios envió a Su Hijo en semejanza de carne pecaminosa (Rom. 8:3). La epístola de los Hebreos añade: 'Uno que, como nosotros, en todo fue tentado, pero sin pecado'. (Hebreos 4:15)."[13] Aun cuando Brunner concuerda que "Él era un hombre como nosotros", también reconoce que "Él no es un hombre como nosotros mismos".[14]

Apoyándose en los mismos versos, Bultmann y Culmann, concuerdan enteramente. En su comentario sobre (Filipenses 2:5-8), Culmann escribe: "A fin de asumir la 'forma de siervo', fue necesario antes de más nada, tomar la forma de hombre, vale decir, un hombre afectado por la decadencia humana. Ese es el significado de la expresión 'volviéndose semejante a los hombres' (verso 7). El sentido de homoiomaties perfectamente justificado. Aún más, la siguiente frase enfatiza que al encarnarse, Jesús, 'hombre', aceptó completamente la condición de los 'hombres'. Aquel que, en esencia, fue el único Dios-hombre... se volvió por la obediencia a Su llamado, un Hombre celeste, de forma a cumplir Su obra expiatoria, un Hombre encarnado en carne pecaminosa."[15]

Sería lastimable dejar de mencionar aquí la posición del obispo anglicano J. A. T. Robinson, que en su estudio sobre el concepto de "cuerpo" en la teología paulina, se expresó más claramente que cualquier otro sobre la naturaleza humana de Jesús: "El primer acto en el drama de la redención", escribió él, "es la auto-identificación del Hijo de Dios hasta el límite, pero sin pecado, con el cuerpo carnal en su estado caído".[16]

"Es necesario acentuar esas palabras", detalla él, "porque la teología cristiana ha sido extraordinariamente reluctante en aceptar valientemente las audaciosas y casi rudas frases que Pablo usa para demostrar el agravio del evangelio en ese punto. La tradicional ortodoxia católico-protestante sostiene que Cristo se encarnó en una naturaleza humana no-caída".[17]

"Pero, si la cuestión es reafirmada en sus términos bíblicos, no hay razón para temor -- y realmente son ellos los terrenos más importantes a investigar -- la imputación a Cristo de una humanidad sujeta a todos los efectos y consecuencias de la caída".[18]

Fuera de eso, el problema fue objeto de una propuesta de Thomas F. Torrance, en una sesión de la Comisión "Fe y Constitución" del Concilio Ecuménico Mundial, ocurrida en Herrenalb, Alemania, en Julio de 1956. "Necesitamos considerar más seriamente el hecho de que el Verbo de Dios asumió nuestra sarx, esto es, nuestra humanidad caída (y no una inmaculadamente concebida), para así santificarla. La doctrina de la iglesia necesita ser pensada en términos del hecho de que Cristo Jesús asumió nuestra humanidad y Se santificó. La iglesia es santa en la santificación de Cristo".[19]

Thomas Torrance es aún más explícito: "Tal vez la más fundamental verdad que hemos aprendido de la iglesia cristiana, o antes, reaprendida, ya vez que la suprimimos, es que la encarnación fue la venida de Dios para salvarnos en el cierne de nuestra caída y depravada humanidad, cuando ella está en su punto más alto de enemistad y violencia contra el reconciliante amor divino. Quiero decir, la encarnación debe ser comprendida como la venida de Dios para tomar sobre Sí mismo nuestra caída naturaleza humana, nuestra real existencia cargada de pecado y culpa, nuestra humanidad enferma de mente y alma, en su alienación del Creador. Esa es la doctrina encontrada en todas partes en la iglesia primitiva, en los primeros cinco siglos, y se expresa frecuentemente en términos de que el hombre total tuvo que ser asumido por Cristo, para que el hombre total pudiese ser salvo, y para que el no-asumido se pierda, o sea, lo que Dios no asumió en Cristo no sea salvo... Así la encarnación debía ser entendida como el envío del Hijo de Dios en la concreta forma de nuestra propia naturaleza pecaminosa y como sacrificio por el pecado, en el cual Él juzgó el pecado en su verdadera naturaleza, de forma a redimir el hombre de su mente carnal y hostil".[20]

El rol de teólogos que hoy están comulgando con ese pensamiento podría ser extendido. Pero esos hombres tuvieron precursores, dentro de los cuales están pioneros de la Iglesia Adventista del Séptimo Día.

Los Precursores De La Cristología Contemporánea.

Sería equivocado pensar que los teólogos del siglo veinte fueron pioneros en su posición con respecto a la naturaleza humana de Cristo. Karl Barth cita muchos autores del siglo diecinueve en su Dogmatics, los cuales defendieron la creencia de la naturaleza caída.[21]

De manera aún más pormenorizada, Harry Johnson, un valeroso defensor de la naturaleza caída de Cristo, se refiere a Gregory de Nazianzus (329-389), que habló convincentemente acerca de Cristo: "Pues aquello que Él no asumió, Él no puede salvar; pero aquello que está unido a Su divinidad, está también salvo".[22] Entonces Johnson dedica un capítulo entero a la enseñanza de doce precursores, desde el décimo séptimo hasta el décimo nono siglo; desde Antoinette Bourignon hasta Edward Irving; todos afirmaron que Cristo tomó la naturaleza de Adán tal cual ella era después de la caída.

Con Johnson, concluimos el sumario histórico de los testimonios de los teólogos contemporáneos. A partir de 1850, la Cristología de los pioneros adventistas siguió las mismas líneas de interpretación. En ese tiempo, esa posición era aún insólita y fue considerada hereje por el cristianismo tradicional y radical. ¡Cuán interesante es que la Cristología de esos pioneros es ahora confirmada por algunos de los mejores teólogos contemporáneos!

Se concluye que la Cristología desarrollada por los pioneros del movimiento adventista entre 1852 y 1952, podría bien ser considerada la vanguardia de la Cristología contemporánea. Tan avanzada posición, entonces, merece ser examinada en detalles para beneficio de aquéllos que están buscando los fundamentos cristológicos.

La Historia De La Cristología Adventista.

Muchos autores ingleses se han, en años recientes, expresado sobre el asunto, la mayoría de los cuales asume la posición de la pré-caída o pré-caída modificada. Sin embargo, hasta ahora, no hay ninguna obra que examine la historia de la creencia de la Iglesia Adventista sobre el asunto.

Algunos autores han generosamente provisto obras particularmente útiles en este proyecto. Ellas incluyen:

1) de Herbert E. Douglass, A Condensed Summary of the Historic SDA Positions on the Humanity of Jesús (Un Sumario Condensado de las Posiciones Históricas de los Adventistas del Séptimo Día Sobre la Humanidad de Jesús

2) William H. Grotheer, An Interpretative History of the Doctrine of the Incarnation as Taught by the SDA Church (Una Historia Interpretativa de la Doctrina de la Encarnación, tal como es Enseñada por la Iglesia Adventista del Séptimo Día

3) Bruno W. Steinweg, The Doctrine of the Human Nature of Christ Among Adventists Since 1950 (La Doctrina de la Naturaleza Humana de Cristo entre los Adventistas, desde 1950). Esos autores deben ser especialmente reconocidos.

La historia de la Cristología presentada en estas páginas está dividida en cinco secciones. La parte I inicia con un capítulo dedicado a la divinidad de Cristo, una doctrina que no fue aceptada sin argumentación por muchos líderes adventistas. En el segundo capítulo son presentados los fundamentos bíblicos en los cuales fue basada la interpretación de la naturaleza post-caída de Cristo, unánimemente aceptada entre 1852 y 1952.

La parte II es dedicada a un pormenorizado estudio de la Cristología como entendida por los pioneros adventistas, mientras que la parte III contiene una colección de testimonios extraídos de la literatura oficial de la iglesia. En la parte IV, perfilamos el esquema histórico de la controversia surgida cerca de 1950, siguiendo una nueva interpretación. Esa sección está fundamentada esencialmente en los escritos de Ellen G. White.

Espero que el lector comprenda el significado y la magnitud de la actual controversia. Tal vez la discusión de los corrientes puntos de vista incluidos en la parte V, ayude un poco a unificar el pensamiento de la iglesia sobre el asunto de la naturaleza humana de Cristo.

Notas y Referencias.

1. Oscar Cullman, Christologie du Nouveau Testament (Cristología del Nuevo Testamento) (Neuchâtel: Delacroix et Niestlé, 1968), págs. 9 y 11.
2. Karl Barth, Dogmatics (Dogmáticos) (Edimburgo: T&T Clark, 1956), vol. 1, parte 2, pág. 123.
3. M. Getaz Op, Les variations de la doctrine christologique chez les theólogiens de la Suisse romande au XIXe siècle (Las variaciones de la doctrina cristológica en los teólogos de la Suiza Romanda, en el siglo 19) (Friburgo: Ediciones de la biblioteca de la universidad, 1970), pág. 18.
4. Ídem, pág. 27.
5. Cullman, pág. 12.
6. Emmil Brunner, Dogmatics (Dogmáticos) (Filadélfia, Westminster Press, 1952), vol. 2,
7. Henri Blocher, Christologie (Cristología), serie Fac. Etude, Vaux-sur-Seine: 1984), vol. 2, págs. 189-192.
8. Karl Barth, Offenbarung, Kirche, Theologie (Teología Eclesiástica de la Revelación), en Theologische Existenz Heute (Existencia Teológica Hoy) (Munique: 1934).
9. Barth, Dogmatics, vol. 1, parte 2, págs. 132-171.
10. Ídem, pág. 152.
11. Ídem, pág. 153.
12. Brunner, vol. 2, pág. 322.
13. Ídem, pág. 323.
14. Ídem, pág. 324.
15. Cullmann, pág. 154.
16. J. A. T. Robinson, The Body, a Study in Pauline Theology (El Cuerpo: un Estudio de la Teología Paulina) (Londres: SCM Press, Ltd., 1952), pág. 37.
17. Ídem, págs. 37 y 38.
18. Ídem, pág. 38.
19. Citado por Harry Johnson en The Humanity of The Saviour (La Humanidad del Salvador) (Londres: Epworth Press, 1982), pág. 172.
20. Thomas F. Torrance, The Mediation of Christ (La Mediación de Cristo), págs. 48 y 49, citado por Jack Sequeira en Beyond Belief (Mas Allá de la Fe) (Boise, Idaho: Pacific Press Pub. Assn., 1993), págs. 44 y 45.
21. Ver Barth, Dogmatics, vol. 1, parte 2, págs. 153-155.
22. Ver Johnson, págs. 129-189.

Capítulo 1—La Divinidad de Cristo

Desde el inicio del movimiento adventista, en 1844, la divinidad de Jesucristo siempre fue una de sus creencias fundamentales. Presentada por primera vez en 1872, y muchas veces desde entonces, fue especificada nuevamente en los siguientes términos, por la sesión de la Asociación General de 1980: "Dios, el Eterno Hijo, se encarnó en Jesucristo. A través de El todas las cosas fueron creadas, el carácter de Dios revelado, la salvación de la humanidad consumada y el mundo juzgado. Desde la eternidad, siendo verdaderamente Dios, Él también Se volvió verdaderamente hombre, Jesús, el Cristo".[1]

Eso no significa que en el comienzo del movimiento los creyentes no tenían diferencias de opiniones acerca de la divinidad de Jesús. De los pastores que se unieron al movimiento adventista en 1844, 38 creían en la Trinidad, mientras cinco eran semi-arianos, incluyendo James White, Joseph Bates, Uriah Smith y, posteriormente, Joseph H. Waggoner todos pilares de la nueva fe. Algunos de ellos venían de la Conexión Cristiana, un movimiento que negaba la igualdad del Padre y del Hijo.[2]

Esos hombres no negaban la divinidad de Cristo o que Él no fuese el Creador de los cielos y de la Tierra, el Hijo de Dios, Señor y Salvador, sino que cuestionaban sobre el significado de las palabras: "Hijo" y "Padre", afirmando que el Hijo había tenido un comienzo en el infinito pasado -- una posición semi-ariana.

Cuando se volvieron adventistas del séptimo día, esos pastores retuvieron las creencias semi-arianas por un tiempo. Eso es visto aquí y allá en sus escritos. Su desaparecimiento fue marcado por pequeñas desaveniencias. Ese litigio podría haber puesto en peligro la unidad del nuevo movimiento, pero los pioneros expresaron abiertamente sus diferencias de opinión y las discutieron en espíritu de oración, descubriendo soluciones a través de diligente estudio de la Palabra de Dios.

James Springer White (1821-1881)[3]

James White fue cofundador de la Iglesia Adventista del Séptimo Día, juntamente con Ellen G. White y Joseph Bates. Él nació el día 4 de Agosto de 1821, en Palmyra, en

Maine. Su padre era descendiente de uno de los peregrinos del Mayflower. Después de oír predicar a Guillermo Miller sobre la segunda venida de Cristo, James se encajó en el movimiento milerita y pasó por el Gran Chasco de 1844. Mientras muchos de los que habían esperado la venida de Jesús en gloria el día 22 de Octubre de 1844, renunciaron a la fe, James White formó el núcleo de un grupo que acabó siendo pionero del movimiento adventista.

Él era un brillante predecador y escritor fecundo. Grandemente animado por Ellen Harmon, con quien se casó en 1846, James dio inicio a varias revistas: Present Truth (La Verdad Presente), en 1849, Advent Review and Sabbath Herald (Revista del Advento y Heraldo del Sábado), en1850, Youth's Instructor (Instructor de la Juventud), en 1852, y Signs of the Times (Señales de los Tiempos), en 1874. Entre 1853 y 1880, él publicó cuatro libros y muchos panfletos.

En artículos publicados en la Advent Review and Sabbath Herald (Revista Adventista y Heraldo del Sábado), James White expresó sus puntos de vista acerca de la divinidad de Jesús. Alcomienzo, él rechazó totalmente lo que describía como "el antiguo despropósito trinitariano", que favorecía la idea de que "Jesucristo es verdaderamente el Dios Eterno".[4] Sin embargo, después de 1853, él afirmó su creencia en la divinidad de Cristo.[5]

Veinte y tres años después, James escribió que los adventistas del séptimo día "creen en la divinidad de Cristo de la misma forma que los trinitarianos"[6] En 1877, él publicó un artículo titulado "Cristo igual a Dios"[7]. Poco tiempo antes de su muerte, él declaró más una vez que "el Hijo era igual al Padre en la Creación, en la institución de la ley y en el gobierno de las criaturas inteligentes".[8] Mientras la posición de James White era moderada, tal no sucedía con Uriah Smith.

Uriah Smith (1832-1903)[9]

Uriah Smith nació en New Hampshire, en 1832, poco después que Guillermo Miller iniciara su predicación sobre el inminente retorno de Cristo. Él tenía apenas 20 años de edad cuando se volvió adventista, en 1852. Yá en 1855, él fue indicado como editor-asistente de la Review and Herald, donde estuvo en estrecha asociación con James White. Luego se volvió editor-jefe, una posición que mantuvo hasta casi el día de su muerte.

Uriah Smith poseía una personalidad dominante y mantenía vigorosamente sus posiciones. Sus libros y artículos ejercían fuerte influencia sobre las convicciones doctrinarias de la iglesia. Smith es bien conocido principalmente en razón de sus libros sobre profecías bíblicas: Daniel and the Revelation (Daniel y Apocalipsis), The United States in Prophecy (Los Estados Unidos en la Profecía), y Looking Unto Jesus (Mirando a Jesús).

Como James White, Joseph Bates y otros, Uriah Smith abandonó su postura semi-ariana, pero no sin dificultad. En su primer libro, Thoughts on the Revelation (Reflexiones Sobre el Apocalipsis) (1867), él declaró abiertamente sus puntos de vista antitrinitarianos.[10] Él no apenas negaba la existencia del Espíritu Santo, sino que también consideraba que "la eternidad absoluta... sólo puede ser atribuída a Dios, al Padre".[11] Ese atributo, decía él, nunca puede ser aplicado a Cristo.

En su comentario sobre Apocalipsis 3:14, Uriah Smith especifica que Cristo no es reconocido como "el iniciador, sino como el inicio de la creación, y el primer ser creado".[12] Poco tiempo después, él moderó sus afirmaciones antitrinitarianas. Al tiempo de la publicación de Daniel and the Revelation, en 1882, él explicó que "Su Hijo unigénito", de (Juan 3:16) difícilmente podría ser aplicado a "un ser creado en el sentido común".[13]

En 1898, en su último libro, Looking Unto Jesús, Uriah Smith abandonó la idea de Cristo como "un ser creado". Pero, sostuvo que en algún punto en el tiempo, Jesús "apareció" y que, consecuentemente, Él tuvo un comienzo. "Únicamente Dios no tiene principio". En la más remota época, cuando pudo haber un comienzo -- un periodo tan lejano que para mentes finitas es esencialmente eternidad apareció la Palabra. "En el principio era el Verbo, y el Verbo estaba con Dios, y el Verbo era Dios". (Juan 1:1) La Palabra no creada era el Ser que, en la plenitud de los tiempos, se hizo carne y habitó entre nosotros. Su principio no fue semejante al de muchas otras cosas en el Universo".[14]

Considerando la posición de Cristo antes de la encarnación, Smith afirmaba que ella era "igual a la del Padre". Sin embargo, "ninguna obra de la creación fue realizada hasta que Cristo se hubo hecho un activo agente en escena".[15] Entonces, trae a público esta declaración extraña: "Con el Hijo, la evolución de la Deidad, como divinidad, cesó".[16] En otras palabras, Smith apoyaba el concepto de que Cristo no fue creado, sino "derivado de Dios".[17]

Ese punto de vista también era defendido por Joseph H. Waggoner.

Joseph H. Waggoner (1820-1889)[18]

Joseph H. Waggoner fue un celoso defensor de la posición semi-ariana, especialmente cuanto a la divinidad de Cristo. Él también se oponía a la doctrina de la Trinidad y consideraba el Espíritu Santo como meramente una influencia inpersonal.[19]

Waggoner parece no haber pertenecido a la Conexión Cristiana, pero esa comprensión era compartida por muchas denominaciones de aquella época. Antes de unirse al creciente movimiento adventista, él era miembro de la iglesia bautista y trabajaba como editor-asistente de un diario político de Wisconsin. Muy rápidamente él firmó su posición al lado de los pioneros adventistas y ejerció cargos de influencia, como editor de la Signs of the Times, sucediendo a James White. Posteriormente, Waggoner editó el American Sentinel (Sentinela Americano), y finalmente, Pacific Health Jornal (Diario de la Salud del Pacífico). Fue autor de varios artículos y libros, inclusive del The Atonement (La Expiación) y, From Eden to Eden (Del Edén Para el Edén), en 1886.

Joseph H. Waggoner no pudo asistir a la sesión de la Conferencia General de Mineápolis, en 1888, a causa de su precario estado de salud. Él falleció en 1889. La cuestión de la divinidad de Jesús estaba en la agenda de la Conferencia de 1888. En esa ocasión, el hijo de Joseph, Ellet J. Waggoner, refutó los últimos argumentos semi-arianos remanentes en la iglesia, y definitiva mente estableció el fundamento bíblico necesario para el establecimiento de la plena y completa divinidad de Jesucristo.

Ellet J. Waggoner (1855-1916)[20]

Ellet J. Waggoner fue el primer teólogo adventista a presentar la Cristología sistemática referente a la divinidad y a la humanidad de Jesucristo.

Nacido en Baraboo, Wisconsin, Ellet J. Waggoner estudió en el Colegio de Battle Creek, Michigan. Prosiguió sus estudios en el Bellevue Medical College, New York, para la obtención del grado en medicina. Inició su carrera como médico en el Sanatorio de Battle Creek, pero descubrió que prefería predicar y así entró para el ministerio evangélico.

Después de revelar talento para escribir, fue llamado a trabajar como editor-asistente de la revista Signs of the Times[21], en 1884, bajo la dirección de su padre. Dos años más tarde, se volvió editor-jefe, cargo que mantuvo hasta 1891. De 1892 hasta 1902, Waggoner trabajó en Inglaterra, primeramente como editor de la Present Truth, y después como primer presidente de la Asociación del Sur de Inglaterra. Después volvió a los Estados Unidos por causa de su divorcio y nuevo casamiento, gastó los años restantes de su carrera separado de la iglesia, como profesor de teología en el Colegio de Battle Creek, en esa época dirigido por John Harvey Kellogg.[22]

Waggoner era un teólogo muy fecundo. Escribió varios e importantes libros[23], numerosos panfletos y centenas de artículos para revistas. Sin embargo, quedó más conocido por el papel que desempeñó en la sesión de la Conferencia General de 1888, en Mineápolis, juntamente con su colega Alonzo T. Jones. Juntos dejaron su marca en la historia de la iglesia adventista, por las presentaciones sobre justificación por la fe. Para Waggoner, el asunto solamente podría ser comprendido a través de los lentes de la Cristología.

Ya en 1884, Waggoner publicó una serie de artículos en la Signs of the Times, en los cuales afirmaba su fe en la divinidad de Cristo, Creador de todas las cosas, a quien los ángeles adoran exáctamente como lo hacen con Dios, el Padre. "Él (Dios) dio a Su Hijo Unigénito -- por quien todas las cosas fueron hechas y a quien los ángeles adoran con reverencia igual a la rendida a Dios--para que el hombre pudiese tener vida eterna."[24]

En la sesión de la Conferencia General de Mineápolis, en 1888, Waggoner presentó una serie de charlas sobre la divinidad de Cristo, un asunto que estaba en la agenda de la Conferencia. Aun cuando no dejó versiones escritas de sus presentaciones, Waggoner publicó una serie de cuatro artículos sobre el asunto, inmediatamente después de la sesión.[25] Eso sugiere que ellos fueron relatos de sus charlas. Ellos también fueron vistos en las primeras cuatro secciones del libro Christ and His Righteousness (Cristo y Su Justicia), publicado en 1890. Ese libro contiene la mayoría de las ideas prevalecientes en la Cristología de Waggoner.[26]

En ese tiempo, muchos líderes de la iglesia aun tenían conceptos semi-arianos o adocianistas, concernientes a la naturaleza divina de Cristo, de ahí la importancia de la cuestión levantada por Waggoner: "Cristo es Dios?"[27]

Para probar que Él realmente era Dios, Waggoner citó muchos versos en los cuales

Cristo era llamado Dios. Para benefício de aquellos que aun negaban eso, él explicó que el nombre de Dios "no le fue dado a Cristo como consecuencia de alguna gran realización, sino que es Suyo por derecho hereditario".[28] "Cristo es la 'expresa imagen' de la persona del Padre (Heb. 1:3)... Aun cuando era el Hijo del Dios auto-existente, Él tenía por naturaleza todos los atributos de la divinidad".[29] El propio Cristo enseñó de manera categórica que Él era Dios (Juan 14:8-9; 10:33; 8:58)[30] Waggoner enfatizaba la importancia de la declaración de Pablo en (Col. 1:19): "Porque aprobó a Dios que en El habitase toda la plenitud". (Col. 2:9): "Porque en El habita corporalmente toda la plenitud de la divinidad". Waggoner califica eso como "el más absoluto e inequívoco testimonio"[31], noción que fue repetida quince veces en su estudio.

No basta simplemente decir: "Jesucristo es Dios". Los apóstoles lo describen también como "Creador". Waggoner cita (Colossenses 1:15-17), afirmando que "no hay cosa alguna en el Universo que haya dejado de ser creada por Cristo... Todo depende de El para existir ... Él sostiene todas las cosas por la palabra de Su poder".[32] En (Hebreos 1:10), el propio Padre le dice al Hijo: "Tu, oh Señor, en el principio fundaste la Tierra y los cielos son obra de Tus manos".[33]

Quien, entonces, puede atreverse a negar "la divinidad de Cristo y el hecho que Él es el Creador de todas las cosas".[34] Insistir, como "muchas personas" lo hacen, que "Cristo es un ser creado", basándose en un único verso, como (Apocalipsis 3:14), es simplemente negar Su divinidad.[35] Lo mismo es válido cuando alguien se apoya en la expresión de Pablo, declarando que Cristo era "el primogénito de toda a Creación"(Col. 1:15). El siguiente versículo, observa Waggoner, muestra claramente que Él es "el Creador y no la criatura".[36]

Sin embargo, aun Waggoner creía que "hubo un tiempo cuando Cristo derivó y salió de Dios, del seno del Padre (Juan 8:42; 1:18), pero que ese tiempo es tan distante en los días de la eternidad, que para la finita comprensión él es prácticamente sin principio".[37] Finalmente, Waggoner enfatizó que "una vez que Él es el Unigénito Hijo de Dios, es de la misma substancia y naturaleza de Dios, y posee, por nacimiento, todos los atributos de Dios... Él tiene inmortalidad por derecho propio, y puede conferirla a otros".[38] Eso porque, Waggoner concluye: "Él es apropiadamente llamado Jehová, el Yo Soy".[39]

La insistencia de Waggoner sobre el hecho de ser Cristo de la misma substancia de Dios y poseer vida en Sí mismo, no era, indudablemente, una novedad a los ojos de muchos de los delegados en la sesión de Mineápolis. Su posición sobre la naturaleza divina de Cristo era, probablemente, parte de la razón para la oposición de muchos delegados a su mensaje sobre la justificación por la fe. Él, evidentemente, encontró que era esencial afirmar la igualdad de Cristo con Dios, pues solamente la vida de Dios en Cristo tenía el poder de salvar pecadores, justificándolos por Su gracia.

Su contribución en ese punto, como también a respecto de la naturaleza humana de Cristo, fue decisiva. Froom reconoce eso prontamente: "En 1888, Waggoner estaba siendo pionero, y sin los benefícios de las muchas afirmaciones posteriores de ella [Ellen White]", "no apenas sobre la eterna preexistencia de Cristo, sino también de Su existencia individual y Su infinitud, igualdad y omnipotencia".[40]

Ellen White se expresó así después de oír a Waggoner: "La plenitud de la divinidad en Jesucristo nos fue mostrada con belleza y encanto".[41] Para ella, eso demostraba que Dios estaba operando entre ellos. La interpretación de Waggoner fue, mayormente, una prueba teológica de lo que ella siempre creyó y declaró en sus escritos para aquel tiempo

Ellen Gould White (1827-1915)

Educada en la fe metodista, Ellen White nunca tuvo problema en tratar la divinidad de Cristo, Su preexistencia e igualdad con el Padre. Es, en larga medida, gracias a ella y a sus escritos que la doctrina de la Trinidad fue definitivamente establecida. No iniciada en las complejidades de la teología, ella cuidadosamente evitaba caer en la trampa de las controversias cristológicas anteriores. Igualmente, ella nunca tomó parte en confrontaciones directas con sus asociados más allegados que mantenían erróneas ideas sobre la persona de Cristo. Eso no impidió que su influencia fuese decisiva.

Nacida el 26 de Noviembre de 1827, en Gorham, Maine, Ellen creció en el seno de una família temiente a Dios. A la edad de 12 años, ella fue bautizada por inmersión en la Iglesia Metodista. Al encerramiento de una serie de sermones de Guillermo Miller sobre la breve vuelta de Jesús, toda la família se unió al movimiento milerita y pasó por el Gran Chasco del 22 de Octubre de 1844.[42]

En Diciembre de 1844, aun aturdida por aquellos acontecimientos, Ellen tuvo su primera visión durante una reunión de oración. Con el pasar del tiempo, se hizo evidente que el Señor le había concedido el don de profecía, hablándole a través de sueños y visiones. Como mensajera del Señor, ella sirvió de consejera en el mismo seno de la iglesia. En Agosto de 1846, Ellen Harmon se casó con James White. Juntos se volvieron columnas del movimiento adventista.

No podemos enfatizar suficientemente como el Señor usó a Ellen White para guiar, desde su inicio, la pequeña comunidad adventista a la Biblia como la Palabra de Dios, y a través de ella, a Jesucristo. Si ya hubo un escritor o escritora que honró, adoró y exaltó a Cristo, Su carácter, vida y obra, esa fue Ellen White. Para comprobarlo alguien sólo precisa leer los libros que ella escribió en relación a Su vida y enseñanzas.[43] Con certeza, en todos sus libros el Hijo de Dios es el tema central.

En Mineápolis, Ellen White sostuvo el principio de Sola Scriptura, promovido por Waggoner, para resolver el problema enfrentado por los delegados sobre la divinidad de Cristo, la justificación por la fe y la ley en Gálatas. Ellen no fue capaz de encontrar un manuscrito anterior que había escrito para J. H. Waggoner sobre la materia, y sugirió que eso podría haber sido providencial: "Dios tiene un propósito en esto. Él desea que vayamos a la Biblia y tomemos la evidencia escriturística".[44] En su charla de encerramiento, titulada A Call to a Deeper Study of the Word (Un Llamado al Estudio más Profundo de la Palabra), Ellen White promovió un ejemplo del propio método de Waggoner.

"El Dr. Waggoner", ella dijo, "presentó sus puntos de vista de manera clara y directa, como un cristiano debe hacerlo. Si él está errado, ustedes deberían, de modo calmo, racional y cristiano, tratar de mostrarle a través de la Palabra de Dios dónde él está en desarmonia con sus enseñanzas... Tomemos nuestra Biblia y con humilde oración y espíritu susceptible de enseñanza, vamos al gran Maestro del Mundo... La verdad precisa ser presentada tal cual ella es en Jesús... Debemos investigar las Escrituras a fin de obtener evidencias de la verdad... Todos los que reverencian la Palabra de Dios tal cual ella se presenta, todos que hacen Su voluntad según lo mejor de sus capacidades, conocerán si la doctrina procede de Dios".[45]

Por haber seguido ese método desde el comienzo, Ellen White nunca tuvo problemas con la divinidad de Jesús. Ella afirmaba la igualdad de Cristo con Dios.[46] Lo describía como "la Majestad del Cielo... igual a Dios"[47], "Soberano del Cielo, uno en poder y autoridad con el Padre"[48], "de una sola substancia, poseyendo los mismos atributos" del Padre[49] "el Unigénito Hijo de Dios, que estaba con el Padre desde las eras eternas"[50], "El Señor Dios... revestido de las vestiduras de la humanidad"[51], "Infinito e Omnipotente; Eterno y auto-existente Hijo"[52].

En su mayor obra, El Deseado de Todas las Gentes, publicado primeramente en 1898, Ellen White escribe en las líneas iniciales del libro: "Desde los días de la eternidad el Señor Jesucristo era uno con el Padre; era 'la imagen de Dios', la imagen de Su grandeza y majestad, 'el resplendor de Su gloria'. Fue para manifestar esa gloria que Él vino al mundo... para ser 'Dios con nosotros'"[53]. Escribió más: "En Cristo hay vida original, no emprestada, no derivada... La divinidad de Cristo es para el creyente la seguridad de la vida eterna".[54]

En un artículo publicado en 1900, Ellen White insistió: "Cristo es el preexistente, auto-existente Hijo de Dios... Hablando de Su preexistencia, Cristo conduce la mente para las eras sin fin del pasado. Él nos garantiza que nunca hubo un tiempo en que no estiviese en íntimo compañerismo con el Dios Eterno. Aquel cuya voz los judíos entonces oían, había estado con Dios como Alguien conviviente con Él".[55]

Semejantemente, en otro artículo fechado el 5 de Abril de 1906, Ellen White afirmó por última vez aquello que se volvió la creencia oficial de la Iglesia Adventista sobre el asunto de la divinidad de Cristo: "Cristo era esencialmente Dios, y en el más alto sentido. Él estaba con Dios desde toda la eternidad... una Persona distinta, todavía uno con el Padre".[56]

La influencia de Ellen White fue decisiva para ayudar a disipar las creencias semi-arianas que aun permanecían entre algunos miembros de la iglesia. Ella fue apoyada por Ellet J. Waggoner y más tarde por William W. Prescott[57] y Arthur G. Daniells[58]

Notas y Referencias.

1. Seventh-day Adventists Believe: A Biblical Exposition of 27 Fundamental Doctrines (Lo Que Creen los Adventistas del Séptimo Día -- Una Exposición Bíblica de las 27 Doctrinas Fundamentales) Haggerstown, Md.; Review and Herald Pub. Assn., 1988), pág. 36.

2. Ver LeRoy Edwin Froom, Movement of Destiny (Movimiento del Destino) (Washington, D.C. Review and Herald Pub. Assn., 1971), págs. 148-182.

3. Ver Seventh-day Adventist Encyclopedia (Enciclopedia Adventista del Séptimo Día) (Washington, D.C., Review and Herald Pub. Assn., 1976), págs. 1598-1604.

4. James S. White, en la Review and Herald (Revista y Heraldo), 5 de Agosto de 1852. Ver Seventh-day Adventist Encyclopedia, págs. 286-288.

5. James S. White, en Review and Herald, 8 de Septiembre de 1853.

6. Ídem, 12 de Octubre de 1876.

7. Ídem, 29 de Noviembre de 1877.

8. Ídem, 5 de Julio de 1880.

9. Ver Seventh-day Adventist

Encyclopedia, págs. 1355, 1356.

10. Ver Froom, págs. 158, 159.

11. Uriah Smith, Thoughts on the Revelation (Reflexiones Sobre el Apocalipsis) (n.p., 1867), pág. 14.

12. Ídem, pág. 59.

13. Sal. 2:7; Hechos 13:33; Juan 1:14; 3:16; Heb. 1:5; 5:5.

14. _____ Looking Unto Jesus (Mirando a Jesús) (Battle Creek, Mich.: Review and Herald Pub. Assn., 1898) (y reimpreso por Payson, Ariz.: Leaves of Autumn Books, 1986), pág. 10.

15. Ídem, pág. 12.

16. Ídem, pág. 13.

17. Ídem, pág. 17.

18. Ver Seventh-day Adventist Encyclopedia, pág. 1563.

19. Ver Froom, págs. 167-175.

20. Ver Eric Claude Webster, Crosscurrents in Adventist Christology (Contracorrientes en la Cristología Adventista) (New York: Peter Lang, 1984), págs. 157-247.

21. Inicialmente esa revista fue llamada de The Signs of the Times, pero posteriormente Signs of the Times.

22. Ver Seventh-day Adventist Encyclopedia, vol. 10, pág. 1563.

23. Los principales libros son: Fathers of the Catholic Faith (Padres de la Fe Católica), (Oakland: Pacific Press Pub. Co., 1888); The Gospel in the Book of Galatians (El Evangelio en la Epístola a los Gálatas) (Oakland: Pacific Press Pub. Co., 1890); The Gospel in Creation (El Evangelio en la Creación), Battle Creek, Mich.: International Tract Society, 1895); The Glad Tidings (Las Buenas Nuevas) (Oakland: Pacific Press Pub. Co., 1900); The Everlasting Covenant (El Pacto Eterno) (Londres: International Tract Society, 1900).

24. Ellet J. Waggoner, en Signs of the Times, 28 de Agosto de 1884.

25. Ídem, 25 de Marzo de 1889; 1, 8 y 15 de Abril de 1889.

26. Ver Jean Zurcher, "Ellet J. Waggoner's Teaching on Righteousness by Faith" (La Enseñanza de Ellet J. Waggoner Sobre la Justificación Por la Fe) (ensayo presentado en la reunión de los Depositarios White , Washington, D.C., en Enero de 1988).

27. Waggoner, Christ and His Righteousness (Cristo y Su Justicia), págs. 9-16.

28. Ídem, págs. 11 y 12.

29. Ídem, pág. 12.

30. Ídem, pág. 13-15.

31. Ídem, pág. 16.

32. Ídem, pág. 17.

33. Ídem, pág. 18.

34. Ídem, pág. 19.

35. Ídem, págs. 19-21.

36. Ídem, pág. 21.

37. Ídem, págs. 21-25.

38. Ídem, pág. 22.

39. Ídem, pág. 23.

40. Froom, pág. 296.

41. Ellen G. White en Review and Herald, 27 de Mayo de 1890.

42. Ver Seventh-day Adventist Encyclopedia, págs. 1584-1592; Webster, págs. 82-88.

43. Los más conocidos: Steps to Christ (Camino a Cristo) (New York: Fleming H. Revell, 1892); Thoughs From the Mount of Blessing (El Discurso Maestro de Cristo) (Battle Creek, Mich.: International Tract Society, 1896); Christ Our Saviour (Cristo, nuestro Salvador) (Battle Creek, Mich.: International Tract Society, 1896); The Desire of Ages (El Deseado de Todas las Gentes) (Mountain View, Calif.: Pacific Press Pub. Co., 1898); Christ's Object Lessons (Palabras de Vida del Gran Maestro) (Battle Creek, Mich.: Review and Herald Pub. Assn., 1900).

44. Ellen G. White, Manuscrito 15,

1888. Citado en A. V. Olson, Through Crisis to Victory (De la Crisis a la Victoria) (Washington, D.C.: Review and Herald Pub. Assn., 1966), pág. 293.

45. Ídem, págs. 294-302.

46. Ver Seventh-day Adventist Encyclopedia, pág. 287.

47. Ellen G. White, Manuscrito 4, 1863, citado en Selected Messages (Mensajes Selectos) (Wash ington, D.C..: Review and Herald Pub. Co., 1958), volumen 1, pág. 69.

48. Ellen G. White, The Great Controversy Between Christ and Satan (El Gran Conflicto) (Moutain View, Calif.: Pacific Press Pub. Assn., 1888), pág. 459.

49. _____, en Signs of the Times, 27 de Noviembre de 1893.

50. _____, Fundamentals of Christian Education (Fundamentos de la Educación Cristiana) (Nashville: Southern Pub. Assn.,1895), pág. 382.

51. Ídem, pág. 379.

52. Ellen G. White, Manuscrito 101, 1897, citado en EGW, Evangelim (Evangelismo) (Washington, D.C.: Review and Herald Pub. Assn, 1946), pág. 615.

53. Ellen G. White, The Desire of Ages (El Deseado de Todas las Gentes) (Nashville: Southern Pub. Assn., 1964), pág. 19.

54. Ídem, pág. 530.

55. _____, en Signs of the Times, 29 de Agosto de 1900.

56. _____, en Review and Herald, 5 de Abril de 1906.

57. William W. Prescott (1855-1944), editor de la Review and Herald (1902-1909) y vice-presidente de la Asociación General, publicó en 1920 The Doctrine of Christ (La Doctrina de Cristo), una serie de estudios bíblicos conteniendo 18 lecciones. Ese fue, realmente, el primer ensayo adventista en teología sistemática sobre la persona de Cristo. Ver nuestro capítulo 6.

58. Arthur G. Daniells (1858-1935), presidente de la Asociación General de 1901 a 1922, publicó en 1926, Christ Our Righteousness (Cristo, Nuestra Justicia) (Washington, D.C.: Review and Herald Pub. Assn.). Ese libro ejerció notable influencia cristocéntrica sobre el cuerpo ministerial.

Capítulo 2—La Naturaleza Humana de Cristo

Ha sido siempre un desafio comprender la naturaleza humana de Cristo, reto tal vez mayor que entender Su naturaleza divina. La humanidad de Cristo ha sido el punto crucial de la controversia, desde los primeros siglos de la Era Cristiana hasta ahora, al punto que la Cristología está hoy confinada mayormente a su estudio. La cuestión crítica es si la carne de Cristo era la de Adán antes de la caída o después de ella. En otras palabras, ¿estaba la carne de Cristo libre de las influencias del pecado o sujeta a su poder y a la muerte?

Ese es un problema de magna importancia. Si erramos acerca de la naturaleza humana de Jesús, nos arriesgamos a cometer errores sobre cada aspecto del plano de la salvación. Podemos malograr en la comprensión de la realidad redentiva de la gracia concedida por Jesús a los seres humanos, al defender Su humanidad como si estuviese libre del poder del pecado.

Ellen White destacó esa fundamental verdad: "El triunfo y la obediencia de Cristo son los de un ser humano. En nuestras consideraciones, podemos cometer muchos errores en razón de equivocados puntos de vista sobre la naturaleza humana del Señor. Cuando le conferimos a Su naturaleza humana un poder que no le es posible al hombre poseer en sus conflictos con Satanás, destruimos la entereza de Su humanidad".[1]

La Encarnación—Un Misterio.

Innegablemente, la encarnación del Hijo de Dios es un misterio. El apóstol Pablo declaró: "Es, sin duda alguna, grande el misterio de la piedad: Aquel que Se manifestó en carne, fue justificado en espíritu, visto de los ángeles, preficado entre los gentiles, creído en el mundo, y recibido arriba en la gloria". (1 Tim. 3:16).

Ese misterio se relaciona con todos los aspectos del plan de la salvación, y no apenas con la encarnación. No admira que Ellen White hubiese declarado: "El estudio de la encarnación de Cristo, de Su sacrifício expiatorio y obra mediadora, ocupará la mente del diligente estudiante mientras dure el tiempo".[2] A respecto de la encarnación, ella semejantemente escribió: "Al contemplar la encarnación de Cristo en la humanidad, quedamos atónitos delante de tan insondable misterio que la mente humana no puede comprender. Mientras más reflexionamos sobre él, más espantoso nos parece".[3]

El hecho de ser un "insondable misterio" no implica que sea un asunto prohibido y puesto de lado como incomprensible. ¿No habla Pablo del "misterio que estuvo oculto de los siglos y de las generaciones, pero que ahora fue manifestado a sus santos... que es Cristo en vosotros, la esperanza de la gloria"? (Col. 1:26-27) Él también habló del misterio de la piedad que fue "predicado entre los gentiles, creído en el mundo" (1 Tim 3:16). Eso implica en una progresiva revelación de verdades que Dios desea compartir con la humanidad, cuyo propósito es conducirla a la salvación.

Aun cuando ella afirme que la encarnación de Cristo sea un misterio, Ellen White nos convida a estudiarla en profundidad. Y de la una buena razón de su importancia: "La humanidad del Hijo de Dios es todo para nosotros. Es la corriente de oro que liga nuestra alma a Cristo y por medio de Cristo a Dios. Esto debe constituir nuestro estudio". Ella, sin embargo, hace una advertencia: "Cuando abordamos este asunto, bien haremos en tomar a pecho las palabras dirigidas por Cristo a Moisés, junto a la sarza ardiente: 'Saca las sandalias de tus pies, porque el lugar en que estás es tierra santa'. (Exo. 3:5) Debemos aproximarnos de este estudio con la humildad de un discípulo, de corazón contrito". En el encerramiento del párrafo, ella dice: "El estudio de la encarnación de Cristo es campo fructífero, que recompensará al investigador que cave hondo en busca de verdades ocultas".[4]

El problema al buscar su comprensión no es tanto el método de la encarnación -- cómo la divina naturaleza fue capaz de unirse a la naturaleza humana en Cristo. Ese es un misterio que está mucho más allá de nuestra comprensión. El problema que la Cristología busca resolver es el por qué de la encarnación, y en qué especie de carne Jesús realmente se manifestó. Ese es el cierne del problema. A ese respecto, el Nuevo Testamento no tiene carencia de información clara.

El Fundamento Bíblico de la Cristología.

La única manera por la cual los pioneros consiguieron deshacerse de la influencia de sus tradiciones semi-arianas, fue confiar enteramente en la enseñanza de las Escrituras. En virtud de eso, ellos abrieron el camino para una Cristología, la cual los mejores exégetas del siglo 20 solamente vinieron a verificar recientemente en sus estudios.

À parte del Nuevo Testamento, es difícil especificar que fuentes están por detrás de la primera atribución adventista de "carne pecaminosa" a Jesús. Por otro lado, es fácil acordarse de las referencias bíblicas usadas por los primeros escritores adventistas, para definir la naturaleza de la carne en la cual el Señor Jesús venció el poder del pecado.

El texto más citado y más explícito es (Rom. 8:3). Ningún otro pasaje parece explicar mejor la razón para la encarnación, y en qué especie de carne ella fue realizada: "Dios, enviando a Su Hijo en semejanza de carne de pecado, y por causa del pecado, en la carne condenó el pecado".

Los primeros teólogos adventistas interpretaban con naturalidad la expresión de la King James Version "en semejanza de carne de pecado" como la definición paulina de la carne de Jesús en el tiempo de Su encarnación. Ellos consideraban que la palabra "semejanza" debía ser usada precisamente con el mismo sentido dado en (Filipenses 2:7), que dice que Jesús, después de haberse despojado de la forma de Dios y de Su "igualdad" con Él, "tomó la forma de siervo, haciéndose semejante a los hombres". Que equivale a decir que Jesús no tuvo simplemente una apariencia humana, sino que de hecho tuvo una naturaleza con "carne pecaminosa" sarko hamartias, como Pablo declara en (Rom. 8:3). Eso no era entendido como implicando que Jesús hubiese sido un pecador, o que Él hubiese participado, en lo mínimo que fuese, del pecado del hombre.

La expresión "Dios ... condenó el pecado en la carne" fue interpretada como significando que Jesús, habiendo vivido una vida sin pecado, en "carne pecaminosa", había realmente "condenado el pecado en la carne" (Rom. 8:3). De esa manera, "vino a ser autor de eterna salvación para todos los que Le obedecen" (Heb. 5:9). Así, desde el inicio, la Cristología de los pioneros fue desarrollada en directa relación con su Soteriología, siendo la última una función de la primera.

Entre otros textos a menudo citados, también encontramos (Rom. 1:3), que define la naturaleza de Jesús a través de Sus ancestrales: "[Cristo] que nació de la descendencia de David según la carne" (Hebreos 2:16) también fue citado: "Pues, en verdad, no presta auxílio a los ángeles, sino que a la descendencia de Abraham". Un escritor hizo mención de algunos de los menos alabables de la descendencia de Abraham, y comentó: "Una rápida mirada en los ancestrales y en la posteridad de David, muestra que la línea de la cual Cristo descendió era tal que tendería a concentrar en El todas las debilidades de la humanidad".[5]

Muchos otros pasajes de la epístola a los Hebreos fueron citados, los cuales enfatizaban la identidad de la naturaleza humana de Jesús con aquella de Sus hermanos humanos. Por ejemplo: "Pues tanto el que santifica, como los que son santificados, vienen todos de uno sólo." (Heb. 2:11) "Por lo tanto, visto como los hijos son participantes comunes de carne y sangre, también Él, semejantemente, participó de las mismas cosas" (verso 14). "Por lo cual convenía que en todo fuese hecho semejante a Sus hermanos". (verso 17). Y aun otro: "Porque no tenemos un sumo sacerdote que no pueda compadecerse de nuestras debilidades; sino uno que, como nosotros, en todo fue tentado, pero sin pecado". (Heb. 4:15)

La declaración de Pablo en (Gálatas 4:4-5), es frecuentemente citada como implicando en una completa y real participación en la caída humanidad, como condición para la salvación del hombre: "Pero, viniendo la plenitud de los tiempos, Dios envió a Su Hijo, nacido de mujer, nacido debajo de la ley, para rescatar los que estaban debajo de la ley, a fin de que recibamos la adopción de hijos". Semejantemente, en (2 Cor. 5:21): "Aquel que no conoció pecado, Dios lo hizo pecado por nosotros; para que en El fuésemos hechos justicia de Dios".

Ahí están algunos pasajes-clave en que se apoyaron los teólogos y escritores adventistas anteriores a 1950, para definir la naturaleza humana de Jesús. De hecho, las primeras afirmaciones en la literatura oficial de la iglesia mostraban que el significado dado a las expresiones bíblicas referentes a la na-turaleza de Jesús fueron firme y claramente establecidas.

Los Primeros Testimonios Adventistas.

De acuerdo con Ellen White, la naturaleza humana de Cristo fue definida al comienzo por los pioneros adventistas, juntamente con otras creencias fundamentales. "Después del gran chasco... la verdad fue desdoblada punto por punto, y entrelazada con sus más santas recordaciones y simpatías. Los investigadores de la verdad sentían que la identificación de Cristo con su naturaleza e intereses fue completa".[6]

La primera referencia a la naturaleza humana de Jesús salida de la pluma del editor James White se encuentra en la Review and Herald de 16 de Septiembre de 1852. En el editorial de la revista, él escribió: "Como Aarón y sus hijos, Él [Jesús] tomó sobre Si carne y sangre, la simiente de Abraham".[7] Al año siguiente, en un artículo titulado "Un Autor Inglés", leemos: "Jesucristo, declara ser Él el Hijo de Dios, uno con el Padre...

el que tomó sobre Sí la simiente de Abraham", nuestra naturaleza, y la preservó sin pecado".[8]

En 1854, J. M. Stephenson, escribió una serie de artículos sobre la naturaleza humana de Jesús. "Decir que Dios envió a Su propio Hijo 'en semejanza de carne de pecado', equivale a afirmar que el Hijo de Dios asumió nuestra naturaleza".[9] Para responder a la pregunta: "¿Qué sangre fue derramada para la remisión de los pecados?", Stephenson dice: "¿No fue la sangre idéntica a la que fluía en las venas de María, Su madre, y que vino a través de toda su ancestralidad desde Eva, la madre de todos los vivientes? Por otro lado, ¿Él no era la "simiente de la mujer' de Abraham, Isaac, Jacob y David?"[10]

Fuera de esos tres autores, nadie más escribió sobre la naturaleza humana de Jesús en la década de 1850, con excepción de Ellen G. White. Su primera declaración, fechada en 1858, aparece en la descripción de un diálogo entre Jesús y Sus ángeles, discutiendo el plan de la salvación. Habiéndoles reve-lado que abandonaría Su gloria celestial, Se encarnaría en la Tierra, Se humillaría como un hombre común, y sería tentado como hombre, para poder prestar asistencia a aquellos que fuesen tentados, "Jesús les dijo que ellos tendrían una parte a desempeñar...; Él tomaría la naturaleza caída del hombre, y Su fuerza no sería ni aun igual a la de ellos [ángeles]".[11]

En el mismo relato, Ellen White dice que al final de la revelación de Jesús, Satanás "le dijo a sus ángeles que cuando Jesús asumiese la caída naturaleza del hombre, él podría sobrepujarlo e impedir la realización del plan de la salvación".[12]

Para Ellen White todo el plan de la salvación dependía de la naturaleza humana de Cristo. "Estaba en los planes de Dios", escribió ella en 1864, "que Cristo tomase sobre Sí mismo la forma y la naturaleza caída del hombre".[13] Para ella, "la gran obra de la redención debería ser llevada a efecto no apenas con el Redentor tomando el lugar del caído Adán... El Rey de la gloria Se propuso humillarse a Sí mismo en la degenerada humanidad... Él tomaría la naturaleza corrompida del hombre".[14]

La Primera Declaración Oficial.

Los primeros testimonios expresaban no apenas sus puntos de vista personales, sino también las convicciones de toda una comunidad. Por eso es que sus opiniones fueron incluídas en la Declaración de los Principios Fundamentales Enseñados y Practicados por los Adventistas del Séptimo Día, publicada en 1872.

El preámbulo de ese documento declaraba explícitamente que los artículos de fe no constituían un credo, sino que simplemente "una resumida declaración de aquello que es, y fue, con gran unanimidad, mantenido por ellos".[15] Sabemos, de hecho, que James White, ya en 1847, se mostrava contrario a cualquier idea de confinar las creencias fundamentales de la iglesia en un credo inflexible. "La Biblia es una perfecta y completa revelación. Es nuestra única regla de fe y práctica".[16]

No se pretendía prohibir cualquier declaración de fe. Al contrario, la iglesia se veía obligada a declarar sus creencias tan claramente como fuese posible, para el benefício de los miembros, así como para los de fuera. Pero "la Biblia y solo la Biblia, debe ser nuestro credo... El hombre es falible, pero la Palabra de Dios no falla jamás".[17]

De los 25 artículos de fe en esa primera declaración doctrinaria oficial de la iglesia, el segundo es acerca de la persona y obra de Jesucristo.. Él proclama "que hay un Señor Jesucristo, el Hijo del Padre Eterno, el único por quien Dios creó todas las cosas, y por quien ellas subsisten; que Él tomó sobre Sí la naturaleza de la simiente de Abraham, para la redención de nuestra raza caída; que Él habitó entre los hombres, lleno de gracia y verdad".[18]

Esa declaración no especifica cómo los adventistas de aquel tiempo comprendían la expresión "la naturaleza de la simiente de Abraham". Sin embargo, tenemos las interpretaciones de aquellos que usaron esa frase antes y después de 1872. No satisfecho en citar simplemente el texto bíblico, James White escribió que Jesús "tomó sobre Si carne y sangre, la simiente de Abraham".[19] Esa ya es una explicación de especie. Como veremos, la mayoría de las declaraciones de aquellos que usaron la expresión le dio el mismo significado que Ellen White: "Como cualquier hijo de Adán, aceptó los resultados de la operación de la gran ley de la herencia. Lo que estos resultados fueron, se manifiesta en la historia de Sus ancestrales terrestres. Vino con esa herencia para compartir de nuestros dolores y tentaciones, y darnos el ejemplo de una vida impecable".[20]

Es interesante notar que la declaración oficial de 1872 sobre la naturaleza humana de Cristo, permaneció intocada hasta 1931. En esa época, ella fue cambiada para expresar con palabras diferentes la misma convicción básica. "Conquanto reteniendo Su divina naturaleza, Él tomó sobre Si la naturaleza de la família humana, y vivió en la Tierra como un hombre".[21] Puesta en el contexto de los escritos de ese período, esa nueva formulación confirma lo que fue la enseñanza unánime de la iglesia hasta 1950, esto es, que la carne de Jesús era "en semejanza de carne de pecado".

La Naturaleza Humana en Estado Caído.

La declaración oficial de 1872 sobre la naturaleza humana de Jesús constituye la piedra angular de la Cristología Adventista anterior a 1950. De acuerdo con Ralph Larson, ella fue reafirmada más de 1200 veces por los escritores y teólogos adventistas, de los cuales cerca de 400 son de la propia Ellen White.[22]

Por vuelta de 1950, sin embargo, influenciada por consideraciones extrabíblicas, otra interpretación surgió en los medios adventistas, afirmando que la naturaleza humana de Cristo era la de Adán antes de la caída. Ese fue un indisputable retorno a los credos de los primeros siglos. Ese cambio se constituyó, entre todos, el más sorprendente, porque, al mismo tiempo, los más eminentes teólogos protestantes de la segunda mitad del siglo veinte se emanciparon de las posiciones tradicionales e inconcientemente confirmaron la interpretación que había prevalecido hasta entonces en la iglesia adventista.

Alguien puede quedar espantado ante ese súbito cambio de interpretación dentro de la iglesia, especialmente después de presentar un frente unánime durante un siglo de consistente enseñanza sobre el asunto. De hecho, desde el inicio del movimiento, la naturaleza caída de Cristo nunca había sido objeto de cualquier controversia, distintamente de lo acontecido con otros puntos doctrinarios como la divinidad de Cristo. Una nota manuscrita de William C. White, así como otros documentos emitidos por la sesión de la Conferencia General de Mineápolis, confirma que la "Cristología no fue el punto de roce en 1888".[23]

A través de toda la década de 1890, la Cristología se volvió el asunto favorito entre los predicadores adventistas. Ellen White, en particular, continuamente insistía sobre la importancia del tema en todos sus escritos, enfatizando la naturaleza caída de Cristo. La razón es patente. Primeramente, él servía al propósito de afirmar la realidad de la humanidad de Cristo, aun más enfáticamente que otros cristianos, que tendían a apoyar la naturaleza inmaculada de Jesús, esto es, la de Adán antes de la caída.

Como nuestro estudio constatará, la obra de la redención puede ser explicada únicamente con la comprensión apropiada de la persona divino-humana de Jesucristo. Engañarse en la Cristología es errar sobre la obra de salvación realizada en los seres humanos por Cristo, a través del proceso de justificación y santificación.

Finalmente, ese tópico probó ser importante en la instrucción de los nuevos conversos al adventismo. Él era totalmente contrario a sus creencias, que representaban para muchos un serio desafío. No espanta que muchas preguntas le hayan sido hechas a Ellen White y a los editores de las diversas publicaciones de la iglesia. Sus respuestas contienen una riqueza de informaciones valiosas.

Notas y Referencias.

1. Ellen G. White -- Manuscrito 1, de 1892. Citado en Seventh-day Adventist Bible Commentary (Washington, D.C., Review and Herald Pub. Assn., 1953-1957) Ellen G. White Comments, vol. 7, Pág. 929.

2. Ellen G. White, Gospel Workers (Obreros Evangélicos) (Washington, D.C. Review and Herald Pub. Assn., 1915), pág. 21.

3. _____, en Signs of The Times (Señales de los Tiempos), 30 de Julio de 1896. Citado en The Seventh-day Adventist Bible Commentary, Ellen G. White Comments, vol. 5, pág. 1130.

4. _____, Selected Messages (Mensajes Selectos) (Washington, D.C.: Review and Herald Pub. Assn., 1958), libro 1, pág. 244.

5. Ellet J. Waggoner, en Signs of The Times, 21 de Enero de 1889.

6. Ellen G. White, Selected Messages, libro 2, págs. 109, 110 (itálicos suplidos).

7. James S. White, Review and Herald, 16 de Septiembre de 1852.

8. Ídem, 18 de Octubre de 1853.

9. J. M. Stephenson, Review and Herald, 9 de Noviembre de1854.

10. Ídem, 15 de Julio de 1854.

11. Ellen G. White, Early Writings (PrimerosEscritos)(Washington, D.C., Review and Herald Pub. Assn., 1945), pág. 150 (itálicos suplidos).

12. Ídem pág. 152 (itálicos suplidos).

13. _____, Spiritual Gifts (Dones Espirituales) (Washington, D.C., Review and Herald Pub. Assn., 1945), vol. 4, pág. 115 (itálicos suplidos).

14. _____, Review and Herald, 24 de Febrero de 1874 (itálicos suplidos).

15. Review and Herald, 2 de Enero de 1872. Ver P. Gerard Damsteegt, Foundations of the Seventh-day Adventist Message and Mission (Fundamentos del Mensaje y Misión de los Adventistas del Séptimo Día) (Grand Rapids: W. B. Eerdmans Pub. Co., 1978), págs. 301-305.

16. James S. White, A Word to the Little Flock (Una Palabra al Pequeño Rebaño), pág. 13. Citado en Seventh-day Adventist Encyclopedia, pág. 358.

17. Ellen G. White, Selected Messages, vol. 1, pág. 416.

18. Review and Herald, 2 de Enero de 1872 (itálicos suplidos).

19. James S White, Review and Herald, 16 de Septiembre de 1852 (itálicos suplidos).

20. Ellen G. White, The Desire of the Ages (El Deseado de Todas las Gentes), pág. 49. Ver interpretaciones similares en nuestras páginas

más adelante.

21. Ver Creencia Fundamental n° 3, Seventh-day Adventista Yearbook (1931). Esa misma declaración fue adoptada por el Concilio Otoñal de 1941, y fue incluída en el Manual de la Iglesia (1942), donde permaneció inalterable a través de diversas ediciones, hasta 1980.

22. Ralph Larson, The Word Was Made Flesh, One Hundred Years of Seventh-day Adventist Christology -- 1852-1952 (La Palabra Se Hizo Carne, 100 años de Cristología Adventista del Séptimo Día 1852-1952), (Cherry Valley, Calif.: Cherrystone Press, 1986), págs. 220, 245. Larson levantó un censo cronológico de las declaraciones referentes a la naturaleza humana de Cristo contenidas en la literatura denominacional.

23. Ver Eric Claude Webster. Crosscurrents in Adventist Christology (Contracorrientes en la Cristología Adventista), pág. 176, nota 56.

Capítulo 3—La Cristología de Ellen G. White (1827-1915)

Ellen G. White desempeñó un importante papel durante la formación de las creencias fundamentales de la Iglesia Adventista. Ella fue la primer líder -- y realmente la única que, anteriormente a 1888, se expresó por escrito sobre la posición de la naturaleza humana de Jesús, la cual fue finalmente adoptada por toda la joven comunidad.

Después de sus primeras declaraciones sobre el asunto, en 1858, Ellen continuó a expresar sus pensamientos concernientes al tema con creciente claridad, en artículos publicados en la Review and Herald, y más tarde en sus libros. En 1874, una serie de artículos tratando de la tentación de Cristo presentó la esencia de su Cristología.[1] En 1888, en la sesión de la Conferencia General de Mineápolis, donde Ellet J. Waggoner hizo de la divinidad y de la humanidad de Cristo el fundamento de la justificación por la fe, todos los elementos de su Cristología habían ya sido expresados en los escritos de Ellen White.

La persona y la obra de Jesús fueron siempre el centro de interés de Ellen White. "La humanidad del Hijo de Dios" era todo para ella. Ella la llamaba "la cadena de oro que liga nuestras almas a Cristo, y a través de Cristo a Dios".[2] Ese asunto es el ámago de sus escritos, hasta su muerte en 1915. Apenas seis meses antes de dejar caer la pluma, ella escribió: "Él [Cristo] se hizo de ninguna reputación, tomó sobre Si la forma de siervo, y hecho en semejanza de carne de pecado... Inmaculado y exaltado por naturaleza, el Hijo de Dios consintió en tomar las vestiduras de la humanidad, para volverse uno con la raza caída. El Verbo Eterno permitió volverse carne. Dios se hizo hombre".[3]

Infelizmente, Ellen White nunca trató el asunto como un todo y de modo sistemático. Esa es una fuente de dificultad. Entre sus 120.000 páginas manuscritas[4], las declaraciones sobre la naturaleza humana de Jesús se cuentan por centenas. Fuera de eso, dependiendo de las circunstancias y del punto específico en consideración, los mismos conceptos son algunas veces tratados de modo tan diferente, que pueden parecer contradictorios. Por esa razón, es importante colocar las declaraciones en su debido contexto, y evitar la tentación de fiarnos en afirmaciones aisladas, pues eso es prerequisito fundamental de una exégesis idónea. Nos esforzaremos en seguir esas reglas en la siguiente síntesis de la Cristología de Ellen G. White.

La Humanidad de Jesús.

Como vimos, Ellen White atestaba convictamente la divinidad de Cristo. Ella es enfática sobre ese punto. Sin embargo, habla de la humanidad de Cristo con la misma convicción. No hay cualquier trazo de docetismo en sus escritos. El triunfo del plan de la salvación dependía enteramente de la encarnación, del Verbo hecho carne, y del Hijo de Dios revestido de la humanidad.

"Cristo no aparentó tomar la naturaleza humana; Él realmente la asumió. Jesús, en realidad, poseía la naturaleza humana. 'Por lo tanto, como los hijos son participantes comunes de carne y sangre, también Él semejantemente participó de las mismas cosas...' (Heb. 2:14). Él era el hijo de María; Él era la simiente de David, conforme la descendencia humana. Se declara ser Él un hombre, el Hombre Cristo Jesús".[5]

Ellen White acentua la humana realidad de Jesús: "Él no tenía una mera semejanza de un cuerpo; Jesús tomó la naturaleza humana, participando de la vida de la humanidad".[6] "Él voluntariamente asumió la naturaleza humana. Hizo eso por Su propia iniciativa y consentimiento."[7] "Él vino como un desamparado bebé, poseyendo la misma humanidad que nosotros".[8]

No satisfecha con declarar su opinión de manera general, Ellen no dudó en especificar: "Cuando Jesús tomó la naturaleza humana y asumió la forma de hombre, poseía un organismo humano completo".[9] "Sus facultades fueron reducidas al propio nivel de las débiles facultades del hombre".[10] Aun cuando Cristo haya asumido la naturaleza humana con "los resultados de la operación de la gran ley de la herencia", todavía "estaba libre de cualquier deformidad física".[11] "Su estructura física no estaba manchada por cualquier defecto; Su cuerpo era fuerte y saludable. Y a través de toda Su vida, Él vivió en conformidad con las leyes de la naturaleza. Tanto física bien como espiritualmente, Él fue un ejemplo de lo que Dios desea que toda la humanidad sea por medio de la obediencia a Sus leyes".[12]

Repetidamente Ellen White explica que "no hubiese Cristo sido plenamente humano, no podría haber sido nuestro substituto".[13] Sobre ese punto en particular, no hay cualquier divergencia entre los teólogos adventistas. Los puntos de vista difieren, mas apenas con respecto a la especie de naturaleza humana con la cual Cristo fue revestido. ¿Era ella la de Adán antes o después de la caída?

...Nota del traductor -- El docetismo era una enseñanza ligada a los gnósticos, afirmando que Jesús no poseía realmente un cuerpo humano; que apenas pareció haber muerto en la cruz.

¿La Naturaleza de Adán, Antes o Después de la Caída?

Esa es realmente una cuestión preeminente. Los proponentes de las dos interpretaciones discordan vigorosamente desde 1950. Es sorprendente que la cuestión debiese surgir al final Obviamente, nadie insinuaría que Adán antes de la caída tenía una carne "en semejanza de carne de pecado", como el apóstol Pablo dice que Cristo poseía. (Rom. 8:3).

Ellen White compara la naturaleza y posición de Adán antes de la caída, y la naturaleza y posición de Jesús después de millares de años de pecado: "Adán fue tentado por el enemigo y cayó. No fue el pecado interior que lo hizo ceder, pues Dios lo hizo puro y justo, a Su propia imagen. Él era inmaculado como los ángeles delante del trono. No había en él qualesquier principios corruptos ni tendencias para el mal. Pero, cuando Cristo fue a enfrentar las tentaciones de Satanás, portaba la semejanza de la carne de pecado".[14]

En su libro El Deseado de Todas las Gentes, Ellen White muchas veces contrasta la naturaleza y la situación de Adán y Jesús: "Habría sido una casi infinita humillación para el Hijo de Dios tomar la naturaleza humana, aun cuando Adán permanecía en su inocencia en el Edén. Pero Jesús aceptó la humanidad cuando la raza estaba debilitada por cuatro mil años de pecado. Como cada hijo de Adán, Él aceptó los resultados de la operación de la gran ley de la herencia. Lo que fueron esos resultados está mostrado en la historia de Sus ancestrales terrenos. Él vino con tal herencia para compartir nuestros dolores y tentaciones, y darnos el ejemplo de una vida sin pecado".[15]

Y nuevamente: "Cristo debía redimir, en nuestra humanidad, la falla de Adán. Cuando este fue vencido por el tentador, entretanto, no tenía sobre si ninguno de los efectos del pecado. Se encontraba en la pujanza de la perfecta varonilidad, poseyendo el pleno vigor de la mente y del cuerpo. Se encontraba circundado de las glorias del Edén, y en comunicación diaria con seres celestiales. No fue así cuanto a Jesús, cuando penetró en el desierto para medirse con Satanás. Por cuatro mil años había estado la raza a decrecer en fuerzas físicas, vigor mental y moral; y Cristo tomó sobre Si las debilidades de la humanidad degenerada. Únicamente así podia salvar al hombre de las profundidades de su degradación".[16]

Finalmente, Ellen White deja poca duda acerca de su posición referente a la naturaleza póst-caída de Cristo, en su declaración de 1874: "La gran obra de la redención podía ser efectuada apenas por el Redentor tomando el lugar del caído Adán".[17] Una afirmación hecha en 1901 tocó en el mismo punto: "La naturaleza de Dios, cuya ley había sido transgredida, y la naturaleza de Adán, el transgresor, se unieron en Jesús, el Hijo de Dios y el Hijo del hombre".[18] Sin embargo, ella califica eso en una declaración hecha en 1890: "No debemos pensar que la posibilidad de Cristo ceder a las tentaciones de Satanás degradó Su humanidad, y que el poseia las mismas pecaminosas y corruptas propensiones como el hombre. La naturaleza divina, combinada con la humana, lo hizo suceptible de ceder a las tentaciones de Satanás. Aquí la prueba de Cristo era tanto mayor que la de Adán y Eva, pues Él tomó nuestra naturaleza, caída pero no corrompida".[19]

En todos los escritos de Ellen White no hay una simple referencia que identifique la naturaleza humana de Cristo con la de Adán antes de la caída. Contrariamente, sobran declaraciones afirmando que Jesús tomó la naturaleza de Adán después de 4000 años de pecado y degeneración. En otras palabras, Él se revistió de nuestra carne en estado caída; o, tomando emprestada la expresión de Pablo, "en semejanza de carne de pecado".

La Naturaleza Humana en Estado Caído.

Ellen White acentúa vigorosamente la semejanza de la naturaleza de Jesús y la nuestra. No satisfecha en decir que Jesús tomó nuestra naturaleza, ella repite que Él la asumió en su "estado caído".[20] En otra colocación ella usa el lenguaje de (Filipenses 2:7), el cual declara que Jesús "se hizo semejante a los hombres". También se vale de (Romanos 8:3): "Porcuanto, lo que era imposible a la ley, ya que se hallaba débil por la carne. Dios, enviando a Su propio Hijo en semejanza de carne de pecado, y por causa del pecado, en la carne condenó el pecado".[21]

Con frecuencia la Sra. White cita (2 Coríntios 5:21): "A Aquel que no conoció pecado,

Dios Lo hizo pecado por nosotros". Ella hace una conexión de eso no apenas con la muerte de Cristo en la cruz como sacrifício vicario "por los pecados de todo el mundo" (1 Juan 2:2), sino también en ligación con el inicio de Su ministerio, al tiempo de Su tentación en el desierto y a través de toda Su vida, como que estableciendo la verdadera naturaleza de Cristo, que llevó "Él mismo, nuestros pecados en su cuerpo sobre el madero...". (1 Pedro 2:24).

"Cristo soportó los pecados y debilidades de la raza humana tales como existian cuando Él vino a la Tierra para ayudar al hombre... Y para elevar al hombre caído, precisaba Cristo alcanzarlo donde se encontraba. Asumió la naturaleza humana y arcó con las debilidades y degeneración de la raza. Él, que no conocía pecado, se volvió pecado por nosotros. Se humilló hasta las más bajas profundidades de la miseria humana, a fin de que pudiera estar habilitado para alcanzar al hombre y sacarlo de la degradación en la cual el pecado lo lanzara".[22]

Con relación a asuntos tan serios y delicados como ese, Ellen White es muy clara y usa un lenguaje distinto sin dobles significados. La participación de Cristo en la naturaleza humana caída no podría ser descrita con mayor claridad.

"Poniendo a un lado Su corona real, Él condescendió en descender, paso a paso, al nivel de la caída humanidad".[23] "Pensemos sobre la humillación de Cristo. Él tomó sobre Si mismo la caída, sufrida, degradada y maculada naturaleza humana".[24] Y más: "Él Se humilló y tomó sobre Si la mortalidad".[25] "Fue una humillación mucho mayor que la que el hombre puede comprender".[26] "Cristo tomó sobre Si las enfermedades de la degenerada humanidad. Apenas de ese modo podía Él rescatar al hombre de los profundísimos abismos de su degradación".[27]

Para evitar cualquier posible mal entendido sobre la realidad de la participación de Jesús en la naturaleza de la humanidad caída, Ellen White a menudo emplea el verbo asumir, implicando que Él realmente la tomó sobre Sí mismo. "Cristo asumió nuestra naturaleza caída y se expuso a cada tentación a la que el hombre está sujeto".[28] "Él asumió los riescos de la naturaleza humana, para ser probado y tentado".[29] "Él asumió la naturaleza humana, sus enfermedades, riesgos y tentaciones".[30]

La participación de Cristo en la plena naturaleza humana en su estado caído, es colocada por Ellen White como condición sinequa non para la salvación del hombre. "Estaba en los planos de Dios que Cristo tomase sobre Si mismo la forma y la naturaleza del hombre caído, para que Él pudiese ser perfeccionado a través del sufrimiento, y soportar en Si mismo la fuerza de las tentaciones de Satanás, a fin de que conociese mejor como socorrer a aquellos que son tentados".[31] "Por ese acto de condescendencia, Él sería capaz de derramar Sus bendiciones a favor de la raza caída. Así Cristo nos hizo posible que seamos participantes de Su naturaleza".[32]

Fue exáctamente eso lo que el autor de la epístola a los Hebreos nos enseñó. "Convenía que en todo fuese hecho semejante a Sus hermanos", "para que pudiese estar en posición de libertar los seres humanos de sus pecados". (Heb. 2:17). Y añade: "Porque en aquello que Él mismo, siendo tentado, padeció, puede socorrer a los que son tentados" (verso 18).

"Tentado de Todas las Maneras, Como Nosotros...".

Ellen White hizo todo lo que podia para explicar el significado de esa verdad. "Nuestro Salvador vino a este mundo para soportar en naturaleza humana, todas las tentaciones con las cuales el hombre es asediado".[33] "Él conoce por experiencia cuales son las debilidades de la humanidad, cuales son nuestras carencias y donde yace la fuerza de nuestras tentaciones, pues Él fue 'tentado en todos los puntos, como nosotros, pero sin pecado'".[34] "Él sabe cuan fuertes son las inclinaciones del corazón natural".[35] habiéndolas experimentado en Sí mismo. "Algunos piensan que Cristo, por ser el Hijo de Dios, no tuvo tentaciones como los hijos ahora las tienen. Las Escrituras dicen que Él fue tentado en todos los puntos, como nosotros".[36]

"Las tentaciones a que Cristo estuvo sujeto fueron una terrible realidad... Si no fuese así; si no Le fuese posible caer, Él no podría ser tentado en todos los puntos como la familia humana es tentada. Las tentaciones de Cristo y Sus sufrimientos bajo ellas fueron proporcionales a Su carácter incontaminado y exaltado... Él 'resistió hasta la sangre' en aquella hora cuando el temor del fracaso moral era como el temor de la muerte. Mientras estaba curvado en el Getsemaní, en agonía de alma, gotas de sangre le afloraron a los poros y humedecieron el suelo... Sobre la cruz Cristo sabía, como ningún otro podía saber, el terrible poder de las tentaciones de Satanás".[37]

"Ningún otro nacido de mujer fue tan ferozmente asaltado por la tentación".[38] "Él realmente enfrentó y resistió las tentaciones de Satanás, como cualquier ser humano".[39] En su batalla en el desierto, "la humanidad de Cristo fue puesta a prueba como ninguno de nosotros jamás podrá saber... Esas fueron tentaciones reales y no simulacros".[40] El apóstol lo confirma cuando habla de las pruebas que Jesús tuvo que soportar: "Aun no resististeis hasta la sangre, combatiendo contra el pecado". (Heb. 12:4).

En la misma carta, Ellen White describe las tentaciones que Jesús tuvo que enfrentar: "El Hijo de Dios, en Su humanidad, luchó con las mismas crueles y aparentemente abrumadoras tentaciones que asedian los hombres - tentaciones para condescender con el apetito, a aventurarse presuntuosamente donde Dios no los condujo, y darle culto al dios de este mundo, sacrificar una eternidad de bien-aventuranza por los fascinantes placeres de esta vida".[41]

"Las tentaciones que Cristo resistió fueron aquellas que encontramos tan difíciles de soportar. Ellas fueron intensificadas sobre Él en mucho mayor grado, en la medida en que Su carácter era superior al nuestro. Con el terrible peso de los pecados del mundo sobre Él, Jesús resistió la prueba del apetito, del amor del mundo, y del amor de la ostentación que conduce a la presunción".[42]

"Es un misterio inexplicable a los mortales que Cristo pudiese ser tentado en todos los puntos, como nosotros lo somos, y aun ser sin pecado".[43] Cierta ocasión, algunas personas cuestionaron la caída naturaleza de Cristo. Ellen White les respondió: "He recibido cartas afirmando que Cristo no podía haber tenido la misma naturaleza que el hombre, pues en ese caso, habría caído bajo semejantes tentaciones. Si no poseyese naturaleza humana, no podría haber sido ejemplo nuestro. Si no fuese participante de nuestra naturaleza, no podría haber sido tentado como el hombre lo ha sido. Si no Le hubiese sido posible ceder a la tentación, no podría ser nuestro Auxiliador".[44]

"Pretenden muchos que era imposible que Cristo fuese vencido por la tentación. En ese caso, no habría sido colocado en la posición de Adán; no podría haber obtenido la victoria que aquel dejara de ganar. Si tuviésemos, en cierto sentido, un más probante conflicto que lo que tuvo Cristo, entonces Él no estaría habilitado para socorrernos. Pero nuestro Salvador Se revistió de la humanidad con todas las contingencias de la misma. Tomó la naturaleza del hombre con la posibilidad de ceder a la tentación. No tenemos que soportar ninguna cosa que Él no haya sufrido".[45]

Sin embargo, "al tomar sobre Si la naturaleza del hombre en su decadente condición, Cristo no participó en lo mínimo que fuese de su pecado".[46] He aquí otra solemne verdad que Ellen White nunca dejó de repetir, mientras enfatizaba la realidad de las tentaciones a las cuales Jesús estaba sujeto. Pues, como está escrito: "Antes, fue Él tentado en todas las cosas, pero sin pecado". (Heb. 4:15).

"... Pero Sin Pecado".

Cada vez que Ellen White escribía sobre el delicado asunto de la naturaleza caída de Cristo, era muy cuidadosa en añadir inmediatamente que Jesús vivió "sin cometer pecado", sea por pensamientos, palabras u obras.

En una carta enviada a W. L. H. Baker, que evidentemente tenía tendencia de hablar de Cristo como un hombre "integralmente humano", Ellen White sugirió que él fuese más cauteloso: "Nunca, de modo alguno, deje la más leve impresión sobre mentes humanas de que una mancha, inclinación o corrupción incidía sobre Cristo, o que Él, de alguna manera cedió ala corrupción".[47] "Ninguna palabra impura escapaba de Sus labios".[48] "Nunca Él practicó una acción mala, pues era el Hijo de Dios. Aun cuando posuyese forma humana, sin embargo era excento de la mancha del pecado".[49] "En Su naturaleza humana, Él mantuvo la pureza de Su divino carácter. Él vivió la ley de Dios y la honró en un mundo de transgresión".[50]

"En medio a la corrupción, Cristo mantuvo Su pureza. Satanás no podía mancharla o corromperla. Su carácter revelaba un perfecto odio contra el pecado".[51] "Si hubiese podido encontrarse un sólo pecado en Cristo, si hubiese Él en algo particular que fuese, cedido a Satanás para escapar a la horrible tortura, y el enemigo de Dios y del hombre habría triunfado".[52]

Algunos creen que Jesús fue tentado apenas externamente. Si hubiese sido así, Él no habría sido verdaderamente tentado como nosotros lo somos, ni habría conocido "el poder de nuestras tentaciones" [53], y la " fuerza de la pasión humana"[54], a los cuales los hombres están sujetos. Sin embargo, "nunca Él cedió a la tentación de practicar un simple acto que no fuese puro, elevado y ennoblecedor".[55]

Ellen White dijo: "Al pueblo, y después, más plenamente, a los discípulos, Jesús explicó que la contaminación no procede de lo exterior, sino del interior. Pureza e impureza pertenecen al alma. Es el mal acto, la palabra o el pensamiento malo, la transgresión de la ley de Dios, no la negligencia de ceremonias externas creadas por el hombre, lo que contamina".[56] "Si la ley alcanzase apenas la conducta exterior, los hombres no serían culpados por sus pensamientos, deseos y designios injustos. Pero la ley requiere que la propia alma sea pura y la mente santa, que los pensamientos y sentimientos estén de acuerdo con el padrón de amor y justicia".[57]

"A menos que haya la posibilidad de ceder, la tentación no es tentación. La tentación es resistida cuando un hombre es poderosamente influenciado a practicar una mala acción y, sabiendo que puede hacer eso, resiste por la fe, apegándose firmemente al poder divino. Esa fue la durísima experiencia por la cual Cristo pasó".[58]

"Tomando sobre Si la naturaleza humana en su estado caído, Cristo no participó, en lo mínimo que fuese, de su pecado... No debemos tener dudas acerca de la perfecta ausencia de pecado en la naturaleza humana de Cristo".[59] Eso no significa que Su naturaleza era impecable en sí misma -- lo cual contradiría todo cuanto Ellen White escribiera en otras partes -- sino que en el sentido de que, a causa de Su perfecta obediencia, Él la hizo impecable, "condenando el pecado en la carne".

Divino y Humano.

La realidad de la encarnación no significa que Jesús renunció a Su divinidad. Ellen White acostumbraba a decir que "Él revistió Su divinidad con la humanidad", o que "Él veló Su divinidad con la humanidad". Ese tipo de expresión es encontrado cerca de 125 veces en sus escritos.[60] He aquí algunos ejemplos: "Por nuestra causa, Él dejó Su trono real y vistió Su divinidad con la humanidad. Puso a un lado Su manto real, Su majestuosa corona, para que pudiese ser uno con nosotros".[61]

"Cristo no cambió Su divinidad por la humanidad, sino que la revistió con la humanidad".[62] "Él veló Su divinidad con la ropa de la humanidad, pero no Se separó de Su divinidad".[63] "Aun cuando tomase la humanidad sobre Sí mismo, Él era divino. Todo lo que es atribuído al propio Padre, también lo es a Cristo".[64] "En Él, el propio Dios descendió del Cielo".[65]

En un comentario sobre la visita de Jesús al templo de Jerusalém, Ellen White escribió: "El segundo templo fue honrado, no con la nube de la gloria de Jehová, sino con la presencia viva de Aquel en quien habita corporalmente toda la plenitud de la divinidad -- el propio Dios manifiesto en car-ne".[66] "He aquí porque, aun cuando fuese tentado en todos los puntos como nosotros, estuvo en el mundo, desde Su primera entrada en él, excento de corrupción, aun cuando estuvo por ella cercado".[67]

Habiendo dicho eso, Ellen White entonces formula una cuestión: "¿Estamos nosotros volviéndonos también participantes de esa plenitud, y no es así, y así solamente, que venceremos como Él venció?"[68] De hecho, "Resistió Él la tentación, mediante el Poder que el hombre también puede poseer. Se apoyó en el trono de Dios, y no existe hombre o mujer que no pueda tener acesso al mismo auxilio, por la fe en Dios".[69]

"Cristo, en la debilidad de la humanidad, debía enfrentar la tentación de alguien que poseía los poderes de una elevada naturaleza que Dios le concediera a la família angelical. Pero la humanidad de Cristo estaba unida a Su divinidad, y en ese poder Él soportaría todas las tentaciones que Satanás pudiese lanzar contra Él, y aun mantener Su alma incontaminada del pecado. Y ese poder de vencer Él le daría a cada hijo e hija de Adán que aceptase por la fe los justos atributos de Su carácter".[70]

Participantes de la Naturaleza Divina.

Ellen White enfatiza especialmente la posibilidad ofrecida a la humanidad de "participar de la naturaleza divina" (2 Pedro 1:4). Ese es el propósito por el cual Cristo vino a este mundo. Él vino para traerle a los hombres el poder de Dios de librarlos del poder del pecado, y hacerlos hijos de Dios. Para ese fin Cristo participó de la caída naturaleza del hombre, a fin que él pudiese ser capaz de participar de Su divina naturaleza.

"Él [Cristo] tomó nuestra naturaleza y venció, para que, tomando Su naturaleza, pudiésemos vencer. Hecho 'en semejanza de carne de pecado' (Rom. 8:3), Él vivió una vida sin pecado".[71] Pues, "la vida que Cristo vivió en este mundo, hombres y mujeres pueden vivir a través de Su poder y bajo Su instrucción. En el conflicto contra Satanás, ellos pueden tener toda la ayuda que Él tuvo. Pueden ser más que vencedores por Aquel que los amó y se entregó a Sí mismo por ellos".[72]

En Su humanidad, Cristo triunfó sobre el pecado a través del poder de Dios al cual Se apegaba. Cada miembro de la família humana tiene el mismo privilegio. "Cristo nada hizo que la naturaleza humana no pueda hacer si es participante de la naturaleza divina".[73] "Él no ejerció en Su provecho ningún poder que no nos sea libremente ofrecido. Como hombre, Él enfrentó la tentación, y la venció en la fuerza que Le fue dada por Dios".[74]

"Si Cristo poseyese un poder especial que el hombre no tiene el privilegio de poseer, Satanás se habría aprovechado de ese hecho".[75] De acuerdo con Ellen White, "Satanás declaró ser imposible que los hijos e hijas de Adán observaran la ley de Dios".[76], haciendo con que la responsabilidad cayese sobre el Legislador y no sobre el hombre. Pero "Cristo vino a este mundo para ser tentado en todos los puntos como nosotros lo somos, para probaler al Universo que en este mundo de pecado, los seres humanos pueden vivir del modo que Dios aprueba".[77] "El Señor Jesús vino a nuestro mundo no para revelar lo que Dios podría hacer, sino lo que el hombre podría hacer a través de la fe en el poder de Dios para ayudar en cada emergencia. El hombre debe, mediante la fe, ser participante de la naturaleza divina y vencer cada tentación con que es asediado".[78]

Ellen White enseñaba consistentemente que la obra de salvación realizada por Jesucristo no quedó confinada a un simple acto legal, o perdón de nuestros pecados, sino que ella también incluye victoria sobre la tentación y el pecado. "Cristo vino para hacernos 'participantes de la naturaleza divina" (2 Pedro 1:4), y Su vida declara que la humanidad, unida a la divinidad, no comete pecado".[79]

"Era una solemne realidad esta de que Cristo vino para herir las batallas como hombre, en favor del hombre. Su tentación y victoria nos dicen que la humanidad debe copiar el Modelo; debe el hombre volverse participante de la naturaleza divina".[80] "Su vida testificó que, con la ayuda del mismo poder divino que Cristo recibió, le es posible al hombre obedecer la ley de Dios".[81]

Obviamente, esa prueba no habría sido efectiva si Jesús hubiese vivido una vida sin pecado en una naturaleza humana diversa de la nuestra -- esto es, en la naturaleza de Adán antes de la caída. Eso explica por que, con perfecta lógica, Ellen White afirmaba que "la gran obra de la redención podría ser efectuada apenas con el Redentor tomando el lugar del caído Adán".[82]

Conclusión.

Ellen White escribió exhaustivamente sobre una amplia variedad de tópicos tales como dietética, salud, educación, teología, obra médica, predicación evangelística, y mucho más.[83] No obstante, su asunto favorito era, indudablemente, la persona y la obra de Jesús. Aun cuando no trate de temas cristológicos de manera sistemática, ellos saturan sus escritos.

Y ella declaró eso muy bien: "Cristo, Su carácter y obra, son el centro y el ámbito de toda la verdad; Él es la corriente a la cual las joyas de la doctrina están ligadas. En Él es encontrado el sistema completo de la verdad".[84] Por esa razón, ella escribió: "La humanidad del Hijo de Dios es todo para nosotros. Es la cadena de oro que liga nuestra alma a Cristo, y por medio de Cristo a Dios".[85]

Como podemos constatar, el núcleo de la Cristología de Ellen White está basado en la obra mediadora de Jesucristo, por causa de la reconciliación de los pecaminosos seres humanos con el propio Dios. Ella está en perfecta armonía con Pablo, que dice ser posible esa reconciliación por causa de la encarnación de Cristo "en semejanza de carne de pecado" (Rom. 8:3).

Podemos pensar que no hay mejor síntesis de la Cristología de Ellen White, que su comentario sobre el Sermón de la Montaña: "Cristo es la escalera que Jacob vió, teniendo la base e la Tierra, y el tope llegando a la puerta del Cielo, al propio límite de la gloria. Si aquella escala hubiese dejado de llegar a la Tierra, por un único peldaño que fuese, habríamos estado perdidos. Pero Cristo vino a tener con nosotros donde nos encontramos. Tomó nuestra naturaleza y venció, para que, revistiéndonos de Su naturaleza, nosotros pudiésemos vencer. Hecho 'en semejanza de carne de pecado' (Rom. 8:3), vivió una vida excenta de pecado. Ahora, por Su divinidad, se afirma del trono del Cielo, mientras que, por Su humanidad, Se liga a nosotros. Nos manda que, por la fe en El, alcanzemos la gloria del carácter de Dios. Por lo tanto, debemos ser perfectos, así como 'es perfecto vuestro Padre que está en los Cielos'. (Mat. 5:48)".[86]

Para Ellen White, Cristo manifiesto en "semejanza de carne de pecado" constituye la condición sin la cual no habría habido reconciliación con Dios. "La entereza de Su humanidad, la perfección de Su divinidad, forman para nosotros un firme terreno sobre el cual podemos ser llevados a la reconciliación con Dios".[87]

Notas y Referencias.

1. Ellen G. White -- Mensajes Selectos, vol. 1, págs. 242-289.

2. Ídem, pág. 244.

3. _____, en Signs of the Times, 5 de Enero de 1915.

4. Cuando Ellen White falleció, en 1915, sus obras incluían 24 libros publicados y traducidos en varios idiomas, con dos otros prontos para publicación, 4600 artículos y numerosos panfletos sobre varios asuntos, y cerca de 45.000 páginas manuscritas. Desde su muerte, muchos libros fueron publicados en forma de compilaciones.

5. _____, en Review and Herald, 5 de Abril de 1906, citado en Mensajes Selectos, vol. 1, pág. 247.

6. Carta 97 de Ellen G. White, 1898.

7. E. G. White, en Review and Herald, 5 de

Julio de 1887.

8. Manuscrito 210 de Ellen G. White, 1895.

9. Carta 32 de Ellen G. White, 1899. Citada en The Seventh-Day Adventist Bible Commentary, Comentarios de E.G.White, vol. 5, pág. 1130.

10. Ellen G. White, en Review and Herald, 11 de Diciembre de 1888.

11. _____, El Deseado de Todas las Gentes, págs. 49-50.

12. Ídem, págs. 50-51.

13. _____, en Signs of the Times, 17 de Junio de 1897.

14. Ídem, 17 de Octubre de 1900.

15. _____, El Deseado de Todas las Gentes, pág. 49.

16. Ídem, pág. 117. Esa comparación ya había sido hecha en Review and Herald, 28 de Julio de 1874. Ver Mensajes Selectos, vol. 1, págs. 267, 268.

17. _____, en Review and Herald, 24 de Febrero de 1874 (itálicos suplidos).

18. Manuscrito 141 de E. G. White, 1901. Citado en Seventh-day Adventist Bible Commentary, Comentarios de E. G. White, vol. 7, pág. 926 (itálicos suplidos).

19. Manuscrito 57 de E. G. White, 1890 (itálicos suplidos)

20. Carta 106 de E. G. White, 1896.

21. E G. White, en Bible Echo (publicado por la División Australasiana), 15 de Diciembre de 1892.

22. _____, Mensajes Selectos, vol. 1, págs. 267, 268.

23. _____, Boletin de la Conferencia General, 23 de Abril de 1901.

24. _____, en Youth's Instructor, 20 de Diciembre de 1900.

25. _____, en Review and Herald, 4 de Septiembre de 1900 (itálicos suplidos)

26. Manuscrito 143 de E. G. White, 1897.

27. E. G. White, El Deseado de Todas las Gentes, 117.

28. Manuscrito 80 de E. G. White, 1903.

29. E. G. White, Mensajes Selectos, vol. 1, pág. 226.

30. Manuscrito 141 de E. G. White, 1901 (itálicos suplidos)

31. E. G. White, Spiritual Gifts (Dones Espirituales), vol. 4, págs. 115, 116.

32. _____, en Review and Herald, 17 de Julio de 1900.

33. _____, Sons and Daughters of God (Hijos e Hijas de Dios), pág. 230.

34. _____, The Ministry of Healing (La Ciencia del Buen Vivir) (Mountain View, Calif.: Pacific Press. Pub. Assn., 1952), pág. 78.

35. _____, Testimonies for the Church (Testimonios Para la Iglesia), vol. 5 (Mountain View, Calif. Pacific Press Pub. Assn., 1948), pág. 177.

36. _____, Youth's Instructor, Abril de 1873.

37. Ídem, 26 de Octubre de 1899. Citado en Selected Messages (Mensajes Selectos), vol. 3, págs. 131, 132.

38. _____, Education (Educación) (Mountain View, Calif.: Pacific Press. Pub. Assn., 1952), pág. 78

39. Carta 17 de Ellen G. White, 1878.

40. E. G. White, Selected Messages, vol. 1, págs. 94-95.

41. Ídem, pág. 95.

42. _____, The Desire of Ages, pág. 116.

43. Carta 8 de E. G. White, 1895. Citada en The Seventh-day Adventist Bible Commentary, Comentarios de E. G. White, vol. 5, págs. 1128, 1129.

44. E. G. White, Selected Messages, vol. 1, pág. 408.

45. _____, The Desire of Ages, pág. 117.

46. _____, en Youth's Instructor, 1 de

Junio de 1898. Citado en Selected Messages, vol. 1, pág. 256.

47. Carta 8 de E. G. White, 1895. Citada en The Seventh-day Adventist Bible Commentary, Comentarios de E. G. White, vol. 5, pág. 1128.

48. E. G. White, en Review and Herald, 8 de Noviembre de 1887.

49. _____, Welfare Ministry (Beneficencia Social) (Washington, D.C.: Review and Herald Pub. Assn., 1952), pág. 287.

50. _____, Youth's Instructor, 2 de Junio de 1898.

51. _____, en Signs of the Times, 10 de Mayo de 1899.

52. _____, The Desire of Ages, pág. 761.

53. _____, The Ministry of Healing, pág. 61.

54. _____, In Heavenly Places (En Los Lugares Celestiales), pág. 155.

55. Ibídem.

56. _____, The Desire of Ages, pág. 397.

57. _____, en Review and Herald, 5 de Abril de 1898.

58. _____, en Youth's Instructor, 20 de Julio de 1899.

59. _____, Selected Messages, vol. 1, pág. 256.

60. Eric Claude Webster, Crosscurrents in Adventist Christology, pág. 76.

61. E. G. White, en Review and Herald, 24 de Octubre de 1899.

62. Ídem, 29 de Octubre de 1895. Citado en The Seventh-day Adventist Bible Commentary, Comentarios de Ellen G. White, vol. 5, pág. 1128.

63. Ídem, 15 de Junio de 1905.

64. Ídem, 19 de Junio de 1896.

65. Ídem, 1 de Febrero de 1898.

66. Ídem, 16 de Enero de 1908.

67. Manuscrito 16 de E. G. White, 1890. Citado en The Seventh-day Adventist Bible Commentary, Comentarios de E. G. White, vol. 7, pág. 907.

68. Ibídem.

69. E. G. White, Selected Messages, , vol. 1, pág. 409.

70. _____, en Review and Herald, 28 de Enero de 1909. Citado en The Seventh-day Bible Commentary, Comentarios de E. G. White, vol. 7, pág. 927.

71. _____, The Desire of Ages, págs. 311, 312.

72. _____, Testimonies for the Church, vol. 9, pág. 22.

73. _____, en Signs of the Times, 17 de Junio de 1897.

74. _____, The Desire of Ages, pág. 24.

75. _____, Selected Messages, vol. 3, pág. 139.

76. _____, en Signs of the Times, 16 de Enero de 1896.

77. _____, en Review and Herald, 9 de marzo de 1905.

78. Manuscrito 1 de E. G. White, 1892. Citado en The Seventh-day Adventist Bible Commentary, Comentarios de E. G. White, vol. 7, pág. 929.

79. E. G. White, The Ministry of Healing, pág. 180.

80. _____, Selected Messages, vol. 1, pág. 408.

81. Manuscrito 141, de E. G. White, 1901. Citado en Selected Messages, vol. 3, pág. 132.

82. E. G. White, en Review and Herald, 24 de Febrero de 1874.

83. Ver Índice de los Escritos de E. G. White (Mountain View, Calif.: Pacific Press Pub. Assn., 1983), en el cual encontramos clasificados alfabeticamente varios asuntos de los escritos de Ellen G. White.

84. E. G. White, en Review and Herald, 15 de Agosto de 1893.

85. _____, Selected Messages, vol. 1, pág. 244.

86. _____, The Desire of Ages, págs. 311, 312.

87. Carta 35 de E. G. White, 1894. Citada en The Seventh-day Adventist Bible Commentary, vol. 7-A, pág. 487.

Capítulo 4—Ellet J. Waggoner (1855-1916)

Cuando, en 1884, E. J. Waggoner se envolvió por primera vez con la cuestión de la naturaleza humana de Jesús, Ellen White ya se había pronunciado claramente sobre el asunto. Hasta ese tiempo nadie dudaba que Cristo, en Su encarnación, hubiese tomado sobre Sí la naturaleza caída del hombre.

Si Waggoner se sintió compelido a afirmar tal convicción, fue porque consideraba esa verdad indispensable para la comprensión del plan de la salvación en general, y a la justificación por la fe en particular. Su propósito no era confirmar el punto de vista de Ellen White, sino usar su Cristología como fundamento para su mensaje sobre la justicia obtenida a través de Aquel que vino "en semejanza de carne de pecado".

Primeras Declaraciones Hechas entre 1884 y 1888

En 1884, tan luego fue apuntado para el cargo de editor-asistente de la Signs of the Times, Waggoner escribió una serie de artículos relativos a la naturaleza humana de Jesús. En ellos afirmó que Cristo vino a este mundo en las mismas condiciones del hombre pecaminoso, y permaneció perfectamente justo y santo.

En su primer artículo, el 3 de Julio de 1884, titulado "Condenado y Justificado", leemos: "Cristo era sin pecado; la ley estaba en Su corazón. Como el Hijo de Dios, Su vida era más excelente que todos los seres creados, tanto en la Tierra como en el Cielo... Él tomó sobre Sí nuestra naturaleza (Heb. 2:16), y llevó sobre Sí 'la iniquidad de todos nosotros' (Isa. 53:6). A fin de salvarnos, Él llegó hasta donde nosotros estábamos; en otras palabras, Él tenía que tomar la posición del pecador perdido... Y porque Cristo 'fue contado entre los transgresores', sufrió la penalidad de la transgresión. Pero el sufrimiento de Cristo no fue por Su propia culpa. Él 'no cometió pecado, ni en Su boca se hayó engaño' (1 Pedro 2:22)".[1]

En el segundo artículo, por título "Una Nueva Criatura en Cristo", Waggoner escribió: "Dios hizo a Cristo (el Inmaculado) pecado por nosotros. Él fue, en todas las cosas, 'semejante a los hermanos', y eso significa no simplemente en la forma exterior, física, sino que Él soportó el pecado como nosotros. Esos pecados que asumió sobre Sí no eran Suyos, sino nuestros. Él 'no conoció pecado', 'pero el Señor hizo caer sobre Él la iniquidad de todos nosotros'. (Isa. 53:6) Aun cuando los pecados que estaban sobre Él fuesen nuestros, ellos fueron contados como Suyos propios, y eso Le causó la muerte (Isa. 53:5)".[2]

En el tercer artículo, bajo el título "Debajo de la Ley", Waggoner reafirma que Jesús "se colocó en la exacta condición de aquellos a quien viniera a salvar". Eso de modo alguno implica que Jesús fuese un pecador. Cristo fue contado entre los transgresores, aun cuando Él no fuese uno de ellos. "Él llevó los pecados del mundo como si fuesen Suyos".[3]

Para Waggoner, la expresión "nacido debajo de la ley" (Gál. 4:4) significaba no apenas que Cristo estaba sujeto a la ley, sino que Él también estaba sujeto a la condenación de la ley como un pecador. Cristo se colocó en el lugar de aquellos que habían violado la ley y que fueron condenados a muerte. He ahí por que Cristo sufrió la condenación de la ley.

En su panfleto "El Evangelio en la Epístola a los Gálatas", publicado a inicios de 1888, Waggoner dio especial consideración a (Gálatas 4:4), (Juan 1:14) y (Romanos 8:3), pasajes esos que tratan de la cuestión de Cristo en la carne. De esos textos él concluyó que "Cristo nació en semejanza de carne pecaminosa".[4] Sus comentarios sobre (Filipenses 2:5-7); (Romanos 1:3); (Hebreos 2:9, 16-17), y (2 Coríntios 5:21) también identificaban la naturaleza humana de Cristo con la de la humanidad pecadora.

Lejos de considerar el asunto perturbador, el rebajamiento de Cristo era para Waggoner un tema animador que él tenía que compartir con sus lectores. "Uno de las más entusiasmantes enseñanzas de la Escritura es que Cristo tomó sobre Sí la naturaleza del hombre; y que Sus ancestrales según la carne fueron pecadores. Cuando estudiamos la vida de los antepasados de Cristo y vemos que ellos tenían todas las debilidades y pasiones que tenemos, descubrimos que ningún hombre tiene cualquier derecho de disculpar sus actos pecaminosos debido a la hereditariedad. Si Cristo no Se hubiese hecho en todas las cosas semejante a Sus hermanos, entonces Su vida inmaculada no serviría para animarnos a nosotros. Podríamos mirar para ella con admiración, pero sería una consideración que nos traería inexorable desesperación".[5]

"Pablo declara que Dios lo hizo pecado por nosotros", asegura Waggoner. "Yo simplemente presento hechos de la Escritura; no trato de explicarlos. 'Y, sin duda alguna, grande es el misterio de la piedad'. No puedo comprender como Dios pudo manifestarse en carne, en semejanza de carne pecaminosa. No se como el puro y santo Salvador pudo soportar todas las enfermedades del hombre, que son resultado del pecado, y ser contado con los pecadores, sufriendo la muerte de un pecador. Simplemente acepto la declaración escriturística de que apenas así Él podría ser el Salvador de los hombres; me regocijo en ese conocimiento porque una vez que Él se volvió pecado, yo puedo ser hecho justicia de Dios en Él".[6]

Pues Cristo "descendió hasta las bajas profundidades a las cuales el hombre había caído, para que pudiese erguirlo a Su exaltado trono; sin embargo, Él nunca dejó de ser Dios, o perdió siquiera una partícula de Su santidad".[7]

Esos son los principales conceptos desarrollados por Waggoner en sus primeros escritos, tratando la humanidad de Jesús. Como se refieren a la divinidad de Cristo, Waggoner erige sobre ellos los fundamentos sobre los cuales estructuró su mensaje de justificación por la fe, presentado en la sesión de la Conferencia General de Mineápolis, en 1888.

"Dios Manifiesto en Carne"

Como se dijo antes, ninguno de los textos de los discursos de Waggoner presentados en la sesión de Mineápolis existen ahora. Pero sus artículos publicados en la Signs of the Times inmediatamente después de la sesión, podrían ser representativos de sus presentaciones. La sesión fue concluída el 4 de Noviembre de 1888. Ya el 21 de Enero de 1889, apareció el primer artículo tratando de "Dios Manifiesto en Carne"[8] Su tenor fue reimpreso integralmente bajo el mismo título en el libro de Waggoner publicado en 1890: "Cristo y Su Justicia".[9]

Él inició el libro con un capítulo sobre la divinidad de Cristo, y entonces discutió Su humanidad usando apenas la Biblia para presentar "la maravillosa historia de la humanidad de Cristo". Introdujo el texto citando (Juan 1:14) para enfatizar que "Cristo era tanto Dios como hombre. Originalmente, apenas divino, Él tomó sobre Sí mismo la naturaleza humana, y anduvo entre los hombres como un simple mortal".[10]

Esa voluntaria humillación de Jesús es mejor expresada por Pablo, de acuerdo con Waggoner, en (Filipenses 2:5-8): Escribe él: "Nos es imposible comprender como Cristo puedo, siendo Dios, humillarse hasta la muerte en la cruz, y es más que inútil para nosotros especular sobre eso. Todo lo que podemos hacer es aceptar los hechos como son presentados en la Biblia".[11]

Para dejar claro el significado que ocorrió cuando "el Verbo Se hizo carne", Waggoner cita (Romanos 8:3-4): "Un pequeño pensamiento será suficiente para mostrarle a cualquiera, que si Cristo tomó sobre Sí mismo la semejanza del hombre, de forma que pudiese redimir al hombre, debe haber sido a semejanza de un hombre pecador, pues es al hombre pecador que Él vino a redimir... Fuera de eso, el hecho que Cristo haya tomado sobre Sí la carne, no de un ser sin pecado, sino de un pecador, esto es, la carne que Él asumió tiene todas las debilidades y tendencias pecaminosas a las cuales la caída naturaleza humana está sujeta, es mostrado por la afirmación que Él 'era de la simiente de David según la carne'. David tenía todas las pasiones de la naturaleza humana. Él dijo de sí mismo: 'He aquí que yo nací en iniquidad, y en pecado me concibió mi madre'. (Salmo 51:5)"[12]

Para Waggoner, el texto de Hebreos (2:16-18) confirma esa posición: "Si Él [Cristo] fue hecho en todas las cosas semejante a Sus hermanos, entonces debe haber soportado todas las enfermedades y estado sujeto a todas las tentaciones de Sus hermanos".[13] Pablo lleva el tema más allá cuando escribe, en (2 Coríntios 5:21), que "Aquel que no conoció pecado, Dios Lo hizo pecado por nosotros, para que en Él fuésemos hechos justicia de Dios". Waggoner añade: "El inmaculado Cordero de Dios, que no conocía pecado, fue hecho pecado. Aun cuando era inocente, sin embargo fue contado no apenas como un pecador, sino, en verdad, Él tomó sobre Sí la naturaleza pecaminosa. Él fue hecho pecado para que nosotros pudiésemos ser hechos justos".[14]

Después de citar más una vez (Gálatas 4:4-5), y (Hebreos 4:15 16), Waggoner comenta: "Algunos pueden haber pensado, leyendo superficialmente, que estamos depreciando el carácter de Jesús, trayendolo al nivel del hombre pecador".[15] "Al contrario", replica él, "estamos simplemente exaltando el 'poder divino' de nuestro bendito Salvador, que voluntariamente descendió al nivel del hombre pecaminoso, de forma que pudiese exaltarlo hasta Su propia inmaculada pureza, la cual Él retuvo bajo las más adversas circunstancias".[16]

A despecho de la debilidad de la carne, "Su divina naturaleza nunca, ni por un sólo momento, abrigó un mal deseo, ni Su divino poder, por un momento, dudó. Habiendo sufrido en la carne todo lo que el hombre puede sufrir, Él volvió al trono de Su Padre tan inmaculado como cuando dejó las cortes de la gloria".[17]

El secreto de la victoria de Cristo sobre el pecado reside en esta lógica: "Él fue cercado por la enfermedad, y sin embargo, no cometió pecado', por causa del poder divino habitando constantemente en Él. Esa misma fuerza puede ser nuestra si 'Cristo habita por la fe en nuestros corazones; y si, como Él, somos 'llenos hasta la entera plenitud de Dios' (Efe. 3:17 y 19)".[18]

"Habiendo sufrido todo lo que la carne humana padece, Él Cristo] sabe todo sobre eso, y Se identifica tan intimamente con Sus hijos, que lo que quiera que los acose hace la misma impresión sobre Él, y sabe también cuanto poder divino es necesario para resistir; y si nosotros sinceramente deseamos renunciar a la 'impiedad y a las pasiones mundanas', Él está ansioso en conceder y es capaz de conferirnos poder "muchísimo más que todo cuanto pedimos o pensamos. Todo el poder que Cristo poseía habitando en El por naturaleza, podemos tenerlo en nosotros por la gracia, pues Jesús nos lo concede libremente".[19]

"¡Qué maravillosas posibilidades hay para nosotros cristianos!", exclamaba Waggoner. De ahí en adelante él podía decir: "Puedo todas las cosas en Aquel que me fortalece".[20]

Tal es la argumentación de Waggoner sobre el asunto de "Dios manifiesto en carne". A fin de vencer el poder del pecado, fue necesario, de acuerdo con él, que Cristo viniese a habitar con nosotros en "semejanza de carne de pecado". Habiendo obtenido la victoria en la carne, Él podría ahora conceder Su poder a aquellos que Lo aceptasen. Así, el mismo poder divino que fortaleció Cristo para vivir una existencia impecable en la pecaminosa naturaleza humana, haría al pecador en quien Cristo habitase capaz de vencer la tentación y sobrepujar el poder del pecado.

Como se puede ver, la Cristología de Waggoner lo condujo naturalmente a la justificación por la fe. La obra de Cristo no podría ser separada de Su persona. El mensaje de la justificación por la fe como presentado por Waggoner en 1888, es en realidad tan solamente una aplicación práctica de su Crisología. Por que Cristo Se identificó perfectamente con la naturaleza humana caída, Su obra en nosotros no está limitada a una mera transacción legal, el perdón del pecado, sino que ella también contiene la purificación de "toda la injusticia" (1 Juan 1:9).[21] "Cuando Cristo nos cubre con el manto de Su pro-pia justicia, Él no nos da una capa para el pecado, sino que retira el pecado de nosotros… En verdad Él purifica de la culpa, y si el pecador está limpio de su culpa, está justificado, hecho justo, y pasó por un cambio radical. Es, de hecho, otra persona… 'es una nueva criatura' (2 Cor. 5:17)".[22]

La gran contribución de Waggoner no fue apenas reintroducir el principio de la justificación por la fe en la Iglesia Adventista, sino también aplicar la Cristología a la obra de salvación. Para Lutero, la justificación por la fe era puramente una transacción legal. La Fórmula de Concord confirma ese punto de vista: "Toda nuestra rectitud está fuera de nosotros; ella habita enteramente en Jesucristo". Para Waggoner, por otro lado, la justificación incluye la acción de Cristo en el hombre para hacerlo justo (Rom. 5:19), a través del poder que Dios le concede a aquel que cree en Cristo y Lo recibe en su corazón (Juan 1:12). [Énfasis añadida].

En su último libro, El Pacto Eterno, publicado en Londres en el año 1900, Waggoner declaró: "Antes que el fin venga, y al tiempo de la venida de Cristo, precisa haber en el mundo un pueblo, no necesariamente grande en relación al número de habitantes de la Tierra, pero grande lo suficiente para ser conocido en todo el planeta, y en quien 'toda la plenitud de Dios' sea manifiesta, así como lo fue en Jesús de Nazaret. Dios le demostrará al mundo que lo que Él hizo con Jesús de Nazaret, lo hará con cualquiera que se entregue a Él".[23]

Waggoner Confirma Su Cristología (1891-1902).

Durante la década de 1890, Waggoner disfrutó de un gran prestigio y autoridad en la Iglesia Adventista. Apoyado por Ellen White y en colaboración con su colega A. T. Jones, le fue dada la oportunidad de presentar el mensaje de la justificación por la fe en los encuentros campales, en grandes convenciones pastorales y en diversas sesiones de la Conferencia General. En 1891, en la sesión de la Conferencia General, Waggoner fue convidado a presentar una serie de 16 estudios bíblicos, que él dedicó a la epístola a los Romanos.[24] Él difícilmente podría escoger una epístola más favorable para desarrollar las grandes ideas de su mensaje de justicia por la fe. Dos pasajes, en particular, fueron relevantes sobre el tema de la naturaleza humana de Jesús.

La declaración de Pablo, en (Romanos 1:3), acerca de la posteridad de David le ofreció la primera oportunidad. Pablo dijo que Jesucristo "nació de la descendencia de David según la carne". Waggoner, por lo tanto, nos convida a "leer la historia de David y de los reyes que de él descendieron, los cuales fueron ancestrales de Jesús, y ustedes verán que el lado humano del Señor estaba en desventaja por su ancestralidad, tanto como cualquier uno de nosotros puede estarlo. Muchos de ellos fueron licenciosos e idólatras crueles. Aun cuando Jesús estiviese así tan cercado de debilidades, Él 'no cometió pecado, ni en en la Su boca se hayó engaño' (1 Pedro 2:22). Eso es para darle ánimo a los hombres en las más bajas condiciones de vida. ES para mostrar que el poder del evangelio de la gracia de Dios puede triunfar sobre la hereditariedad".[25]

Con respecto a la afirmación de que Dios envió a Su Hijo "en semejanza de carne de pecado", Waggoner asegura: "Existe la idea común de que eso significa que Cristo simuló tener carne pecaminosa, que Él no Se revistió realmente de la carne pecaminosa, sino que tan solamente pareció poseerla".[26]

En réplica, Waggoner citó (Hebreos 2:17), que afirma que "convenía que en todo [Jesús] fuese hecho semejante a Sus hermanos, para volverse un sumo sacerdote misericordioso y fiel en las cosas concernientes a Dios, a fin de hacer propiciación por los pecados del pueblo". Entonces refirió (Gálatas 4:4-5) nuevamente, donde Pablo sustenta que Jesús fue "nacido de mujer, nacido bajo la ley, para rescatar a los que estaban bajo la ley". Y concluye: "Él tomó la misma carne que todos los que son nacidos de mujer poseen".[27]

Finalmente, para establecer la razón por que Cristo vino en semejanza de carne de pecado, Waggoner coloca lado a lado Romanos (8:3-4) y (2 Coríntios 5:21). "Los primeros versos dicen que Cristo fue enviado en semejanza de carne pecaminosa, 'para que la justa exigencia de la ley se cumpliese en nosotros'. Los últimos dicen que Dios 'Lo hizo pecado por nosotros', aun cuando Él no hubiese conocido pecado, 'para que en El fuésemos hechos justicia de Dios'".[28]

En todas esas explicaciones, Waggoner ligaba constantemente la encarnación de Cristo, que Se revistió de la caída naturaleza humana con propósitos de redención; para libertar los seres humanos del poder del pecado y de la muerte, mediante el poder del Espíritu de vida que está en Jesucristo (Rom. 8:2).

En 1892, Waggoner aceptó un llamado para ir a Inglaterra y volverse el editor de la revista La Verdad Presente. Él permaneció allí hasta 1902. En esa ocasión, fue convidado a tomar parte en la sesión de la Conferencia General en 1897, donde presentó 19 estudios basados en los primeros capítulos de la epístola a los Hebreos. Eso no sorprende, considerando que esos capítulos contienen la más clara evidencia de la naturaleza divino-humana de Cristo.[29] Más una vez Waggoner tuvo la oportunidad de propagar su Cristología, que concordaba también con aquella de los ejecutivos de la Comisión de la Conferencia General y de la iglesia. Si no fuese ese el caso, ellos no lo habrían siempre convidado para venir de Inglaterra y participar de esos eventos especiales.

Una vez más Waggoner confirmó su posición inicial, la cual también examinamos, sobre la naturaleza humana de Jesús. En un punto él parafraseó al apóstol Pablo: "Si con nuestra boca confesamos a Jesús como Señor, que Él vino en carne, y si creemos en nuestro corazón que Dios Lo resucitó de entre los muertos -- que Él es un poder vivo -- seremos salvos".[30]

Para asegurarse de que el público tuviese una visión clara de ese punto, Waggoner insistió: "La Palabra se hizo carne perfecta en Adán, mas en Cristo la Palabra se hizo carne caída. Cristo descendió hasta el fondo, y he aquí la Palabra en carne, carne pecaminosa".[31]

En un artículo publicado en la Signs of the Times, titulado "Dios Manifiesto en Carne", Waggoner especificó que nuestros pecados no fueron puestos sobre Cristo de manera simbólica, sino realmente lanzados sobre Él.[32] Del mismo modo, en su comentario sobre la epístola a los Gálatas, publicado en 1900, él subraya enfáticamente que Cristo llevó nuestros pecados "en Su propio cuerpo" (1 Pedro 2:24). Y escribió: "Nuestros pecados no fueron mera y figurativamente puestos sobre Él, sino 'en Su propio cuerpo'. Él Se 'hizo maldición' por nosotros, se hizo 'pecado' por nosotros y, consecuentemente, murió por nosotros... El mismo texto que nos dice haber Él llevado nuestros pecados 'en Su propio cuerpo', cuida en dejarnos saber que Él 'no pecó'. El hecho que Él haya podido llevar nuestros pecados con Él y en El, haciéndose pecado por nosotros y, sin embargo, sin haber cometido cualquier pecado, es para Su gloria eterna y nuestra eterna salvación del pecado".[33]

Conclusión.

Eso es lo esencial de la Cristología de Waggoner. Si su posición no estiviese de acuerdo con la creencia de la iglesia, la Comisión de la Conferencia General no lo habría convidado a la sesión de 1901, para refutar "la extraña doctrina" del movimiento de la carne santa, de acuerdo con la cual Cristo había tomado la "naturaleza de Adán antes de la caída".[34]

Si hay un tema recurrente en la enseñanza de Waggoner, ese es ciertamente su Cristología. La obra Confesión de Fe, escrita poco antes de su muerte, en 1916, permanece como la mejor evidencia de esa realidad. Allí él expresa nuevamente lo paradojal de Cristo, que asumió la naturaleza del "hombre pecaminoso", mientras ofreció una "vida perfecta", una vida libre de pecado, una vida victoriosa sobre la muerte. "Así, Dios en Cristo dio Su vida en favor de los hombres pecadores. Esta es, de acuerdo con Waggoner, la súmula del evangelio".[35]

Notas y Referencias.

1. Ellet J. Waggoner, en Signs of the Times, 3 de Julio de 1884.

2. Ídem, 17 de Julio de 1884.

3. Ídem, 18 de Septiembre de 1884. Ver Eric Claude Webster en Contracorrientes en la Cristología Adventista, págs. 168 a 171.

4. Ellet J. Waggoner, The Gospel in the Book of Galatians (El Evangelio en la Epístola a los Gálatas) (Payson, Ariz. Leaves of Autumn Books, 1970) Waggoner escribió ese panfleto de 71 páginas en respuesta a un panfleto de 85 páginas, escrito por G. I. Butler, titulado The Law in the Book of Ga-latians (La Ley en la Epístola a los Gálatas.

5. Ídem, pág. 61.

6. Ídem, pág. 62.

7. Ídem, pág. 63.

8. Siete artículos fueron publicados en la Signs of the Times. El primero versaba sobre la naturaleza humana de Cristo (21 de Enero de 1889); los cuatro siguientes, sobre la divinidad de Cristo (días 1, 8, 15 y 22 de Marzo de 1889); los últimos dos tenían por título, respectivamente, "Cristo, el Legislador" y "Cristo, el Redentor".

9. Este libro fue igualmente impreso en Australia y en Inglaterra, en 1892, y en Hamburgo y en Basilea. Ver Froom, Movement of Destiny, pág. 373. En 1989 él fue traducido y publicado en Francia.

10. Waggoner, Christ and His Righteousness, pág. 24.

11. Ídem, pág. 25.

12. Ídem, págs. 26-27.

13. Ídem, pág. 27.

14. Ídem, págs. 27-28.

15. Ídem, pág. 28.

16. IbÍdem.

17. Ídem, pág. 29.

18. IbÍdem.

19. Ídem, pág. 30

20. Ídem, págs. 30-31.

21. Ídem, pág. 59.

22. Ídem, pág. 66.

23. _____, The Everlasting Covenant (El Pacto Eterno), pág. 366. Arthur G. Daniells recomendó ese libro de Waggoner a W. C. White, en una carta fechada el 12 de Mayo de 1902: "Estoy profundamente convencido de que algo debe ser hecho para colocar un diluvio de

luz en los lares de nuestro pueblo. No conozco un libro mejor para hacer eso, fuera de la Biblia, que el del hermano Waggoner." (citado en A. V. Olson, Through Crisis to Victory (De la Crisis a la Victoria), pág. 231).

24. Ellet J. Waggoner, en el Boletín de la Conferencia General de 1891; Signs of the Times, Octubre de 1895 y Septiembre de 1896; Waggoner on Romans (Waggoner On Romanos, el Evangelio en la Gran Carta de Pablo) (Paris: Glad Tidings Publishers, n.d.).

25. _____, Waggoner on Romans, pág. 12.

26. Ídem, pág. 128.

27. IbÍdem.

28. IbÍdem.

29. Esos estudios fueron publicados en el Boletín de la Conferencia General, 1897, bajo el título Studies in the Book of Hebrews (Estudios Sobre el Libro de Hebreos).

30. Boletín de la Conferencia General, 1897, vol. II, pág. 12.

31. Ídem, vol. I, pág. 57.

32. E. J. Waggoner, en Signs of the Times, 21 de Enero de 1889.

33. _____, The Glad Tidings (Buenas Nuevas), pág. 62.

34. Ese evento será considerado en el capítulo 7.

35. Confession of Faith (Confesión de Fe), págs. 8 y 10. Ver Webster, Crosscurrents in Adventist Christology, págs. 222-223.

Capítulo 5—Alonzo T. Jones (1850-1923)

Predicador entusiasta, editor de diversos periódicos,[2] y autor de varias obras[3], Alonzo T. Jones fue uno de los primeros líderes espirituales de la iglesia adventista en la década de 1890.

Jones nació el día 21 de Abril de 1850, en Rockhill, Ohio. Con 20 años de edad se alistó en el ejército y ahí se quedó durante tres años. De esa experiencia él conservó el espíritu de disciplina y cierta brusquedad en sus relacionamentos. Mientras a la mayoría de sus compañeros le gustaba divertirse en los ratos libres, Jones prefería leer obras de historia o publicaciones adventistas, juntamente con la Biblia. Así él adquirió gran parte del conocimiento básico necesario para su futuro trabajo como predicador y escritor.

Libre de las obligaciones militares, solicitó el batismo en la iglesia adventista. Fue entonces designado para ir a la costa Oeste como predicador. En Mayo de 1885, fue admitido como editor-asistente de la revista Signs of the Times, una posición que mantuvo al lado de Ellet J. Waggoner hasta 1889.

Aun cuando era completamente diferentes uno del otro, esos hombres colaboraron muy estrechamente en la predicación del mensaje de la justificación por la fe. Con el apoyo de Ellen White, ellos revolucionaron la sesión de la Conferencia General de 1888, en Mineápolis. Como resultado, por dos años la comisión de la Conferencia General nombró a Waggoner y Jones para enseñar ese mensaje en los encuentros campales, en los concilios pastorales, en las instituciones e iglesias por todo el país. Hasta viajar para a Australia, en Diciembre de 1891, Ellen White frecuentemente los acompañaba en esas campañas. Ella consideraba su mensaje como venido de Dios.

Después de la ida de Waggoner para Inglaterra, en 1892, Jones quedó encargado de mantener el interés en el mensaje de 1888. Y él lo hizo de manera magistral y con la plena aprobación de los líderes de la iglesia. Durante la década de 1890, en cada sesión de la Conferencia General, una posición preferencial le era reservada para la presentación de varios aspectos del "tercer mensaje angélico", como la colección de sus estudios bíblicos era popularmente conocida.

A causa de su interés en libertad religiosa, Jones fue escogido en 1889 para dirigir la revista American Sentinel (Sentinela Americano). En 1897, él fue llamado a servir como uno de los miembros de la Comisión de la Conferencia General, y, al mismo tiempo, como editor-jefe de la Review and Herald. Entonces, en la sesión de la Conferencia General de 1901, él fue elegido para la presidencia de la Asociación de California, posición en que se mantuvo hasta 1903.

Jones fue entonces convidado para tomar cuenta del departamento de libertad religiosa a nivel de la Conferencia General, en Washington. Al comienzo aceptó la invitación, pero después declinó y fue para Battle Creek a fin de trabajar con el Dr. John Harvey Kellogg, bajo cuya influencia acabó entrando en conflicto con la Conferencia General. A causa de eso dejó la Obra. Posteriormente, en razón de creciente hostilidad con el liderazgo de la iglesia, fue desligado del rol de miembros en 1909.

Antes de esa separación, sin embargo, A. G. Daniells, presidente de la Conferencia General, trató de hacer una reconciliación en la sesión de 1909. Por alguna razón, Jones rechazó esa apertura. De ahí en adelante, aun cuando era un observador del Sábado ligado a las más fundamentales doctrinas adventistas, permaneció alejado de la iglesia. Fuera de eso, como su biógrafo George R. Knight observa: "A despecho de su animosidad con la iglesia organizada, Jones parecía deseoso de compañerismo adventista".[4] Él falleció el día 12 de Mayo de 1923, en Battle Creek, después de sufrir una hemorragia cerebral.

¿El Mensaje de Jones es Aun Digno de Confianza?

A causa de su ulterior separación de la iglesia, algunos adventistas hoy cuestionan seriamente la validez del mensaje de Jones. Realmente, como regla general, el mensaje de quien no permanece firme en la fe hasta el final tiende a perder toda la credibilidad.[5]

En el caso de Jones, sin embargo, su desligamiento ocurrió fundamentalmente por conflicto con la organización y no con la fe. George R. Knight escribe: "Habiendo estudiado su vida por muchos años, creo casi imposible creer que el vigoroso Jones de inicio de la década de 1890, pudiese haber naufragado en la fe. Por otro lado, también parece casi imposible para él -- como consecuencia de su orgullo, obstinadas opiniones y extremismo -- haber hecho cualquier cosa más. La clave para su futuro yace en el mensaje que fue tan caro a su corazón -- dejar el poder del Espíritu Santo transformar su vida a través de la fe. Ese fue el punto donde Jones falló. Poseía una correcta teoria de la verdad, pero fracasó en su práctica".[6]

Ellen G. White acentua la diferencia entre el mensaje y el mensajero. Ella conocía bien a ambos. La Sra. White había aceptado el mensaje como inspirado por el Cielo. Ella misma no dudó en predicarlo. Mas como resultado de la oposición que Jones y Waggoner tuvieron que enfrentar, ella temía que se desanimasen y por fin "sucumbiesen a las tentaciones del enemigo". De cualquier modo, ella advertía: "Si eso aconteciese, no probaría que ellos no tenían ningún mensaje de Dios, o que la obra que hicieron fuese totalmente un error".[7] [Énfasis añadido]

Ese testimonio es aun más digno de nota, en vista de las circunstancias que desafortunadamente justificaron más tarde los temores de Ellen White con relación a los mensajeros. De hecho, ella nunca dudó del origen del mensaje básico predicado por Jones y Waggoner, aun cuando, a veces, ella los corrigiese en algunos puntos particulares.[8] Habiendo leído, en austra lia, los 24 estudios bíblicos presentados por Jones en la sesión de la Conferencia General en 1893, Ellen White escribió: "Sabemos que el hermano Jones ha dado el mensaje para este tiempo-- alimento en el tiempo debido para el hambriento rebaño de Dios. Aquellos que no permiten que el preconcepto obstruya el corazón contra el mensaje enviada por el Cielo, no pueden sino sentir el espíritu y la fuerza de la verdad".[9]

Jones también disfrutó de la confianza de los líderes de la iglesia, de acuerdo con Arthur L. White: "Tal vez la verdadera actitud de la iglesia y sus líderes para con Jones y Waggoner, después de la sesión de la Conferencia de 1888, sea mejor reflejada en las invitaciones extendidas a esos dos hombres, para conducir estudios bíblicos en las sesiones de la Conferencia General realizadas en los 10 años siguientes. Es bueno recordar que la Comisión de la Conferencia General fue responsable por la planificación de las reuniones de la Conferencia General y por escoger a sus oradores. La iglesia tenía muchos oradores competentes. Las elecciones hechas revelan los sentimientos de sus líderes".[10]

Una rápida mirada en la impresionante cuenta de estudios bíblicos presentados por Waggoner y Jones en las diversas sesiones de la Conferencia General, de 1891 a 1909, será suficiente para establecer el nivel de confianza de que gozaban: 17 para Waggoner en 1991; 24 para Jones en 1893; 26 para Jones en 1895; 19 para Waggoner y 11 para Jones en 1897; 3 para Waggoner y 7 para Jones en 1899. Esos hombres nunca habrían sido solicitados a presentar como lo hicieron, los diversos aspectos del tercer mensaje angélico, si su discurso no hubiese estado en armonía con las creencias de la iglesia.

Cristología de Jones.

Jones habló profusamente sobre la naturaleza humana de Cristo, primeramente en numerosos artículos en la Review and Herald, de la cual fue editor-jefe;[11] más tarde en los estudios bíblicos presentados en las sesiones de la Conferencia General efectuadas entre 1893 y 1895, bajo el título "El Tercer Mensaje Angélico"[12] y finalmente en un libreto titulado The Consacrated Way to Christian Perfection (El Camino Consagrado Para la Perfección Cristiana)[13] publicado al final de su ministerio, en 1905.

Dentro del alcance de este estudio, es imposible considerar todos los detalles del mensaje expuesto por Jones. Será suficiente aquí definir los puntos principales de su Cristología. Primeramente, vamos a dejar claro que Jones siempre presentó Cristo como Dios. Para él, "tan enteramente la naturaleza de Cristo es la naturaleza de Dios, que ella es la propia marca de la substancia de Dios". "Él es Dios".[14] Jones declaró: "Es esencial conocer el primer capítulo a los Hebreos, para entender lo que es Su naturaleza como hombre, revelada en el segundo capítulo de Hebreos".[15]

En sus presentaciones en el año 1893, Jones confirmó las enseñanzas de Waggoner sobre justificación por la fe. Él afirmó que "Jesús participó de la misma carne y sangre que nosotros tenemos".[16] Y, en su décimo estudio él explicó cómo Dios tejió en Cristo "las vestiduras de la justicia", disponibles a aquellos que Lo aceptan.

Jones afirmó: "Esas vestiduras fueron tejidas en un cuerpo humano. El cuerpo humano -- la carne de Cristo -- era el telar, ¿no era? Esa ropa fue tejida en Jesús; en la misma carne que usted y yo tenemos, pues Él tomó parte en la misma carne y sangre que tenemos. Esa carne, que es suya y mia, fue la que Cristo trajo a este mundo, la cual fue el telar en el cual Dios tejió los trajes para que usted y yo vistamos en la carne, y Él quiere que los usemos ahora".[17]

Las más completas y detalladas presentaciones fueron las hechas por Jones en la sesión de la Conferencia General de 1895. De 26 estudios, seis fueron dedicados a la doctrina de la encarnación.[18] En el curso de esas exposiciones, Jones mencionó que la naturaleza de Cristo había sido objeto de profundo estudio durante "tres o cuatro años", pero que Dios los estaba conduciendo "más allá" en el asunto.[19] Jones creía que había nuevos argumentos capaces de consolidar la enseñanza sobre la naturaleza humana de Cristo.

Evidencias sugieren que, después de su llegada a Inglaterra en 1892, Waggoner le envió a Jones los escritos de un obispo anglicano, Edward Irving, bien conocidos por su Cristología. Está bastante claro que Jones había leído las obras de Irving y que ellas tuvieron influencia sobre los argumentos y expresiones usados en las presentaciones de 1895.[20]

La comprensión de Jones sobre la naturaleza humana de Jesús y sus aplicaciones prácticas en la vida cristiana, pueden ser sumariadas en cuatro principales conceptos:

1. La Naturaleza Caída de Cristo

Jones no tenía la mínima duda de que Cristo tomó sobre Sí la naturaleza humana caída o pecaminosa, "la semejanza de carne de pecado". Ese tipo de expresión ocurre no menos de 90 veces en sus presentaciones hechas en el año 1895.[21]

No satisfecho en afirmar la verdad de ese mensaje, Jones deseaba explicar su lógica. Para ese fin él comenzó a enfatizar el origen común de la naturaleza humana de Cristo y de todos los seres humanos. Para demostrar ese punto, él citaba (hebreos 2:11): "Pues tanto lo que santifica, como los que son santificados, vienen todos de uno sólo..." Con base en ese verso, Jones concluyó que "en Su naturaleza humana, Cristo provino del hombre de quien todos nosotros vinimos... Un hombre es la fuente y cabeza de toda la naturaleza humana. Y la genealogía de Cristo, como uno de nosotros, se origina en Adán... Todos vienen de un hombre según la carne; son todos de uno. Así, del lado humano, la naturaleza de Cristo es precisamente nuestra naturaleza".[22]

"¿Qué carne es esa, de hecho?", interrogaba Jones. "¿Qué especie de carne solamente este mundo conoce? Tan solamente la carne que usted y yo tenemos. El mundo no conoce cualquier otro tipo de carne humana, y no ha sabido de otra por la cual la necesidad de la venida de Cristo fue creada. Por ese motivo, como el mundo conoce apenas tal especie de carne como la que tenemos, como es ahora, es ciertamente verdad que cuando 'el Verbo Se hizo carne', fue la misma carne que la nuestra. Eso no puede ser de otro modo".[23]

Fundamentándose en los versos de (Hebreos 2:14-18), Jones destacaba el hecho de Cristo haber participado de la carne y de la sangre, de la misma manera que nosotros compartimos de la carne y de la sangre. "Él no Se revistió de la naturaleza de los ángeles, sino de la naturaleza de Abraham. Pero la naturaleza de Abraham y la simiente de Abraham son tan solamente naturaleza humana... 'Por lo que convenía que en todo fuese hecho semejante a Sus hermanos'. ¿En cuántas cosas? Todas las cosas. Entonces, en Su naturaleza humana no hay ni siquiera una partícula de diferencia entre Él y usted".[24]

Jones pregunta: "¿Percibe usted que nuestra salvación yace exáctamente ahí? ¿No ve que es justamente ahí que Cristo Se aproxima de nosotros? Él llegó hasta nosotros precisamente donde somos tentados, y fue hecho como nosotros exáctamente donde somos tentados; y ese es el punto donde nosotros Lo encontramos -- el Salvador vivo contra el poder de la tentación".[25]

2. El Pecado Condenado en la Carne

Cuando Jones consideraba las tentaciones a las cuales Cristo estuvo sujeto, aludía a (Hebreos 4:15): "Sino, uno que, como nosotros, en todo fue tentado, pero sin pecado".

Obviamente, declaró Jones: "Él no podría ser tentado en todos los puntos como yo soy, si en todos los puntos no fuese como yo soy.... Cristo estaba en Su lugar, y Él poseía la naturaleza de toda la raza humana. En Él se encontraba toda la debilidad de la humanidad, de forma que cada hombre sobre la Tierra que puede ser tentado, encuentra en Jesucristo poder contra la tentación. Para cada alma hay en Jesús victoria contra todas las tentaciones y socorro contra su poder. Esa es la verdad".[26]

En su décimo cuarto estudio, Jones repitió lo que cada hombre heredó de Adán. "Así, todas las tendencias para el pecado encontradas en la raza humana vinieron de Adán. Pero Jesucristo sufrió todas esas tentaciones. Él fue tentado en todos los puntos en la carne que Él recibió de David, Abraham y Adán... Así, en la carne de Jesucristo -- no en Sí mismo, sino en Su carne -- nuestra carne que Él tomó en la naturaleza humana ocurrieron justamente las mismas tentaciones al pecado que existen en usted y en mi... Y así, existiendo en semejanza de carne pecaminosa, Él condenó el pecado en la carne".[27]

Por consiguiente, Jones dice: "Todas las tendencias para pecar que existen en la carne humana estaban en Su carne, y a ninguna le fue jamás permitido que se manifestase; Él venció a todas ellas. Y en Él todos tenemos la victoria sobre ellas".[28]

Para hacer más clara su explicación, Jones admite "una diferencia entre la tendencia para pecar y el abierto aparecimiento de ese pecado en las acciones".[29] Al someterse a la gran ley de la hereditariedad, Cristo aceptó ser tentado en todos los puntos como nosotros lo somos, pero sin ceder al poder de la tentación que Él llevaba en Su carne. Entonces Jones declara: "Él es un Salvador completo. Él es un Salvador de los pecados cometidos y un Conquistador de las tendencias para cometimiento de pecados. En Él tenemos la victoria".[30]

Jones afirmaba no haber misterio en Dios ser manifiesto en una carne que no estiviese sujeta al poder del pecado. "Pero la maravilla está en lo que Dios puede hacer a través de la y en la carne pecaminosa. Ese es el misterio de Dios -- Dios manifiesto en carne pecaminosa. En Jesucristo, que estaba en carne pecaminosa, Dios demostró ante el Universo que Él puede así tomar posesión de la carne pecaminosa para revelar Su propia presencia, poder y gloria, en vez de que el pecado en ella se manifieste".[31]

3. La Naturaleza de Adán: ¿Antes o Después de la Caída?

Para Jones, esa cuestión nunca debería haber sido levantada. "El segundo Adán vino, no como el primer Adán era, sino con lo que el primer Adán había producido en sus descendientes en el tiempo de Su venida. El segundo Adán vino en el punto que la degeneración de la raza había alcanzado desde el primer Adán".[32] "Jesús vino aquí, en el territorio de Satanás, y asumió la naturaleza humana justamente en el punto al cual Satanás la había llevado".[33]

Es claro que algunos delegados no comprendieron cómo fue posible que Jesús tuviese "carne pecaminosa" y no haber sido un pecador. Consecuentemente, hubo cuestionamentos a los cuales Jones se vió compelido a responder. De pronto él fue forzado a recurrir a la doctrina de la inmaculada concepción. "La falsa idea de que Él es tan santo que Le sería enteramente impropio allegarse a nosotros y ser poseído de la misma naturaleza que tenemos -- pecaminosa, deprabada, caída naturaleza humana tiene su origen en la encarnación de aquella enemistad contra Dios, y que separa al hombre de Dios -- el papado".[34]

De acuerdo con esa doctrina, "María, por lo tanto, debe haber nacido inmaculada, perfecta, impecable, y más elevada que el querubín y el serafín; entonces Cristo debe haber nacido así, para tomar de ella Su naturaleza humana en absoluta impecabilidad. Mas eso Lo coloca mucho más distante de nosotros de lo que un querubín y un serafín están, y en naturaleza pecaminosa... Quiero que alguien me ayude, alguien que conozca alguna cosa sobre naturaleza pecaminosa, pues esa es la naturaleza que yo tengo y es esa la que el Señor asumió. Él Se hizo uno de nosotros".[35]

Algunos delegados encontraron que Jones estaba yendo muy lejos al afirmar que "Cristo poseía las mismas pasiones que nosotros". Ellos lo confrontaron con una declaración de Ellen White de que "Cristo es un hermano en nuestras debilidades, pero no en poseer las mismas pasiones". Jones respondió enfatizando la diferencia entre la carne de Jesús y Su mente: "Él fue hecho en semejanza de carne pecaminosa; no a la semejanza de la mente pecaminosa. No coloquen Su mente en esto. Su carne era nuestra carne, pero la mente era 'la mente de Cristo Jesús'. Por consiguiente, está escrito: 'Haya en vosotros el mismo sentimiento [mente] que también hubo en Cristo Jesús'".[36]

Al principio, en el Jardín del Edén, Jones explicaba, Adán y Eva tenían la mente de Cristo Jesús. Al permitir ser seducidos, se volvieron "esclavos" de Satanás, y así nosotros después de ellos. Jesús vino, por lo tanto, para herir la batalla en el mismo terreno de Adán, donde él fue derrotado. Y por Su victoria "en Jesucristo, la mente de Dios es concedida una vez más a los hijos de los hombres; y Satanás es vencido".[37] "Jesucristo vino en la misma carne que la nuestra, pero con la mente que mantenía su integridad contra cada tentación, contra cada inducción al pecado -- una mente que jamás consentía en pecar. No, nunca, ni en la mínima concebible sombra de un pensamiento".[38]

Para fundamentar su argumento, Jones citó una declaración extraída de un artículo en el cual Ellen White destaca las dos naturalezas de Jesús, la humana y la divina, con base en (Filipenses 2:6-7) y (Hebreos 1:2).[39] Entonces Jones hizo mención de un trecho del manuscrito de El Deseado de Todas las Gentes, aun no impreso en la ocasión y con título provisorio de La Vida de Cristo: "Para completar la gran obra de la redención, el Redentor precisa tomar el lugar del hombre caído... A fin de elevar al hombre degenerado, Cristo debía alcanzar al hombre donde este se encontraba. Él asumió la naturaleza humana, soportando las debilidades y la degeneración de la raza. Él Se humilló hasta las más bajas profundidades de la miseria humana, para poder simpatizar con el hombre y rescatarlo de la degradación en la cual el pecado lo había sumergido... Cristo asumió la humanidad con todos sus riesgos. La tomó con la posibilidad de ceder a la tentación, y se apoyó sobre el poder divino para sustentarla".[40]

Jones concluyó: "Usted ve que estamos sobre terreno firme en todo el camino, así que cuando es dicho que Él [Cristo] tomó nuestra carne, pero no era participante de nuestras pasiones, eso está totalmente exacto, totalmente correcto; porque Su mente divina nunca consintió con el pecado. Y esa mente nos es concedida a través del Espíritu Santo, el cual nos es dado libremente".[41]

Algunos encuentran que Jones tenía, en efecto, admitido que Cristo no tenía pasiónes como las nuestras.[42] No aceptó eso totalmente. Él hizo lo mejor para aclarar la diferencia entre tendencias hereditarias para pecar, que son comunes a todos nosotros, y hábitos de culpa que cultivamos por ceder a la tentación. Además, "la carne de Jesucristo era nuestra carne, y en ella había todo lo que hay en nuestra carne -- todas las tendencias al pecado que hay en nuestra carne estaban en Su carne, atrayéndolo para que cediese al pecado".[43] Del mismo modo, Jesús llevó en Su propia carne nuestras pasiones por hereditariedad, potencialmente, pero no en actos. He ahí por que Jones era capaz de decir sin contradecirse: "Que eso no signifique que Cristo participó de nuestras pasiones". Él poseía nuestras pasiones, pero nunca participó de ellas. Todo el problema de la naturaleza humana de Cristo yace en la comprensión de esa diferencia.[44]

La Victoria es Posible a Través de Jesucristo Realmente, la victoria de Jesús sobre el pecado en la carne proveía para Jones la prueba de que cada discípulo de Cristo puede también vencer el pecado en la carne. En último análisis, fue para ese real propósito que Dios envió a Jesucristo: para condenar el pecado en la carne "para que la justa exigencia de la ley se cumpliese en nosotros, que no andamos según la carne, sino según el Espíritu" (Rom. 8:4).

"En Jesucristo, mientras Él estaba en la carne pecaminosa, Dios demostró ante el Universo que puede tomar posesión de la carne pecaminosa, para manifestar Su propia presencia, poder y gloria, en vez de dar lugar a la expresión del pecado. Y todo lo que el Hijo pide de cualquier hombre para poder realizar esa experiencia en el, es que permita que el Señor lo posea como ocurrió con el Señor Jesús".[45]

En 1893, Jones sacó esta lección práctica de la victoria de Cristo sobre el pecado: de la misma manera que Dios vistió los trajes de justicia en la carne de Cristo, así "Él desea que nosotros los vistamos ahora, como también cuando la carne se vuelva inmortal al final... Cristo precisa estar en nosotros, así como Dios estaba en El; Su carácter precisa estar en nosotros, así como el de Dios estaba en El. Y Su carácter tiene que revestirnos y transformar a través de esos sufrimientos, tentaciones y tribulaciones que enfrentamos. Dios es el tejedor, pero no sin nosotros. Es la cooperación de lo divino y de lo humano -- el misterio de Dios en usted y en mi -- el mismo misterio que había en el evangelio y que hay en el tercer mensaje angélico".[46]

La misma conclusión práctica es extraída del final de su décimo séptimo estudio, en 1895: "De acuerdo con Su promesa, somos participantes de la naturaleza divina".[47] Y en la medida en que somos dependientes de Dios todo el tiempo, "el divino Espíritu que estaba en El [Jesús], y que nos fue concedido, restringirá nuestro yo natural, nuestro yo pecaminoso... Esta es nuestra victoria", y la manera por la cual Dios destruye la enemistad a nuestro favor.[48]

Los escritos y predicaciones de A. T. Jones aclararon una de las mayores verdades del mensaje de 1888: que los cristianos pueden vivir vidas victoriosas "a través de Cristo Jesús, la ley del Espíritu de vida" (Rom. 8:2). Es verdad, conforme Jones, que algunos se equivocan sobre el significado de esa li-bertadad, guiñando algunas veces para un lamentable perfeccionismo, como si la victoria sobre el pecado pudiese ser absolutamente obtenida, y el poder del pecado erradicado de la carne.

Jones hizo alusión a eso en 1899, en un artículo relativo al movimiento de la "carne santa", condenado en la sesión de la Conferencia General de 1901 (hablaremos de eso posteriormente). Su artículo titulado "Carne Pecaminosa" colocó en perspectiva algunas de sus declaraciones sobre la perfección cristiana.

"Hay un serio y muy preocupante error mantenido por muchas personas. Ese error consiste en pensar que cuando se convierten, su antigua naturaleza pecaminosa es eliminada. En otras palabras, cometen el error de pensar que están libres de la carne, por ella haber sido retirada completamente de ellas. Entonces, cuando descubren que la cosa no es así; cuando verifican que aun están con la misma antigua carne con sus inclinaciones, bloqueos y seducciones, ven que no están preparados para eso y se desaniman; quedan pensando que nunca se convirtieron, al final".[49]

Jones continua explicando que "la conversión ... no reviste de nueva carne al antiguo espíritu, sino que un nuevo espíritu es puesto en la antigua carne. Ella no se propone a cubrir la antigua mente con la nueva carne, sino que una nueva mente puesta en la antigua carne. Libramiento y victoria no son obtenidos porque la naturaleza humana fue retirada, sino por el recibimiento de la divina naturaleza para subyugar la humana y haber domínio sobre ella... La Escritura no dice: 'Transfórmense por la renovación de la carne de ustedes', sino que dice: "Transfórmense por la renovación de su mente" (Rom. 12:2). Seremos trasladados por la renovación de nuestra carne; pero debemos ser transformados por la renovación de nuestras mentes".[50]

Finalmente, en 1905, la Pacific Press publicó El Camino Consagrado Para la Perfección Cristiana. Basado enla epístola a los Hebreos, el libro recuerda las enseñanzas más importantes de Jones sobre la naturaleza humana de Cristo y la perfección de carácter que cada cristiano puede conseguir, gracias alo ministerio de Cristo, nuestro gran Sumo Sacerdote en el santuario celestial, "uno que, como nosotros, en todo fue tentado, pero sin pecado"; "[Él] puede socorrer a los que son tentados" (Hebreos 4:15; 2:18).

Conclusión.

Como George R. Knight escribió: "A . T. Jones fue una de las más influyentes voces en el adventismo".[51] A despecho del fin que pueda haber tenido, su mensaje nada perdió de su valor. Su Cristología, en particular, se armoniza perfectamente con la de Ellen White y Waggoner.

Aun cuando algunas de sus expresiones puedan aparecer en términos un tanto absolutos, cuando considerados en la totalidad de sus enseñanzas, Jones nada dijo más de aquello que Ellen White había enseñado previamente sobre el tema.

Al final de las presentaciones de Jones, en 1895, Ellen White escribió a la iglesia de Battle Creek, en una carta fechada el 1 de Mayo de 1895: "El Señor, en Su gran misericordia, envió un preciosísimo mensaje a Su pueblo a través de los Prs. Waggoner y Jones... Consecuentemente, Dios les concedió a Sus siervos un testimonio que presentó la verdad tal cual ella es en Jesús, que es el mensaje del tercer ángel, en líneas claras y distintas".[52]

El mensaje de Jones, considerado como un todo, fue en aquel tiempo la mejor explicación de lo que vino a ser conocido como "el tercer mensaje angélico"[53], que le rindió un privilegiado status entre los líderes de la iglesia durante la década de 1890. Si no hubiese sido ese el caso, ellos jamás habrían convidado a Jones a hablar con tanta frecuencia. Ese mensaje no fue otro sino el de la justificación por la fe, donde la naturaleza divino-humana de Jesucristo provee el medio de reconciliación con Dios.[54]

No es sin razón que Ellen White llama tan vigorosamente la atención para los mensajes de Jones y Waggoner. Es importante tener en mente su advertencia: "Es bien posible que los Pastores Jones o Waggoner puedan ser vencidos por las tentaciones del enemigo; pero si ellos lo fuesen, eso no proba-ría que no tuviesen un mensaje venido de Dios, o que la obra que realizaron fue totalmente un error. Pero, hubiese eso de acontecer, cuantos tomarían esa posición y caerían bajo fatal engaño porque no están bajo el control del Espíritu Santo".[55] [Énfasis añadido]

Los temores de Ellen White, se confirmaron. Porque fallaron los mensageros, muchos hoy en día consideran que su mensaje no era de Dios, y buscan substituirlo por un nuevo mensaje, el cual Ellen White describió como engaño fatal, porque no estaba basado en las revelaciones del Espíritu de Dios. Para enfatizar, fuera de eso, la certeza de esa predicción, Ellen White la repite: "Yo se que esa es la posición real que muchos tomarían si esos hombres viniesen a caer".[56] Por increíble que parezca, como veremos, fue eso exáctamente lo que aconteció.

Notas y Referencias.

1. The Seventh--day Adventist Encyclopedia, pág. 707. Ver también George R. Knight, From 1888 to Apostasy, the Case of A. T. Jones (De 1888 Para la Apostasía -- El Caso de A. T. Jones). (Washington, D.C.: Review and Herald Pub. Assn., 1987).

2. Signs of the Times, Review and Herald y American Sentinel.

3. The Third's Angel Message (El Mensaje del Tercer Ángel), sermones proferidos en la sesión de la Conferencia General, 1895, por A. T. Jones, publicados por John O. Ford (Angwin, Calif.: Pacific Union College Press, 1977); The Consecrated Way to Christian Perfection (Mountain View, Calif.: Pacific Press Assn., 1905); Lessons on Faith (Lecciones Sobre Fe), una selección de artículos y sermones publicados por John O. Ford (Angwin, Calif.: Pacific Union College Press, s.d.).

4. Knight, pág. 255.

5. LeRoy Edwin Froom, en Movement of Destiny, ignora casi que enteramente el papel y el mensaje de A. T. Jones.

6. Knight, pág. 256.

7. Ellen G. White, carta 24, de 1892. Citada en A. V. Olson, Through Crisis to Victory, págs. 315, 316.

8. Para ejemplo, ver Ellen G. White, Mensajes Selectos, vol. 1, págs. 377-379.

9. Manuscrito 1180 de Ellen G. White. Ver Robert J. Wieland, Ellen G. White Endorsements of the 1888 Message, as Brought by Jones and Waggoner (Avais de Ellen G. White à Mensaje de 1888, Como presentado Por Jones y Waggoner) (St. Maries, Idaho, LMN Publishing, s.d.).

10. Arthur L. White, Ellen White: The

Lonely Years (Ellen White: Los Años Solitarios) (Washington, D.C.: Review and Herald Pub. Assn., 1984), págs. 412-413.

11. Alonzo T. Jones, en Review and Herald, 18 de Febrero de 1896; 16 de Noviembre de 1897; 11 y 18 de Abril de 1899; 4, 11, 18 y 25 de Diciembre de 1900; 1 y 22 de Enero de 1901.

12. Ver Boletín de la Conferencia General, 1893, pág. 207.

13. Alonzo T. Jones,); The Consecrated Way to Christian Perfection (Mountain View, Calif.: Pacific Press Assn., 1905), reeditado por Upward Way, Dodge Center, Minnesota, 1988.

14. Ídem, pág. 16.

15. IbÍdem.

16. Boletín de la Conferencia General, 1893, pág. 207.

17. IbÍdem.

18. Ver Boletín de la Conferencia General, 1895. los últimos 16 estudios fueron publicados por John O. Ford, The Third Angel's Message, Sermons Given at the General Conference of 1895, por A. T. Jones (Angwin, Calif.: Pacific Union College Press, 1977).

19. Boletín de la Conferencia General, 1895, pág. 330.

20. Ver William H. Grotheer, An Interpretative History of the Doctrine of Incarnation as Taught by SDA Church (typescript) (Una Historia Interpretativa de la Doctrina de la Encarnación, Como Enseñada Por la Iglesia Adventista del Séptimo Día), págs. 30 y 32.

21. Ver Ralph Larson, The Word Was Made Flesh (La Palabra Se Hizo Carne), pág. 67.

22. Boletín de la Conferencia General, 1895, pág. 231.

23. Ídem, pág. 232. "En ese argumento, Jones hacía eco de las palabras de Edward Irving, que había declarado: 'Que Cristo tomó nuestra naturaleza caída es más evidente porque no había ninguna otra en existencia para tomar'(Obras 5:15)." (Grotheer, pág. 30).

24. Ídem, pág. 233.

25. IbÍdem.

26. Ídem, págs. 233-234.

27. Ídem, págs. 266-267.

28. Ídem, pág. 267. Ver también Jones, The Consecrated Way to Christian Perfection, págs. 40-41.

29. IbÍdem.

30. IbÍdem.

31. Ídem, pág. 303.

32. Ídem, pág. 435.

33. Ídem, pág. 448.

34. Ídem, pág. 311.

35. IbÍdem.

36. Ídem, pág. 327.

37. IbÍdem.

38. Ídem, pág. 328.

39. E. G. White, en Review and Herald, 5 de Julio de 1887.

40. A. T. Jones, en Boletín de la Conferencia General, 1895, págs. 332-333.

41. Ídem, pág. 333.

42. Ver Knight, pág. 139.

43. A. T. Jones, en Boletín de la Conferencia General, 1895, pág. 328.

44. Ellen G. White confirma el punto de vista de Jones. Por un lado, ella dijo que Cristo no poseía "las mismas pasiones... de nuestra

humana y caída naturaleza". Testimonies for the Church, vol. 2, págs. 202, 508); por otro, decía que: "Él tenía todo el poder de la pasión de la humanidad". (En Los Lugares Celestiales:155).

45. A. T. Jones, en Boletín de la Conferencia General, 1895, pág. 303.

46. Ídem, 1893, pág. 207.

47. Ídem, 1895, pág. 329.

48. Ídem, pág. 331.

49. _____, en Review and Herald, 18 de Abril de 1899. Citado en A. T. Jones y E. J. Waggoner, Lessons on Faith (Angwin, Calif.: Pacific Union College Press, 1977), págs. 90-92).

50. IbÍdem.

51. Knight, en la contratapa de From 1888 to Apostasy.

52. Ellen G. White, carta 57, 1895. Citado en A. L. White, pág. 414.

53. Ese nombre es una referencia al mensaje del tercer ángel de Apocalipsis 14, el cual contiene esencialmente el mensaje de la justificación por la fe. Pero esa expresión tan a menudo citada, también se refiere a los mensajes combinados de los tres ángeles de Apocalipsis 14.

54. Ellen G. White define mejor la naturaleza divino-humana de Cristo en estas palabras: "La entereza de Su humanidad, la perfección de Su divinidad, crean para nosotros un firme terreno a través del cual podemos ser llevados a la reconciliación con Dios". (Carta 35, 1894).

55. Ellen G. White, carta 24, 1892. Citado en A. L. White, págs. 474-475.

56. Ídem, en A . L. White, pág. 475.

Capítulo 6—William Warren Prescott (1855-1944)

Es importante que se mencione William W. Prescott como alguien que contribuyó para el triunfo del mensaje de la justificación por la fe después de Mineápolis. Durante la década de 1890, él estuvo intimamente ligado a Waggoner, Jones y Ellen White. Como ellos, Prescott hizo de la naturaleza divino-humana de Cristo la base de su Cristología.

William W. Prescott nació en Nueva Inglaterra, en el año 1855, hijo de padres piadosos y fervorosos seguidores del movimiento milerita. William vivió su juventud en el Estado de Maine. Se graduó en el Dartmouth College en 1877, ejerciendo entonces el magisterio como profesor de griego y latín. De 1877 a 1880, fue director de la escuela secundaria de Northfield, y después en Montpelier, en el Estado de Vermont. Por cierto período se dedicó al jornalismo, antes de fundar su propio diario, The State Republican (El Estado Republicano), de Montpelier.

El año de 1885 marcó el punto decisivo en su vida. Primeramente, él se unió al movimiento adventista, aceptando entonces el comando del Colegio de Battle Creek, puesto que conservó hasta 1894. Mientras estuvo ahí, su competencia fue requerida para ayudar en el establecimiento del Union College, en Nebraska, y en el Walla Walla College, en el Estado de Washington. Prescott también tomó la iniciativa de ayudar a organizar el primer instituto educacional de entrenamiento en enseñanza personal para la iglesia.

A causa de su reputación como educador y profesor de Biblia, los líderes de la Conferencia General le pidieron que viajase para África del Sur, Australia y Europa, con el propósito de estimular el desarrollo de la obra educacional, de enseñar en los diversos institutos bíblicos especializados en la formación de pastores, y para tomar parte en las reuniones campales. Durante su estada en Australia, él asistió a la creación del Avondale College. En Inglaterra, lanzó los fundamentos de la obra educacional.

Durante la sesión de 1901, Prescott fue elegido vice-presidente de la Conferencia General y presidente de la comisión directiva de la Casa Publicadora; también se volvió editor-jefe de la Review and Herald. Cuando dejó esos cargos, en 1909, fue elegido editor de la Revista Protestante. Eso le propició la oportunidad de dedicarse durante siete años a una profunda investigación. Esa revista mensual tenía el objetivo de "protestar contra errores eclesiásticos y promover la verdad evangélica".[2]

Un Ardoroso Partidario del Mensaje de 1888

Prescott prontamente aceptó el mensaje de la justificación por la fe, como predicada por Waggoner en 1888. Un relatorio fechado de 1930, recordando los nombres de aquellos que tomaron posición a favor del mensaje anunciado en Mineápolis, le de la a Prescott un lugar proeminente.[3] Sin embargo, ese relatorio también reveló que él quedó tan chocado con el estado espiritual prevaleciente en ciertas discusiones, que dejó la sesión poco antes de su encerramiento.[4]

Apesar de todo, asumió públicamente una postura de apoyo al lado de Waggoner y Jones en las sesiones de la Conferencia General de 1893 y 1895. Hay muchas declaraciones en el Boletín de la Conferencia General afirmando sus convicciones sobre la cuestión de la naturaleza humana de Cristo. He aquí una de las mas enfáticas sobre el tema:

"Apesar de que Jesucristo haya tomado sobre Si la carne pecaminosa -- carne en la cual pecamos -- Él la asumió. Vaciándose de Sí mismo y recibiendo la plenitud del propio Dios, el Señor pudo mantenerlo libre de pecar en esa carne pecaminosa".[5]

No obstante, más completa y detallada consideración de Prescott es encontrada en su estudio sobre (Juan 1:14), presentado durante su visita a Australia (1894-1895). Él fue un destacado orador en varios encuentros campales organizados especialmente para su visita. Ellen White, que estaba viviendo en aquel país desde el final de 1891, participó igualmente de esas asambleas. Por eso mismo oyó a Prescott predicar y no ocultó su apreciación al respecto.

El tenor completo de su estudio fue publicado en la revista australiana The Bible Echo (El Eco Bíblico).[6] En su análisis, Prescott declara enfáticamente que Cristo se revistió de carne pecaminosa. Veinte y cinco veces él afirma que Jesús vino a este mundo con la caída naturaleza humana, y por dos veces especifica que nuestro Señor no llegó a la Tierra con la naturaleza de Adán antes de la caída. Es válido, entonces, sumariar aquí las cuatro principales ideas que están claramente registradas en ese importante estudio bíblico titulado: "Y el Verbo Se Hizo Carne".

1. La Encarnación—Una Verdad Fundamental

Prescott inicia el estudio resaltando su preferencia por la American Revised Version (Versión Americana Revisada), la traducción más fiel al texto original: "Y el Verbo Se hizo carne", preferiblemente a "La Palabra fue hecha carne". Él escribe: "A través de Él todas las cosas vinieron a existir. Ahora, Él mismo vino a existir. Aquel que poseyera toda la gloria con Su Padre, ahora la pone a un lado y Se vuelve carne. Deja a un lado Su modo divino de vida, asume el modo humano de existencia, y Dios Se manifiesta en carne. Esa verdad es el fundamento de toda la verdad".

2. Humanizado en "Carne Pecaminosa"

Para probar ese punto, Prescott hace referencia a (Hebreos 2:14):"Por lo tanto, visto como los hijos son participantes comunes de carne y sangre, también Él semejantemente participó de las mismas cosas, para que por la muerte derrotase a aquel que tenía el poder de la muerte, esto es, el diablo". De ese pasaje Prescott dedujo que "Jesucristo tenía exáctamente la misma carne que nosotros -- carne de pecado, carne a través de la cual pecamos, pero en la cual Él no pecó y en que llevó nuestros pecados". Entonces, desafiaba a su auditorio: "No coloquen ese punto a un lado. No importa como usted lo vio en el pasado, véalo ahora como él está en la Palabra; y cuanto más usted lo ve de ese modo, más razón tendrá para agradecerle a Dios porque eso es así".

Pasando para el caso de Adán, Prescott asevera que por su pecado él perdió la imagen de Dios, y así también sus descendientes. He aquí por que "Jesucristo vino, de carne y en carne, nacido de mujer y bajo la ley; nacido del Espíritu, pero en la carne. ¿Y qué carne podría Él tomar sino la de aquella ocasión? No apenas eso, sino que fue la misma carne que Él intentó asumir; porque, como usted puede ver, el problema era ayudar al hombre a salir de la dificultad en que se había metido... La obra de Cristo tiene que ser, no destruírlo, no crear una nueva raza, sino recrear al hombre, restaurarlo a la imagen de Dios".

A fin de ejecutar la obra de salvación, "Jesucristo vino para esa finalidad, y para realizarla, Él vino, no para donde el hombre estaba antes de la caída, sino después de ella... Cuando Cristo vino para ayudar al hombre a salir del foso, Él no fue hasta el límite del Cielo para examinar la situación y decir: Suba hasta aquí y Yo lo ayudaré a volver... Jesucristo descendió donde él estaba y lo encontró ahí. Él Se revistió de su carne y Se volvió un hermano para él".

3. La Carne de Adán Después de la Caída

En su artículo, Prescott repite incansablemente el punto que considera fundamental: "Él vino y tomó la carne pecaminosa que esa família había producido para si misma por el pecado, y operó su salvación condenando el pecado en la carne... Para redimir al hombre desde el punto en que él había caído, Jesús vino y se revistió de la carne entonces poseída por la humanidad".

De la misma manera, cuando Prescott considera la tentación a la cual Cristo y Adán estuvieron sujetos, especifica que "fue en la carne pecaminosa que Él fue tentado, y no en la carne a través de la cual Adán cayó". Es verdad, acentúa Prescott, que Jesús "poseía la santidad que Lo capacitaba para venir y habitar en carne pecaminosa y glorificarla por Su presencia en ella; y fue eso lo que Él hizo, así que cuando resurgió de los muertos, fue glorificado. Su objetivo era, después purificar la carne pecaminosa por Su presencia en ella, poder santificar y glorificar la carne pecaminosa en nosotros".

4. Cristo en Nosotros, la Esperanza de Gloria

Después de la exposición teológica, Prescott extrajo las aplicaciones prácticas: "Vamos a penetrar en la experiencia de Dios de habernos dado a Jesucristo para habitar en nuestra carne pecaminosa, para en ella actuar como lo hizo cuando aquí estuvo. Él vino y aquí vivió para que pudiésemos, a través de El, reflejar la imagen de Dios".

Prescott prosiguió, exclamando: "Ese es el mismo ámago del cristianismo". En apoyo, él cita al apóstol Juan: "... Todo espíritu que confiesa que Jesucristo vino en carne es de Dios; y todo espíritu que no confiesa a Jesús no es de Dios". (1 Juan 4:2-3).

"Ahora, eso no puede significar el simple reconocimiento de que Jesucristo aquí estuvo y vivió en la carne. Los demonios también lo reconocen. Ellos saben que Cristo vino en carne. La fe que viene por el Espíritu de Dios afirma: 'Jesucristo vino en mi carne; y yo Lo acepté'. Ese es el corazón y la vida del cristianismo".

"La dificultad del cristianismo moderno es que Cristo no habita en los corazones de los que profesan Su nombre. Él les es como un intruso, alguien visto de lejos como un ejemplo. Mas Él es más que un modelo para nosotros. Cristo nos hizo saber cual es el ideal de Dios para la humanidad, y entonces vino y vivió ese ideal delante de nosotros, para que pudiésemos ver lo que es ser conforme a la imagen de Dios. Después murió y ascendió al Padre, enviándonos Su Espíritu, Su propio Representante, para vivir en nosotros, a fin de que la vida que Él vivió en la carne podamos vivirla más una vez. Eso es cristianismo".

"No es suficiente hablar de Cristo y de la hermosura de Su carácter. Cristianismo sin Cristo habitando en el corazón no es genuíno. És tan solamente legítimo cristiano aquel que tiene a Cristo habitando en su corazón; podemos únicamente vivir la vida de Cristo teniéndolo habitando en nosotros... No esté satisfecho con cualquier otra cosa... 'Cristo en vosotros, la esperanza de gloria'. Su poder, Su presencia, eso es cristianismo".

Así Prescott realzaba consistentemente la diferencia entre el cristianismo tradicional, que está satisfecho con un Cristo que no comparte ni la carne y ni la sangre de la humanidad y que, consecuentemente, no podría hacerlos 'participantes de la naturaleza divina' (2 Pedro 1:4); y el cristianismo evangélico que afirma, en oposición, que Cristo vino 'en carne pecaminosa' (Rom. 8:3), que fue 'tentado en todas las cosas, como nosotros, pero sin pecado' (Heb. 4:15), y que 'es poderoso para hacer muchísimo más que todo cuanto pedimos o pensamos, según el poder que en nosotros opera" (Efe. 3:20).

Prescott concluye, deseando que la vida de Jesucristo, "el Verbo" que "Se hizo carne", pueda ser reflejado en nosotros cada día.

Ellen White Aprueba la Cristología de Prescott

Al comienzo de 1895, Jones presentó en la sesión de la Conferencia General lo que él cognominó "el tercer mensaje angélico". Él lo equiparó al mensaje de la "justificación por la fe", basado en la plena humanidad de Cristo y en Su perfecta divinidad como prerequisito de nuestra reconciliación con Dios.

En virtud de ser esa también la convicción de la comunidad adventista americana, los líderes de la organización enviaron a Prescott para predicar tal mensaje en las iglesias al otro lado del mar, en África del Sur, en Australia y en Europa. Gracias a la revista australiana, que publicó su estudio denominado "El Verbo Se Hizo Carne", y a los numerosos testimonios de Ellen White, sabemos precisamente lo que Prescott enseñó con respecto a la naturaleza humana de Cristo, y hasta qué punto su presentación fue apreciada y considerada como expresión de la fe adventista.

En la reunión campal de Armadale, próxima a Melbourne, Australia, Prescott transmitió su estudio sobre (Juan 1:14) Ellen White estaba presente. Ella había hablado ante la misma asamblea la noche del domingo, día 31 de Octubre de 1895. Así, la Sra. White sabia exáctamente de lo que estaba hablando cuando expresaba, a través de cartas, su entusiástica apreciación por el mensaje presentado por Prescott.

He aquí lo que descubrimos en uno de los manuscritos de Ellen White, redactados en la mañana de la presentación de Prescott. "Habiendo oído los sermones del Prof. Prescott. Ellos son un poderoso apelo al pueblo... [Sus] palabras son dichas en demostración del Espíritu y con poder. Su hace toda brilla con la luz celestial. La presencia del Señor se hace sentir en todos nuestros encuentros diarios".[7]

Aun en otro manuscrito, leemos más especificamente cómo ella recibió el contenido del mensaje de Prescott: "El Señor visitó a Prescott de manera particular y le dio un mensaje especial para el pueblo... La verdad fluye de él en ricas torrentes; el pueblo dice que la Biblia es ahora una nueva reveleción para ellos".[8]

En una carta escrita en ese tiempo, Ellen White dice: "El Señor envió a Prescott; él no es un vaso sin contenido, sino lleno del tesoro celestial. Él presenta verdades con claridad y estilo simple, repletas de nutrición".[9] Otra carta: "W. W. Prescott ha sido portador de candentes verdades, tales como oí en 1844. La inspiración del Espíritu Santo está sobre él. Prescott nunca tuvo tamaño poder al predicar la verdad".[10]

Otras cartas podrían ser citadas, en las cuales Ellen White repite elogios no solamente al propio Prescott, sino también al tenor de su mensaje presentado "bajo inspiración del Espíritu Santo".[11]

No limitándose simplemente a mencionarlo en su correspondencia particular, la Sra. White insistió en hacer conocida a toda la iglesia su apreciación, en un artículo enviado a la Review and Herald, publicado el 7 de Enero de 1896. El siguiente extracto hace referencia específica al estudio de Prescott sobre el tema, "El Verbo Se Hizo Carne".

"Cierta noche (31 de Octubre), el Prof. Prescott dio la más valiosa lección, preciosa como el oro. La tienda estaba llena y muchos permanecían al lado de afuera. Todos parecían fascinados con el sermón, donde él presentaba la verdad en líneas tan nuevas para aquellos que no son de nuestra fe. La verdad era separada del error y hecha, por el divino Espíritu, brillar como joyas preciosas... El Señor está operando con poder a través de Sus siervos que están proclamando la verdad, y Él le concedió al hermano Prescott un mensaje especial para el pueblo. El poder y el espíritu de la verdad vino de labios humanos en demostración del Espíritu y poder de Dios. El Señor visitó al hermano Prescott de manera extraordinaria. Tenemos certeza de que el Señor le ha dotado con Su Santo Espíritu, y la verdad fluye de él en ricas torrentes".[12]

Esos testimonios de Ellen White son de gran significado por su relación con la historia de la Cristología en la iglesia adventista. Ellos confirman la interpretación de Prescott acerca de la naturaleza humana de Jesús. También establecen el contexto en el cual la carta dirigida al Pr. W. L. H. Baker,[13] escrita en el mismo período, debe ser interpretada. Algunos teólogos adventistas se apoyan en esa carta para justificar su "nueva" interpretación, como veremos posteriormente en este estudio.[14] Debemos, sin embargo, recordar lo que Ellen White escribió sobre el asunto durante tal período. Está fuera de cuestión si ella aprobaría la interpretación de Prescott con tal fervor, si fuese a favor de una interpretación radicalmente opuesta.

Prescott Confirma Su Cristología

Durante el año 1896, Prescott confirmó sus convicciones sobre la naturaleza humana de Jesús, en una serie de artículos publicados en la Review and Herald.[15] Él las presentó de modo natural, como un portavoz de las creencias de la iglesia, y con base en las enseñanzas bíblicas.

Dijo: "La Escritura no nos deja en la incerteza sobre que especie de carne y sangre eran esas... cuando Dios envió a Su propio Hijo en semejanza de carne pecaminosa... La carne que Jesucristo asumió cuando vino fue la única que alguien podría tomar al haber nacido de mujer, la cual era la carne de pecado".[16]

Para evitar cualquier duda sobre el significado de la expresión de Pablo "en semejanza de carne pecaminosa", Prescott añadió una declaración exacta: "Él [Jesucristo] no asumió la semejanza de hombre como Adán antes de la caída, sino que vino justamente en el plano en que el hombre se hallaba caído... y tomó sobre Sí mismo la carne de pecado".[17]

Como los que antes de él habían abordado el problema de la naturaleza humana de Cristo, Prescott hizo uso de (Romanos 1:3) para afirmar que "las Escrituras dan énfasis a la manera de Su nacimiento... nacido de la simiente de David".[18]

Elegido vice-presidente de la Conferencia General en 1901, y al mismo tiempo editor-jefe de la Review and Herald (1901-1909), Prescott aprovechó la oportunidad para repetir la enseñanza de la iglesia sobre la naturaleza humana de Jesús. Él dedicó tres editoriales en particular para ese tópico. Los títulos por si solo ya revelaban el contenido: "Como Sus Hermanos", "Cristo y Sus Hermanos" y "En la Carne de Pecado".[19]

El tercer artículo fue dedicado a responder a cuestiones presentadas por los lectores. De modo natural, uno de ellos hizo el siguiente comentario sobre (Romanos 8:3): "Noto que ese texto no dice que Dios envió a Su propio Hijo 'en carne pecaminosa', mas 'en semejanza de carne pecaminosa'. Me parece una declaración muy diferente".[20] En su réplica, Prescott destacó cuatro verdades fundamentales:

1. Jesús Participó de la Sangre y de la Carne Humanas

Primeramente, Prescott se refiere a (Hebreos 2:14-17), que declara que Jesús "participó de la carne y de la sangre" de los hijos de los seres humanos. "La natural y legítima conclusión de esa declaración sería que la carne y la sangre de Jesús fueron las mismos que los hijos tienen. Eso es destacado más adelante en la misma conexión: 'Pues, en verdad, no presta auxílio a los ángeles, sino que a la descendencia de Abraham'. Por lo que convenía que en todo fuese hecho semejante a sus hermanos'".

Entonces, su primera conclusión: "La misión de Jesús no fue rescatar ángeles caídos, sino salvar hombres caídos. Él, por lo tanto, se identificó con el hombre y no con los ángeles; y se hizo 'en todas las cosas' semejante a aquellos a quienes Se propuso ayudar. La carne del hombre es pecaminosa. Para ser igual 'en todas las cosas' era necesario que Jesús asumiese la carne pecaminosa".

2. Una Carne Semejante a la de Pecado

Después Prescott cita (Rom. 8:3): "En semejanza de carne de pecado", y levanta la cuestión: "¿Qué significa eso? ¿Quiere decir "en carne pecaminosa"? Si así es, ¿por qué no fue escrito de ese modo? ¿Por qué las palabras 'carne de pecado', como leídas al margen de la Versión Americana Revisada, se presentan como si no fuese la intención del autor transmitir el significado de que la carne de Jesús era la misma carne pecaminosa que tenemos? Eso parece exigir una interpretación forzada, a fin de adicionar cualquier otro significado a la declaración".

Prescott explica posteriormente: "Podemos comprender más claramente el significado de ese pasaje, si la comparamos con otra declaración en la cual una forma similar de expresión es usada. He aquí una de ellas: 'Pero se vació a Si mismo, tomando la forma de siervo, haciéndose semejante a los hombres'. ¿No podemos nosotros concluir con acierto que Jesús fue realmente un hombre, cuando leemos que Él Se volvió 'en semejanza de hombre'? ¡Ciertamente! El único modo por el cual Él podría ser 'en semejanza de hombre', era hacerse hombre... ¿No está igualmente claro que la única manera por la cual Dios podría enviar a Su Hijo 'en semejanza de carne pecaminosa', seria que el Hijo tuviese carne pecaminosa? ¿Como seria posible para Él ser 'en semejanza de carne pecaminosa', y aun Su carne ser impecable? Tal interpretación envolvería una contradicción de expresiones".

Para evitar confusión, Prescott prontamente añade que "aun cuando Jesús hubiese sido enviado 'en semejanza de carne pecaminosa', sin embargo Él no cometió pecado. "Aquel que no conoció pecado, Dios Lo hizo pecado por nosotros; para que en El fuésemos hechos justicia de Dios' (2 Cor. 5:21)".

3. Lo Envió Para Condenar el Pecado en la Carne

Aun deseando dejar más clara la necesidad de la "carne pecaminosa", Prescott continua: "Para que el carácter de Dios pudiese ser manifiesto en los hombres pecaminosos que en El creyesen, era necesario que Jesús uniese la divinidad a la humanidad en Sí mismo, para que la carne que Él llevase fuese la misma de los otros hombres en quien debía así ser manifestado. Otra forma de expresar eso sería decir que el Hijo de Dios habitó en la carne cuando apareció en Judea, para poder preparar un camino para morar en la carne de todos los creyentes, y que, por lo tanto, le fue necesario tomar el mismo tipo de carne en el cual debería habitar más tarde, cuando estableciese domicílio en los miembros de Su iglesia". Esa no fue una materia meramente teórica. "Si el Hijo de Dios no habitase en carne pecaminosa cuando nació en este mundo, entonces no sería bajada la escala del Cielo a la Tierra, y el abismo entre el Dios Santo y la humanidad caída no habría sido transpuesto. Sería entonces preciso que algunos medios posteriores fuesen providenciados, a fin de completar la conexión entre el Hijo de Dios y la carne pecaminosa. Y eso fue exáctamente lo que la Iglesia Católica Romana hizo. La doctrina de esa organización está en perfecta armonía con el punto de vista adoptado por nuestro correspondiente. La expresión formal de esa doctrina es llamada de el dogma de la inmaculada concepción de la virgen María... Evitamos esas consecuencias, rehusando tal doctrina y sustentando la clara enseñanza escriturística".

4. Para Poder Participar de Su Divina Naturaleza

Aun remanente la segunda cuestión del lector a ser respondida: "¿Cómo puede alguien en carne pecaminosa ser perfecto, ser santo?" Esa es una cuestión común levantada por los nuevos conversos al mensaje adventista. Ella también suscitó una respuesta de parte de Ellen White: "Prescott consideraba que 'esa cuestión toca el propio cierne de nuestro cristianismo. La enseñanza de Jesús es: 'Sed vosotros perfectos, como es perfecto vuestro Padre que está en los cielos'. Y por medio del apóstol Pedro viene la instrucción : 'Sed santos porque Yo Soy santo'".

"Nadie negará que tenemos una carne pecaminosa y, por lo tanto, preguntamos cómo será posible atender a los reclamos de la Escritura, si es imposible a quien quiera que sea ser perfecto o santo en carne de pecado. La verdadera esperanza de alcanzar la perfección y la santidad está basada en la maravillosa verdad de que la perfección y la santidad de la divinidad fueron reveladas en carne pecaminosa en la persona de Jesús. No somos capaces de explicar cómo eso sucede, pero nuestra salvación se fundamenta en creer en el hecho. Entonces puede ser cumplida la promesa de Jesús: 'Si alguien Me ama, guardará Mi Palabra; y Mi Padre lo amará, y vendremos a él y haremos en él morada'. Esa es la gloria mayor de nuestra religión, que aun la carne de pecado puede volverse un templo para la habitación del Espíritu Santo".

"Mucho más podría ser dicho en respuesta a la cuestión de nuestro lector, pero esperamos que los principios envueltos y su relación con la experiencia cristiana hayan sido aclarados, y que ninguno de nuestros lectores acepte la doctrina romanista, porque ellos son incapaces de explicar el misterio de la piedad. Es seguro creer apenas en la clara enseñanza de las Escrituras".

Un Mensaje Verdaderamente Cristocéntrico

A los ojos de Prescott, la verdad fundamental de que Cristo puso de lado Su igualdad con Dios para volverse un simple hombre, "semejante a los hombres", "en todas las cosas", "participando de la carne y de la sangre" de la humanidad, permanece como "la verdad central del Cristianismo". Él ponía énfasis en ese punto, en oposición a las interpretaciones de otras denominaciones, a causa de su novedad para muchos recién convertidos al mensaje adventista, y a causa de su importancia en la comprensión de cómo Jesús fue capaz de "condenar el pecado en la carne" y capacitar a pecadores para que se liberten de la "ley del pecado y de la muerte" por el poder "del Espíritu de vida en

Cristo Jesús" (Rom. 8:2-4).

La más amplia Cristología de Prescott es vista en su libro "La Doctrina de Cristo", publicado en 1920, como libro didáctico para colegios y seminarios.[22] Como explicado en la introducción, ese libro no era un tratado de teología sistemática, sino "la revelación de Cristo", visando a una experiencia práctica en la vida del creyente.[23]

Él trató el asunto con simplicidad en 18 secciones, cada cual comprendiendo varias lecciones. Cada lección está dividida en dos partes: la primera conteniendo referencias bíblicas apropiadas al asunto; la segunda, incluyendo numerosas notas explicativas. Como un todo, esa obra es realmente una Cristología en el sentido más amplio del término. Para nuestros propósitos, deberíamos mirar apenas las más significativas declaraciones en las tres lecciones dedicadas a la encarnación.[24]

Para Prescott, Cristo era la verdad central del Cristianismo, y la encarnación constituía "la integralidad del evangelio", "la verdad... absolutamente esencial a la religión cristiana", "la madura expresión, en la plenitud del tiempo, de la verdad de que 'Dios es amor'".[25]

De hecho, "el Verbo no apenas 'vino en carne', como en (1 Juan 4:2), sino que 'se hizo carne'. Esas últimas palabras implican que el Eterno Hijo presentó en Su encarnación un modo existencial nuevo para Él, se hizo lo que no era antes; que Él no solamente tomó sobre Si la forma corporalmente humana, sino que aceptó las limitaciones de una vida coherente con Su modo de existir mientras estuvo en la Tierra".[26]

"Aquel que comprende la encarnación del Hijo de Dios", escribió Prescott, "tiene un terreno más seguro de fe y una más rica esperanza y directo acceso al Cielo, que si la escala de Jacob quedase al lado de la cabecera de su cama y los ángeles de Dios lo estuviesen sirviendo".[27] Pues al tiempo de Su encarnación "de un modo efectivo y fundamental, aun cuando sea inexplicable para nosotros, el divino Salvador Se unió a la raza pecadora del hombre que Él presentó en Su propio cuerpo, en Su propia experiencia personal; no solmente el peso de sus debilidades físicas, sino también de su pecado, pero no la culpa".[28]

Para evitar cualquier posible duda sobre esa noción, Prescott especifica nuevamente lo que diferencia la naturaleza humana de Jesús de aquella de Adán. "Cristo asumió no la original e impecable, sino nuestra caída humanidad. En esa segunda experiencia, Él permaneció no precisamente donde Adán antes de Él estaba, sino con inmensas desventajas. El mal, con todo su cortejo de victorias y consecuente entronización en la propia constitución de nuestra naturaleza, armado del más terrible poder contra el posible cumplimiento de la idea divina de hombre -- la perfecta santidad. Considerando todo esto las desventajas de la situación, los tremendos riesgos envueltos y la ferocidad de la oposición encontrada -- llegamos a la comprensión adecuada de la realidad y de la grandeza de la vasta realización moral: la naturaleza humana tentada, probada, fallida en Adán, y erguida por Cristo a la esfera de la perfecta impecabilidad".[29]

La razón para la encarnación fue el único punto dejado para ser explicado. "El problema que, al asumir la caída naturaleza humana Cristo propuso y aceptó para Sí mismo, no fue ningún otro sino este, esto es, personalmente identificarse con su suerte total, y compartir la real incapacidad añadida por el pecado, para enseñorearse, en él y por él, del infernal poder que operara todo daño y aflicción".[30]

Así Dios providenció nuestra salvación, concluyó Prescott. "Él [Cristo] era Dios manifiesto en carne, y vino a la Tierra 'para poder conducirnos a Dios'. Eso es lo que hace Cristo central y dominante en cada vida que Lo recibe, conquistando confianza, redimiendo del pecado, impiliendo a la devoción, e inspirando esperanza. Eso porque Él es Dios manifiesto, Dios que penetró en la vida humana, Dios satisfaciendo las carencias humanas".[31]

"Hemos apenas contado la mitad de la historia del amor divino, cuando hablamos de la bajada del Hijo de Dios de Su grandeza y majestad, para las tristezas y conflictos de la vida terrenal; y que mitad de esa historia es increíble hasta que vemos claramente que Él vino para erguir la raza humana a las alturas de Dios".[32]

"Él Se manifestó -- y no nos permitió interpretar en El cualquier cosa pequeña o estrecha. Si nosotros lo hacemos, seremos dirigidos inmediatamente al punto de tener que negar la declaración de que Él puede expiar pecados. Si Cristo fuese meramente un hombre como yo, aun perfecto y sin pecado, no podría perdonar pecados. Si en El podemos ver todo aquello que Juan quizo decir, de acuerdo con los testimonios de sus propios escritos, comenzaremos a percibir algo de la estupenda idea y algo de la posibilidad de, por lo menos, creer en la declaración de que 'Él Se manifestó para quitar nuestros pecados'".[33]

Conclusión

Indudablemente, la carrera de Prescott fue singular en muchos aspectos, en relación a la historia de la iglesia adventista. Brillante educador, profesor de teología, editor, eficiente administrador y vice-presidente de la Conferencia General, él ejerció decisiva influencia en pro del desarrollo de la obra de educación y de la clarificación de varias doctrinas. En particular, Prescott contribuyó para la expansión del mensaje de la justificación por la fe más allá de las fronteras de los Estados Unidos, durante sus viajes por el mundo.

Como Waggoner y Jones, Prescott hizo lo mejor para edificar el mensaje sobre la Cristología que, aun reconociendo plenamente la perfecta divinidad de Cristo, daba destaque a la naturaleza humana de Adán después de la caída, vale decir, una naturaleza pecaminosa, como condición de la reconciliación de la humanidad con Dios. Ciertamente, la Cristología de Prescott reúne el mérito de ser la más completa y la más explícita.

Por su competencia y prestígio que gozaba como vice-presidente de la Conferencia General, él fue evidentemente autorizado como portavoz de la iglesia. Su testimonio constituye innegable indicación de que los adventistas enseñaron y creyeron con respecto a la naturaleza humana de Cristo, desde el origen del movimiento hasta el final de la larga carrera de Prescott, en 1944.

Notas y Referencias

1. Ver The Seventh --day Adventist Encyclopedia, págs. 1148, 1149.

2. Ídem, pág. 1158.

3. Ver LeRoy Edwin Froom, Movement of Destiny, pág. 373.

4. Ídem, pág. 254.

5. William W. Prescott, en General Conference Bulletin, 1895, pág. 319. En la sesión de la Conferencia General de 1885, Prescott presentó seis sermones sobre el tema The Divine Human Family (La Familia Divino-Humana), estructurados enteramente con base en la naturaleza humana caída de Cristo.

6. _____, en Bible Echo, 6 y 13 de Enero de 1896. Ver Ralph Larson, The Word Was Made Flesh (La Palabra Se Hizo Carne), págs. 90-99. Todas las citas en las diversas páginas siguientes proceden de eses dos artículos.

7. Ellen G. White, manuscrito 19, de 1895. Ver Arthur L. White, Ellen White: The Australian Years (Ellen White: Los Años Australianos) (Washington, D. C.: Review and Herald Pub. Assn., 1985), págs. 232, 233.

8. Ellen G. White, manuscrito 47, de 1895.

9. Ellen G. White, carta 25, 1895.

10. Ellen G. White, carta 32, 1895.

11. Ellen G. White, carta 84, 1895.

12. Ellen G. White, Review and Herald, 7 de Enero de 1896. Ver Ralph Larson, The Word Was Made Flesh (La Palabra Se hizo carne), págs. 88-89.

13. Ellen G. White, carta 8, 1895. Citada en The Seventh-day Adventist Bible Commentary, Comentarios de Ellen G. White, vol. 5, pág. 1128-1129.

14. Ver nuestro capítulo 10.

15. W. W. Prescott, en la Review and Herald, 28 de Enero de 1896; 10 de Marzo de 1896; 24 de Marzo de 1896; 7 de Abril de 1896; 14 de Abril de 1896; 21 de Abril de 1896.

16. Ídem, 10 de Marzo de 1896.

17. IbÍdem.

18. Ídem, 14 de Abril de 1896.

19. Ídem, 9 de Noviembre de 1905; 21 de Diciembre de 1905.

20. Ídem, 21 de Diciembre de 1905. Todas las citas en algunas de las páginas siguientes son de ese artículo.

21. Ver nuestro capítulo 3.

22. William W. Prescott, The Doctrine of Christ (Washington, D.C.: Review and Herald Pub. Ass., 1920), pág. 1.

23. Ídem, pág. 3.

24. Ídem, págs. 45 a 54.

25. Ídem, pág. 46.

26. Ídem, pág. 47.

27. Ídem, pág. 48.

28. Ídem, pág. 52.

29. Ídem, pág. 53.

30. IbÍdem.

31. IbÍdem.

32. IbÍdem.

33. IbÍdem.

Capítulo 7—El Movimiento de la Carne Santa

Si permanecieran algunas dudas sobre la posición de los pioneros adventistas sobre el asunto de la Cristología, su reacción al "Movimiento de la Carne Santa" las disipa totalmente.

Ese movimiento nació en las iglesias de la Asociación de Indiana, entre 1898 y 1899. Instituída por el pastor-evangelista S. S. Davis, esa doctrina luego encantó al presidente de la Asociación, R. S. Donnell, y muchos otros pastores. Al final de cuentas, toda la comisión directiva de la Asociación de Indiana se volvió favorable a la "doctrina de la carne santa", como sus defensores escogieron designarla.[1]

Contrariamente a la Cristología ortodoxa adventista, esa "extraña doctrina" afirmaba que Cristo tomó la naturaleza de Adán antes de la caída y que Él, por lo tanto, poseía "carne santa". Basados en esa premisa, reivindicaban ser posible la obtención de esa misma "carne santa" al seguir a Jesús en Su experiencia en el Jardín del Getsemaní. De ese modo, aquellos que seguían al Salvador podrían alcanzar un correspondiente estado físico de impecabilidad, y obtener una fe "trasladativa" semejante a la de Enoque y Elías.[2]

Enfrentados con el desarrollo de esa creencia en las iglesias de Indiana, los líderes de la Conferencia General pensaron ser prudente enviar los hermanos S. N. Haskell y A. J. Breed como delegados al encuentro campal marcado para Muncie, Indiana, del 13 al 23 de Septiembre de 1900. Al volver a Battle Creek, Haskell se vio compelido a informar no apenas a sus colegas de la Conferencia General, sino también a Ellen White. Él le envió una carta, fechada el 25 de Septiembre de 1900, para informarla de la situación.

Haskell se Comunica con Ellen White

Haskell3 conocía perfectamente bien las convicciones de Ellen White con respecto a la naturaleza humana de Jesús. Él mismo se encontraba en armonía con la enseñanza de ella. El propósito de su carta no fue probar si él o los abogados de la carne santa estaban correctos. Él simplemente creyó ser necesario mantener informada a Ellen White.[3]

He aquí como Haskell le presentó el problema a Ellen White: "Cuando nosotros declaramos que creíamos que Cristo nació de la caída humanidad, ellos nos representaban como creyendo que Cristo pecó, apesar del hecho de haber colocado nuestra posición con tal claridad, que no veíamos como alguien podría entenderla mal".[4] Como portavoz de la iglesia, Haskell no dudó en incluir a Ellen White, así como la iglesia, en su declaración.

Haskell había previamente expresado sus convicciones con mucha transparencia en varios artículos. Ya en 1896, él escribió para la revista Signs of the Times acerca del tema: "Él [Cristo] no vino a este mundo y tomó sobre Sí mismo la condición de Adán, sino que descendió más y más bajo, para encontrar al hombre donde él estaba, debilitado por el pecado, contaminado por su propia iniquidad".[5] En otro artículo él escribió: "Cristo... no Se revistió de la naturaleza de los ángeles, o aun del hombre en el estado en que fue creado, sino de nuestra naturaleza caída".[6] "De esa forma, Cristo, desde la eternidad, es el helo de ligación entre el Cielo y la raza caída".[7] "Él trajo la divinidad desde las cortes de la gloria hasta la humanidad degenerada".[8]

Ese era el posicionamiento de Haskell cuando surgió la doctrina de la carne santa. En una carta enviada a Ellen White, él aclara: "Su teología en ese particular parece ser esta: Ellos creen que Cristo tomó la naturaleza de Adán antes de la caída; por lo tanto, Él Se revistió de la humanidad como ella era en el Jardín del Edén. Entonces, la humanidad era santa y esa fue la que Jesús tomó sobre Sí. Y ahora, dicen ellos, llegó hasta nosotros el tiempo especial de volvernos santos en ese sentido. En ese caso, tendremos la 'fe de la traslación' y nunca moriremos'".[9]

Ellen G. White Responde a Haskell

Cuando Ellen White recibió la carta de Haskell, hacía poco que se instalara en Elmshaven, en California, después de haber vuelto de Australia. Tan grave consideró ella la situación, que respondió inmediatamente. Su carta fechada el 10 de Octubre de 1900, establece una firme y clara postura contra la enseñanza del movimiento de la carne santa, que ella define como "extraña doctrina", "teorías y métodos errados", y "una deplorable invención del pensamiento humano, preparada por el padre de la mentira".[10]

El contenido de la carta de Haskell no pilló a Ellen White de sorpresa. Ella ya estaba conciente de lo que había sucedido en Indiana. Como explicó más tarde, su partida para

Australia fue incitada por el movimiento de la carne santa. He aquí su respuesta a Haskell:

"En Enero último, el Señor me mostró que teorías y métodos errados serían introducidos en nuestras reuniones campales, y que la historia del pasado habría de repetirse. Me sentí grandemente afligida. Fui instruída a decir que en esas demostraciones, demonios en forma humana están presentes, operando con toda la ingeniosidad que Satanás puede emplear para hacer la verdad repugnante a las personas sensibles; el enemigo está tratando de colocar asuntos para las reuniones, a fin de que las campales, quehan sido los medios de llevar el mensaje del tercer ángel ante las multitudes, pierdan su fuerza e influencia".[11]

Y añadió solemnemente: "El mensaje del tercer ángel... debe ser mantenido libre de las invenciones baratas y miserables de las teorías humanas, preparadas por el padre de la mentira y enmascaradas como la brillante serpiente usada por Satanás como medio de engañar nuestros primeros padres".[12]

Si la información de Haskell no estuviese de acuerdo con la verdad del mensaje y de las convicciones de Ellen White, ella no habría dudado en decirle eso. En ese caso, ella no apenas aprobó la posición de Haskell, sino que también lo animó a defender la verdad.

Ellen escribió nuevamente, esta vez para el matrimonio Haskell: "A través de los fieles embajadores del Señor, la verdad debe ser presentada en contornos bien delineados. Mucho de lo que hoy es llamado de verdad probante, no pasa de un disparate que lleva a la resistencia al Espíritu Santo".[13]

Una Vigorosa Protesta

Sin esperar por la reacción oficial de la Conferencia General, el Pr. S. G. Huntington publicó una vigorosa protesta en un pequeño folleto de 16 páginas, titulada La Herida del Hombre. Su objetivo era reafirmar la posición de la iglesia y explicar cómo Jesús fue capaz de vivir una vida impecable, aun en carne pecaminosa. "Por medio de implícita fe en Su Padre, Él fue fortalecido a fin de que Su naturaleza divina prevaleciese abrumadoramente sobre Su naturaleza pecaminosa y las tendencias hereditarias. Así, del berzo al Calvario, Sus días de sufrimiento y pruebas, Él vivió una vida pura, santa e inmaculada. Consecuentemente, atendió a los reclamos de la ley quebrantada, y se hizo 'el fin de la ley para justicia de todo aquel que cree'".[14]

Entonces, queriendo explicar las ventajas para aquellos que creen en Cristo y que Lo reciben como su Salvador, Huntington añade: "Así como Dios en Cristo, 4000 años después de la Creación, vivió una vida perfecta e inmaculada en carne pecaminosa, así por la fe en El, el Señor nos expurga de todas nuestras injusticias, nos comunica Su propia justicia, habita en nuestros corazones y vive el mismo tipo de vida en nuestra carne pecaminosa 6000 años después de la Creación. Entonces, podemos verdaderamente decir: "Así como Él es, así también nosotros somos en este mundo'. (1 Juan 4:17)"[15]

Waggoner Refuta la Doctrina de la Carne Santa

Enfrentando la expansión del movimiento de la carne santa, la Conferencia General creyó imperioso tomar un curso de acción. El problema estaba incluso en la agenda de la sesión de 1901. Ellen G. White fue convidada a asistir. Como destacó en su presentación, si no hubiese sido por ese movimiento y sus erradas enseñanzas, ella no habría respondido positivamente a la invitación. Estaba entonces con 73 años de edad. Había vuelto recientemente de Australia, y viajar a través de los Estados Unidos hasta Battle Creek no era poca cosa para alguien de su edad y fragil salud.

Waggoner también estaba presente en la sesión. Como un especialista en el problema, él, juntamente con Ellen White, fue solicitado a refutar esa "extraña doctrina" y confirmar la creencia oficial como reconocida por la iglesia, sobre el asunto de la naturaleza humana de Cristo. Él hizo eso en su estudio del 16 de Abril de 1901, dedicado enteramente a objetar la afirmación de que Cristo viniera en carne santa.

Él inició su presentación con una pregunta: "El Ser santo que nació de la virgen María, ¿lo hizo en carne pecaminosa? ¿Esa carne tenía las mismas malas tendencias a enfrentar que la nuestra?"[16]

Antes de presentar su réplica a la cuestión, Waggoner quizo ayudar a su auditorio a comprender el concepto subyacente y tan bien oculto en la cuestión: la doctrina católica de la inmaculada concepción. En su pensamiento, el concepto de "carne santa" era nada más nada menos que "la deificación del demonio".[17]

"En realidad, la obra demoníaca de colocar un largo abismo entre Jesús, el Salvador, y los hombres a quien viniera salvar, para que ni Uno ni los otros pudiesen transponerlo.

Es eso".[18]

"¿Ustedes no perciben", desafió Waggoner, "que la idea de que la carne de Jesús no era semejante a la nuestra (a causa de saber que la nuestra es pecaminosa), necesariamente envuelve la idea de la inmaculada concepción de la virgen María? Presten atención, en El no hay pecado, pero el misterio de Dios manifiesto en la carne, la maravilla de los siglos, el asombro de los ángeles, que aun ahora desean comprender y sobre lo cual no pueden formar una idea exacta, excepto como lo enseñan para la iglesia, es la perfecta manifestación de la vida de Dios en su inmaculada pureza en la carne pecaminosa. (Congregación: ¡amén!) Oh, ¿no es sino una maravilla?"[19]

Al hacer eso. "Él [Cristo] estableció la voluntad de Dios en la carne y también el hecho de que la voluntad de Dios puede ser realizada en cualquier humana y pecaminosa carne. Pero antes de todo, esa maravilla precisa ser realizada en el hombre pecaminoso, no simplemente en la persona de Cristo, sino en Jesucristo reproducido y multiplicado en Sus millones de seguidores... Jesús nos concede la experiencia del poder de Cristo en la carne pecaminosa... para pisarla con los pies y hacerla sumisa a Su voluntad esa carne pecaminosa".[20]

Generalmente hablando, "los hombres, como para ocultar la falta de sus antepasados, y si hay un deslustre en cualquier parte de la familia, esa no aparece cuando el registro de los parientes es escrito. Jesucristo 'nació de la simiente de David, de acuerdo con la carne', y en la simiente de David estaba Manasés, que cubrió Jerusalén con sangre inocente, de un lado al otro. En ese linaje estaba Judá, el adúltero, y el hijo nacido de un incesto, y también la prostituta Raab. Todos de este linaje que fueron puestos como ancestrales de Cristo, muestran que Él no Se avergüenza de llamar hombres pecaminosos como Sus hermanos".[21]

De la lección de la victoriosa experiencia de Cristo en carne pecaminosa, Waggoner concluyó: "No importa lo que nuestra herencia pueda haber sido en naturaleza, el Espíritu de Dios tiene poder sobre la carne pecaminosa y puede invertir completamente todo eso, y hacernos participantes de la naturaleza divina, libertándonos de la corrupción que por la concupiscencia hay en el mundo; así Dios manifiesta Su poder por nuestro intermedio".[22]

Ellen White Rechaza la Doctrina de la Carne Santa

En la mañana siguiente, 17 de Abril de 1901, fue la vez de Ellen White condenar públicamente el movimiento de la carne santa. De hecho, ella no repitió los argumentos teológicos ya presentados por Waggoner. Su objetivo consistía antes en exponer las falsas conclusiones derivadas del concepto de la carne santa de Cristo.

He aquí algunos extractos del mensaje que ella preparó para ese propósito, bajo el título "El Reciente Movimiento en Indiana". "Me fue dada instrucción con respecto a la reciente experiencia de los hermanos en Indiana y la enseñanza que ellos presentan en las iglesias. Por medio de esa experiencia y enseñanza, el enemigo ha trabajado para desviar las almas".[23]

Ellen White no abordó las presuposiciones con respecto a la naturaleza de Cristo en la controversia de la carne santa. En lugar de eso, su argumento de que "la enseñanza con respecto a lo que fue denominado 'carne santa', es un error"[24], estaba basado en dos puntos esenciales. Primero, ella rechazó la reivindicación de que seres humanos pecaminosos precisan obtener santidad de carne. Ella escribió: "Todos pueden ahora mismo obtener corazones santos, mas no está correcto reivindicar en esta vida la carne santa… Aquellos que han procurado obtener por la fe la así llamada carne santa, me gustaría decirles: Ustedes no la pueden conseguir. Ningiuno de ustedes posee carne santa presentemente. Ningún ser humano sobre la Tierra tiene carne santa. Esa es una imposibilidad".[25]

"Si aquellos que hablan tan libremente sobre perfección en la carne pudiesen ver las cosas bajo la verdadera luz, retrocederían horrorizados de sus presunciosas ideas. Al mostrar la falacia de sus pretensiones con respecto a la carne santa, el Señor está buscando impedir que hombres y mujeres le den a Sus palabras un significado que conduzca a la contaminación del cuerpo, del alma y del espíritu… Y aun cuando no podamos reclamar la perfección de la carne, podemos obtener la perfección cristiana del alma. Mediante el sacrifício hecho a nuestro favor, los pecados pueden ser totalmente perdonados. Nuestra dependencia no está en lo que el hombre puede hacer, sino en lo que Dios puede hacer por el hombre a través de Cristo… Por medio de la fe en Su sangre, todos pueden ser perfectos en Cristo Jesús".[26]

"Fuy instruída a decirle a aquellos que, en Indiana, están apoyando extrañas doctrinas: Ustedes le están dando un formato errado a la preciosa e importante obra de

Dios. Manténganse dentro de los limites bíblicos... Cuando los seres humanos reciban carne santa, ellos no permanecerán en la Tierra, sino que serán llevados al Cielo. Aun cuando el pecado esté siendo perdonado en esta vida, sus resultados no serán ahora plenamente removidos. Es en Su venida que Cristo 'transformará nuestro cuerpo de humillación, para ser igual al cuerpo de Su gloria' (Filip. 3:21)".[27]

Segundo, Ellen White también criticó las turbulentas y fanáticas manifestaciones de los defensores de la carne santa. "El modo como han sido realizadas las reuniones en Indiana, con ruido y confusión, no las recomienda a las mentes pensantes e inteligentes. No hay nada en esas demostraciones que convenza al mundo de que tenemos la verdad. Mero alarido y gritería no son evidencias de santificación o de la descida del Espíritu Santo. Sus exhibiciones bulliciosas crean tan solamente aversión en la mente de los no creyentes".[28]

Como vimos, las razones de Ellen White para rechazar el movimiento de la carne santa fueron de cuño teológico y práctico. Ella desaprobó su comportamiento bizarro y rechazó la doctrina de que seres humanos pueden tener carne santa aun en esta vida. Aun cuando la Sra. White no haya hecho ningún comentario acerca de su posición sobre la naturaleza de Cristo, ella condenó claramente aquellas prácticas y creencias que emanaban de la premisa de la carne santa.

Arthur White aclara, en la biografia de su abuela: "Enfrentar el fanatismo fue una de las razones porque ella dejó Australia y volvió a los Estados Unidos. La situación que ahora estaba enfrentando le fue revelada en Australia, en Enero de 1900, 'antes que dejara Cooranbong'".[29]

Condenada la Doctrina de la Carne Santa

El mensaje de Waggoner y el testimonio de Ellen White fueron atendidos. Ya al día siguiente, los dos principales líderes del movimiento, R. S. Donnell y S. S. Davis, confesaron su error delante de un auditorio de aproximadamente 300 espectadores. Los otros delegados, así como los miembros de la comisión de la Asociación de Indiana, siguieron el ejemplo de su presidente. Oficialmente, el movimiento de la carne santa había ruído. Pero, en realidad, la doctrina no desapareciera de las iglesias. Donnell y Davis continuaron creyendo y enseñando que Cristo Se revistió con la naturaleza de Adán antes de la caída. Como resultado, ellos fueron definitivamente alejados del ministerio.

En su sermón, Ellen White dio algunos consejos sobre como lidiar con ese tipo de situación: "El fanatismo, una vez iniciado y no reprimido, es tan difícil de extinguir como el fuego que toma cuenta de un edifício. Aquellos que abrazaron y mantienen ese fanatismo, harían mejor si se empeñasen en un trabajo secular, ya que por su inconsistente comportamiento están deshonrando al Señor y poniendo en peligro al pueblo".[30]

En 1903, I. J. Hankins, que sucedió a R. S. Donnell como presidente de la Asociación de Indiana, le escribió a S. S. Davis, el promotor del movimiento de la carne santa, para preguntarle de su fe. Hankins le hizo ocho preguntas, cuatro de las cuales conducían directamente a la doctrina de la encarnación.[31] No nos debemos olvidar de que su argumento teológico básico consistía en decir que "Cristo tomó la naturaleza de Adán antes de la caída", tan nitidamente mostrado en la carta de Haskell a Ellen White.

La respuesta de Davis confirma que él no había cambiado sus opiniones en relación a la naturaleza humana de Cristo. No sabemos si la misma pregunta le fue hecha también a Donnell. Pero, en 1905, Donnell fue readmitido al ministerio, mientras que Davis fue excluído definitivamente. Él dejó finalmente la iglesia adventista para unirse a los bautistas, donde fue ordenado ministro.

Con excepción de Davis, parece que todos los que estaban envueltos con el movimiento de la carne santa finalmente aceptaron el testimonio de Ellen White. Aunque fue auspicioso el resultado, la actitud de oposición a esa doctrina tomada por la Conferencia General en sesión, es indicativa de la enseñanza oficial de la iglesia sobre el asunto de la naturaleza humana de Jesús.

Conclusión

El movimiento de la carne santa fue la primera tentativa de introducir en la iglesia adventista una doctrina radicalmente opuesta a su enseñanza para este tiempo. Si los pronunciamientos de Waggoner, Jones y Prescott, así como de otros, estuviesen equivocados, Ellen White los habría corregido, como lo hizo con la "extraña doctrina" de la carne santa.

Un testimonio escrito en 1907 no deja duda sobre su posición: "Durante la Conferencia General de 1901, me fue dada instrucción con relación a la experiencia de algunos hermanos en Indiana, y con respecto a las doctrinas que ellos estaban enseñando en las iglesias. Me fue mostrado que a través de esa experiencia y de las doctrinas enseñadas, el enemigo ha operado para desviar las almas".[32]

Notas y Referencias

1. Ver Ellen G. White, Mensajes Selectos, vol. 2, págs. 31-39.

2. Ver Arthur L. White, Ellen White: The Early Elmshaven Years (Ellen White -- Los Primeros Años en Elmshaven) (Washington, D.C.: Review and Herald Pub. Assn., 1981), vol. 5, págs. 100-110.

3. Stephen-Nelson Haskell (1833-1922) fue misionero, profesor, administrador y presidente de varias asociaciones. Sus obras escritas incluyen The Story of Daniel the Prophet (La Historia de Daniel, el Profeta), The Story of the Seer of Patmos (La Historia del Vidente de Patmos), y The Cross and Its Shadow (La Cruz y Su Sombra)

4. Stephen-Nelson Haskell, a Ellen G. White, 25 de Septiembre de 1900.

5. Stephen-Nelson Haskell, en Signs of the Times, 2 de Abril de 1896.

6. Ídem, 9 de Abril de 1896.

7. Ídem, 28 de Mayo de 1896.

8. Ídem, 17 de Enero de 1900.

9. Stephen-Nelson Haskell a Ellen G. White, 25 de Septiembre de1900 (itálicos suplidos).

10. Ver también E. G. White, Mensajes Selectos, vol. 2, pág. 37.

11. Ellen G. White, carta 132, 1900 (Mensajes Selectos, vol. 2, pág. 37). Citado por A. L. White, pág. 103 (itálicos suplidos).

12. E. G. White, Mensajes Selectos, vol. 2, pág. 37.

13. Ídem, pág. 38.

14. S. G. Huntington, La Herida del Hombre, pág. 16. Citado por William H. Grotheer, Historia Interpretativa de la Doctrina de la Encarnación, pág. 51.

15. Ibídem.

16. Ellet J. Waggoner, en el Boletín de la Conferencia General, 1901, pág. 403.

17. Ídem, pág. 405.

18. Ídem, pág. 404.

19. Ibídem.

20. Ídem, pág. 406.

21. Ídem, pág. 408.

22. Ibídem.

23. E. G. White, en el Boletín de la Conferencia General, 1901, págs. 419-422. Lo citamos de Mensajes Selectos, vol. 2, págs. 31-32.

24. _____, Mensajes Selectos, vol. 2, pág. 32.

25. Ibídem.

26. Ibídem.

27. Ídem, pág. 33 (itálicos suplidos).

28. Ídem, pág. 35.

29. A. L. White, pág. 100.

30. E. G. White, Mensajes Selectos, vol. 2, pág. 35.

31. Ver S. S. Davis para I. J. Hankins, 15 de Marzo de 1903. Citado por Grotheer, págs. 54-55.

32. Ellen G. White, manuscrito 39, 1907

Capítulo 8—Extractos de las Publicaciones Oficiales (1895-1915)

Como añadidura de los escritos de los pioneros que hemos estudiado, la posición de la Iglesia Adventista sobre Cristología es claramente ilustrada en el contenido de las publicaciones oficiales, tales como revistas, lecciones trimestrales de la Escuela Sabática, boletines de la Conferencia General y una amplia variedad de libros impresos por nuestras casas publicadoras.

Este capítulo tratará de las declaraciones hechas entre 1895 y 1915, principiando por el tiempo en que la doctrina de la encarnación comenzó a ser mirada como básica para la comprensión adecuada del plan de la salvación, y finalizando con el año de la muerte de Ellen White. En el capítulo siguiente, cubriremos el período que va de 1916 hasta 1952, después del cual surgió una nueva interpretación y algunos escritores emergieron para cuestionar la posición tradicional de la Iglesia Adventista sobre cuestión de la naturaleza humana de Cristo.

Extractos de los Periódicos de la Iglesia

Durante 1895 y 1896, más de 250 declaraciones fueron hechas en varias revistas por los líderes de la iglesia, todas afirmando claramente que Jesús tomó sobre Sí la naturaleza humana de seres caídos. De 1897 a 1915 más de 200 pueden ser encontradas, de las cuales cerca de 100 son de autoría de Ellen White, no incluyendo 75 adicionales o distribuidas en sus cartas y manuscritos.[1] Sin embargo, una vez que ya discutimos Ellen White, Waggoner, Jones y Prescott, en este capítulo ignoraremos las citas de esos autores.

En 1895, una serie de artículos salidos de la pluma de J. H. Durland fueron publicados en la Signs of the Times, y reflejaban la Cristología de Jones como presentada en la sesión de la Conferencia General algunos meses antes. "Para enfrentar Satanás, era necesario hacerlo en la carne del hombre caído", escribió Durland. "Así, cuando Jesús vino a habitar en carne humana, no lo hizo en la carne del hombre antes de haber él caído, sino que en carne pecaminosa poseída después de la caída... Él vino para salvar pecadores, por lo tanto, precisaba asumir la carne de pecadores... Él tenía todas las debilidades de la carne que nosotros tenemos. La carne de que Él Se revistió poseía todos los deseos que nuestra propia carne tiene".[2]

Algunos meses después, en otro artículo, Durland le hizo las siguientes preguntas a sus lectores: "¿Cual era la naturaleza de la carne que Él tomó? Estaba ella excenta de todas las tendencias para pecar? ¿Estaba ella libre de las tentaciones? La Escritura responde a las preguntas... (Heb. 4:15). Así, la carne que el Logos tomó estaba sujeta a la tentación, de la misma forma que la carne que tenemos... La carne sin cualesquier deseos por el mal no está sujeta a la tentación. Pero Cristo fue tentado como nosotros lo somos, de forma que Él debía tener la misma especie de carne que poseemos".[3]

No contento en afirmar que Cristo asumió la carne pecaminosa, Durland también quería explicar la razón para eso. "Jesús vino en carne para enfrentar a Satanás en su propio baluarte y expulsarlo... Para hacer eso Él tenía que revestirse de la misma carne que el hombre poseía después de la caída... Cristo no asumió la naturaleza angélica ni la del hombre antes de la caída, sino que Él nació 'bajo la ley' para redimir aquellos que estaban bajo la ley... Hubiese Él tomado la naturaleza de Adán antes de la caída, y no estaría bajo la sentencia de muerte que pasó para todos los hombres".[4]

Sin embargo, Durland acentuó: "Él no poseía las pasiones de nuestra naturaleza caída, producidas por caer en pecado. Pero la carne de que Él se revistió tendría poseído todas las pasiones que el pecado nos trajo, hubiese Él una sóla vez cedido a ellas. Cristo enfrentó al tentador en la debilidad de la carne pecaminosa, y la condenó porque ella no fue capaz de vencerlo... Jesucristo fue enviado a este mundo para condenar el pecado en la carne. Él tomó la carne pecaminosa para que pudiese subyugar las corrupciones de nuestra antigua naturaleza".[5]

Acuérdese que A. T. Jones había dicho: "Jesús poseía las mismas pasiones que tenemos". Sin embargo, Jones explicó que Él nunca Se rindió a ellas. Durland escribió que "Él no poseía las pasiones de nuestra naturaleza caída", significando que Cristo nunca las entregó al pecado. El punto de vista de Durland está mucho más próximo del de Jones, de lo que pueda parecer al comienzo. Jones consideraba el problema del punto de vista de una naturaleza heredada; Durland ya veía la cuestión bajo el prisma de una naturaleza cultivada. Potencialmente, "poseía las mismas pasiones que tenemos"; en realidad, "Jesús no poseía las mismas pasiones que tenemos" porque Él jamás sucumbió al poder de la naturaleza pecaminosa del hombre, que heredó de Sus ancestrales.

Del mismo modo, Ellen White constantemente hacía la diferencia entre la naturaleza heredada y la naturaleza pecaminosa cultivada. Por un lado, ella escribió que Jesús "tenía toda la fuerza de la pasión de la humanidad"[6] por otro, ella declaraba que "Él es un hermano en nuestras debilidades, pero no en poseer idénticas pasiones"[7] "no poseyendo las pasiones de nuestra naturaleza humana caída"[8] Es bien posible que ella tuviese en mente la diferencia entre tendencias heredadas para pecar, por las cuales no somos culpados, y tendencias cultivadas, que nos hacen pecadores. Para Ellen White bien como para sus contemporáneos adventistas, "semejantemente a todo hijo de Adán, Él [Cristo] aceptó los resultados de la operación de la gran ley de la hereditariedad"[9], pero sin jamás ceder a esas tendencias.

Otras declaraciones sobre el tema aparecen en las revistas australianas Bible Echo y la Australasian Signs of the Times. G. C. Tenney, que era el director de la revista Bible Echo, declaró en un editorial: "Muy pocos de nosotros comprenden cuán próximamente la naturaleza divina estaba de la humana en la persona de Jesús de Nazaret. Más propriamente hablando, es imposible para nosotros mismos concebir la infinita condescendencia que fue necesaria para que el Hijo de Dios, el Asociado del Padre, viniese en carne mortal y participase de las experiencias humanas, con todas sus aflicciones y debilidades. Cuán plenamente eso se cumplió, fue expresado por el apóstol en (Hebreos 2:17): "Por lo que convenía que en todo fuese hecho semejante a Sus hermanos..."

"Solamente de esa manera podría Él sentir el poder de las tentaciones. No podemos suponer que las tentaciones a las cuales la humanidad está sujeta impresionasen la Divinidad. Pero 'Él fue tentado en todos los puntos como nosotros', consecuentemente, Él precisaba participar de nuestra naturaleza... No hay sino poca simpatía en el pensamiento de Jesús haber enfrentado nuestras tentaciones con Sus divinas capacidad y naturaleza. Ellas no serían sino como la flor del cardo soplada contra la montaña. En ese sentido 'Dios no puede ser tentado'".

"Pero cuando consideramos a nuestro Salvador... luchando contra la innata debilidad; cuando observamos nuestra faltosa, y frecuentemente, desastrada carrera, deseamos saber: ¿Cómo Él soportó 'tal contradicción de los pecadores contra Sí mismo'?"[10]

Muchas declaraciones similares podrían ser citadas, como indicadas por la obra de

Ralph Larson, The Word Was Made Flesh (La Palabra Se Hizo Carne), en la cual el autor indexó en orden cronológico muchas declaraciones referentes a la Cristología Adventista.[11]

Extractos de las Lecciones de la Escuela Sabática

En 1889, apareció por primera vez la lección trimestral de la Escuela Sabática. Las lecciones eran preparadas para proveer el estudio diario de la Biblia, y como temas de discusión para la mañana del sábado, en conjunto con el servicio de culto. La introducción dice: "Las lecciones de adultos de la Escuela Sabática son preparadas por el Departamento de Escuela Sabática de la Conferencia General de los Adventistas del Séptimo Día. La preparación de la lección es dirigida por una comisión mundial de la lección de la Escuela Sabática, cuyos miembros sirven como consultores-editores". El papel de esa comisión era garantizar que las notas explicativas de cada lección estuviesen en armonía con la enseñanza oficial de la iglesia.

Durante el período comprendido entre los años 1895 y 1915, muchas declaraciones son encontradas en las lecciones de la Escuela Sabática, las cuales dejan poca duda sobre el asunto de la creencia adventista con respecto a la naturaleza humana de Cristo. Un ejemplo de eso es la siguiente explicación de una de las lecciones del segundo trimestre de 1896: "Para poder ir al encuentro del hombre donde él se encontraba después de la caída, Cristo se vació a Sí mismo de toda Su gloria y poder, haciéndose tan dependiente de Su Padre por vida y fuerza diaria, como el hombre pecador depende de El".[12]

En 1909, otra lección referente al segundo trimestre trataba de (Juan 1:1-18). He aquí un comentario sobre el verso 14: "La Divinidad habitó en la carne humana. No en la carne de un hombre impecable, sino en la carne como la poseía un hijo de la Tierra. Esa era Su gloria. La simiente divina pudo manifestar la gloria de Dios en carne pecaminosa, hasta la victoria perfecta y absoluta sobre toda tendencia de la carne".[13]

En ese mismo periódico, se repite la explicación: "Jesús era Dios actuando en la carne pecaminosa a favor del pecador. Él Se hizo uno con la humanidad. Tomó sobre Sí mismo los infortunios, las necesidades y los pecados de la humanidad, así sintió Su consciencia y la intensidad como ninguna otra alma lo hizo".[14]

Entre los tópicos del primer trimestre de 1913, estaba el estudio sobre la relación entre la encarnación y el sacerdocio de Jesucristo. Esta declaración se encuentra incorporada en la primera nota: "Es muy importante que tengamos una clara comprensión de la relación entre la encarnación de Cristo y Su obra mediadora. Él fue hecho sacerdote 'según el poder de una vida sin fin', para que pudiese ministrar gracia, misericordia y poder al débil y errante. Eso es realizado por tal unión íntima con aquellos que necesitan de auxílio, que la divinidad y la humanidad son traídas en ligación personal, y el propio Espíritu y la vida de Dios habitan en la carne del creyente. Para establecer esa relación entre Dios y la carne pecaminosa, fue necesario que el Hijo de Dios asumiese la carne pecaminosa, y así construyese un puente sobre el abismo que separaba al hombre pecador de Dios".[15]

La nota 3 de la misma lección finaliza con estas palabras: "Al asumir la carne pecaminosa, y voluntariamente hacerse dependiente de Su Padre para guardarlo de pecar mientras estuviese en el mundo, Jesús no apenas sirvió de ejemplo para todos los cristianos, como también hizo posible a Sí mismo ministrarle a la carne pecadora el don de Su propio Espíritu y el poder para obedecer a la voluntad de Dios".[16]

Esa óptica sobre la encarnación fue también contrastada con la doctrina católica de la inmaculada concepción, que era, al pensamiento adventista, la negación de la encarnación de Cristo. "Esa negación de la perfecta unión de Cristo con la carne pecaminosa abre el camino para una serie de mediadores subsidiarios, cuyo deber es conducir al pecador en salvífico contacto con Cristo".[17]

Las lecciones del segundo trimestre de 1913 fueron dedicadas al santuario y a la mediación de Cristo. En una de ellas se discutía la enseñanza católica: "¿Cuál es la enseñanza de la moderna Babilonia concerniente a esa doctrina fundamental? Por el dogma de la inmaculada concepción de la Virgen María, Roma enseña que la madre de Jesús fue preservada de la mancha del pecado original, y que ella poseía carne santa, sin pecado. Consecuentemente, ella fue apartada del resto de la humanidad. Como resultado de esa separación de Jesús de la carne pecaminosa, el sacerdocio romano fue instituído para que pudiese haber alguien para mediar entre Cristo y el pecador".[18]

Entonces, en réplica a la cita de la fuente católica, que consideraba revoltante la creencia de que Jesús tomara la carne pecaminosa, la nota concluye: "Así, por apartar a Cristo de la misma carne y sangre que tenemos... la moderna Babilonia realmente niega la verdad vital del Cristianismo, aun pretendiendo enseñarla. Ese es 'el misterio de la iniquidad'".[19]

El cuarto trimestre de 1913 fue dedicado al estudio de la epístola a los Romanos. En la primera lección hay una cuestión sobre Cristo "nacido de la simiente de David según la carne" (Rom. 1:3). La nota 5 comenta: "Cristo era, porlo tanto, del linaje real a través de Su madre. Mas Él era más que eso; Él era de la misma carne que la simiente de David, en y a través de la cual, por generaciones, había fluído la sangre de la humanidad pecaminosa -- Salomón, Roboan, Acaz, Manasés, Amón, Jeconías y otros. El Hijo de Dios tomó esa misma carne para poder enfrentar las tentaciones por nosotros, y vencer mediante el poder divino todas las pruebas que tenemos que encarar. Cristo es nuestro hermano en la carne, nuestro Salvador de los pecados".[20]

La epístola a los Romanos fue más una vez objeto de estudio durante el primer trimestre de 1914. He aquí un comentario sobre (Romanos 8:3-4): "Lo que la ley no podía hacer en el hombre pecador, Dios lo hizo enviando a Su propio Hijo. Ese Hijo se revistió de la carne del hombre pecaminoso y venció donde el hombre fracasó, destruyendo el pecado en la carne; así Él puede tomar posesión de la carne de aquellos que abren sus corazones para recibirlos, con el mismo poder, y vencer el pecado allí".[21]

Esos extractos de las lecciones trimestrales de la Escuela Sabática están en armonía con todo lo que fue enseñado por los escritores adventistas que se expresaron sobre la naturaleza humana de Cristo a través de los años.

Extractos de Libros Diversos

Así como las lecciones de la Escuela Sabática, ningún libro fue jamás impreso por las editoras de la iglesia sin una previa revisión de los originales por una comisión especial. Esa postura garantiza que el contenido de los libros esté en armonía con la enseñanza oficial. No es nuestro propósito aquí repetir las obras de Waggoner, Jones, Prescott o Ellen White, las cuales ya fueron tratadas en los capítulos anteriores. Nos basta mencionar las obras más representativas.

1. Mirando a Jesús, de Urias Smith

Urias Smith no fue apenas editor de la Review and Herald durante 35 años, y autor de muchos libros sobre profecía, sino también el segundo en el comando de la Conferencia General durante 21 años, en la posición de secretario. He aquí dos extractos de su libro Mirando a Jesús, publicado en 1897: "En semejanza de carne pecaminosa... Él descendió a las profundidades de la condición del hombre caído, y se hizo obediente hasta la muerte, aun a la ignominiosa muerte de cruz".[22]

"Él [Jesús] vino en semejanza de carne pecaminosa para demostrar ante todos los partidos en controversia, que era posible a los hombres guardar la ley en la carne. Demostró eso observándola Él mismo. En nuestro plano de existencia y en nuestra naturaleza, Él prestó tal obediencia a cada principio y precepto, que el propio ojo de la Omnisciencia no detectó ni siquiera una falla en ella. Toda Su vida no fue sino una transcripción de esa ley, en Su naturaleza espiritual, en Su santa, buena y justa demanda. Por lo tanto, condenó Él al pecado en la carne y no pecó, mostrando serle posible al hombre vivir así".[23]

2. Preguntas y Respuestas, de Milton C. Wilcox

Inicialmente, Milton C. Wilcox fue director-adjunto de la Review and Herald, en asociación con Urias Smith. Más tarde, se volvió el primer editor de la Verdad Presente en Inglaterra, y entonces de la Signs of the Times, por un cuarto de siglo en la Pacific Press, California. En 1911, publicó Preguntas y Respuestas, una compilación de respuestas dadas por el editor a las preguntas de los lectores, mientras era encargado de la Signs of the Times.

He aquí un extracto típico, una respuesta dada a una cuestión formulada por un lector sobre el asunto de los versos de (Hebreos 2:14-17), declarando que Jesús fue "hecho semejante a Sus hermanos". "El Verbo Eterno 'se hizo carne', la misma que poseemos; pues Él es 'nacido de mujer, nacido bajo la ley', bajo su condenación, como un humano, teniendo en la carne todas las tendencias humanas; un participante de la 'carne y de la sangre' de la humanidad; 'en todas las cosas' 'hecho semejante a Sus hermanos', 'siendo tentado'. Él enfrentó todas las tentaciones que usted y yo enfrentamos, por la fe en la voluntad y Palabra de Dios. No hubo una tendencia en la carne humana que no hubiese en El. Él las venció todas".[24]

3. Estudios Bíblicos Para el Hogar

En 1915, la Review and Herald Publishing Association publicó un libro de estudios bíblicos titulado Estudios Bíblicos Para el Hogar.[25] Al tiempo de su segunda edición, en 1936, más de 1.250.000 ejemplares fueron distribuídos por el mundo. La tercera edición vino al público en 1946.[26]

Por cerca de medio siglo, ese libro se constituyó en la base de la enseñanza bíblica en la iglesia. La mayoría de los adventistas lo utilizaba para aumentar su conocimiento de la doctrina de la iglesia, y como auxiliar para compartir el mensaje con otros. Ninguna otra publicación denominacional fue marcada con mayor aprobación oficial que este libro. Los estudios bíblicos recibieron la "contribución de un gran número de estudiantes de la Biblia". La introducción a la edición de 1946 declara que "la obra fue revisada, reescrita totalmente y ampliada... por una gran comisión de críticos y estudiosos competentes".[27]

Alguien difícilmente encontraría un documento más representativo de la enseñanza de la iglesia. Las lecciones son presentadas en forma de preguntas y respuestas, con notas explicativas ocasionales. La doctrina de la encarnación, titulada "Una Vida Sin Pecado" es en ella reproducida completamente:[28]

1. ¿Qué testimonio es dado con respecto a la vida de Cristo en la Tierra? "Él no cometió pecado, ni en Su boca se halló engaño". (1 Pedro 2:22)

2. ¿Qué se dice de todos los demás miembros de la família humana? "Porque todos pecaron y destituídos están de la gloria de Dios". (Rom. 3:23)

3. ¿Con qué pregunta Jesús desafió a Sus enemigos? "¿Quién de entre vosotros Me convence de pecado?" (Juan 8:46)

4. ¿En qué extensión Cristo fue tentado? "[Él] como nosotros, en todo fue tentado, pero sin pecado". (Hebreos 4:15)

5. En Su humanidad, ¿de qué naturaleza Cristo participó? "Por lo tanto, visto como los hijos son participantes comunes de carne y sangre, también Él semejantemente participó de las mismas cosas, para que por la muerte derrotase a aquel que tenía el poder de la muerte, esto es, el diablo". (Hebreos 2:14)

6. ¿Cuán plenamente Cristo participó de nuestra humanidad? "Por lo que convenía que en todas las cosas fuese hecho semejante a Sus hermanos, para hacerse fiel en las cosas concernientes a Dios, a fin de hacer propiciación por los pecados del pueblo". (Verso 17)

Nota: En Su humanidad, Cristo participó de nuestra naturaleza pecaminosa, caída. No fuese así, Él no habría sido "semejante a Sus hermanos", ni "tentado en todos los puntos como nosotros", ni vencería como tenemos nosotros que vencer, y no es, por lo tanto, un completo y perfecto Salvador que el hombre necesita y precisa tener para ser salvo. La idea de que Cristo nació de una madre inmaculada o excenta de pecado, sin haber heredado cualesquier tendencias para el pecado, y por esa razón no cometió pecado, lo remueve del reino del mundo caído y del verdadero lugar donde la ayuda es necesaria. Por Su lado humano, Cristo heredó todo lo que cada hijo de Adán hereda -- una naturaleza pecaminosa. Por el lado divino, desde Su concepción, Él fue generado y nacido del Espíritu. Y todo eso fue hecho para colocar la humanidad en un lugar ventajoso, y para demostrar que del mismo modo, todo el que es "nacido del Espíritu" puede obtener la victoria sobre el pecado en su propia carne pecaminosa. Así, cada uno debe vencer como Cristo venció. (Apoc. 3:21). Sin ese nacimiento no puede haber victoria sobre la tentación y ninguna salvación del pecado. (Juan 3:3-7)

7. ¿Dónde Dios, en Cristo, condenó el pecado y obtuvo para nosotros la victoria sobre la tentación y el pecado? "Por lo tanto, lo que era imposible a la ley, visto que se encontraba débil por la carne, Dios, enviando a Su propio Hijo en semejanza de la carne de pecado, y por causa del pecado, en la carne condenó el pecado". (Rom. 8:3)

Nota: Dios, en Cristo, condenó el pecado, no por pronunciarse contra él meramente como un juez sentado en su silla, sino viniendo y viviendo en la carne, en semejanza de la carne pecaminosa, pero sin pecado. En Cristo Él demostró que es posible por Su gracia y poder, resistir a la tentación, vencer el pecado y vivir una vida sin pecado en la carne.

8. ¿A través de qué poder Cristo vivió una vida perfecta? "Yo no puedo de Mí mismo hacer cosa alguna..." (Juan 5:30) "Las palabras que Yo os digo, no las digo por Mí mismo; pero el Padre, que permanece en Mi, es quien hace las obras". (Juan 14:10)

Nota: En Su humanidad, Cristo era dependiente del divino poder para realizar las obras de Dios como cualquier hombre. Para vivir una vida santa, Él no empleó ningún medio que no esté disponible a cada ser humano. A través de El, cada uno puede tener Dios habitando y operando en sí "tanto el querer como el hacer Su buena voluntad". (1 Juan 4:15; Filipenses 2:13)

9. ¿Qué propósito altruísta Jesús tenía siempre delante de Sí? "Porque Yo descendí del Cielo , no para hacer Mi voluntad, sino la voluntad de Aquel que Me envió". (Juan 6:38).

Esta lección trata de modo sumário los diversos aspectos de la Cristología adventista. Sin embargo, la pregunta 6 fue obviamente considerada como siendo de importancia fundamental, tanto así que exigió una nota explicativa. Las notas estaban en armonía con la Cristología adventista como enseñada consistentemente por los pioneros del mensaje, desde el origen del movimiento y manteniéndose hasta la tercera edición de la obra en 1946.

Como vimos, es precisamente en la base de las notas apenas de las preguntas 6, 7 y 8, que un buen número de teólogos evangélicos han condenado a los adventistas de no ser cristianos auténticos, porque le atribuyen una naturaleza pecaminosa a Jesús. Pero ellas estaban correctas, considerando que las declaraciones hechas en esa lección eran verdaderamente representativas de la iglesia.

Notas y Referencias

1. Ver Ralph Larson, The Word Was Made Flesh, págs. 67 y 111.

2. J. H. Durland, en Signs of the Times, 12 de Septiembre de 1895.

3. Ídem, 26 de Septiembre de 1895.

4. Ídem, 10 de Octubre de 1895.

5. IbÍdem.

6. Ellen G. White, En Los Lugares Celestiales, pág. 155.

7. _____, Testimonies for the Church, vol. 2, pág. 202.

8. Ídem, pág. 509.

9. _____, El Deseado de Todas las Gentes, pág. 49.

10. G. C. Tenney, en Bible Echo, 15 de Mayo de 1889. (Itálicos suplidos)

11. Ver Larson, The Word Was Made Flesh, págs. 34 a 154.

12. Lección de Adultos de la Escuela Sabática, segundo trimestre de 1896, pág. 11. Todas las citas de las lecciones de la Escuela Sabática fueron hechas por William H. Grotheer en La Historia Interpretativa de los Adventistas del Séptimo Día sobre la Doctrina de la Encarnación, págs. 38 a 41.

13. Ídem, segundo trimestre de 1909, pág. 8.

14. Ídem, pág. 20.

15. Ídem, primer trimestre de 1913, pág. 14.

16. Ídem, pág. 15.

17. Ídem, pág. 14.

18. Ídem, cuarto trimestre de 1913, pág. 6.

19. Ídem, pág. 26.

20. Ídem, cuarto trimestre de 1913, pág. 6.

21. Ídem, primer trimestre de 1914, pág. 16.

22. Urias Smith, Mirando a Jesús, pág. 23.

23. Ídem, pág. 30.

24. Milton C. Wilcox, Questions and Answers (Mountain View, Calif.: Pacific Press Pub. Assn., 1911), vol. 1, págs. 19 e 20.

25. La primera edición de los Estudios Bíblicos Para el Hogar viene de antes de los años 1880. Hasta 1915, las diversas ediciones no

poseían notas.

26. Estudios Bíblicos Para el Hogar, tercera edición (1936), pág. 11.

27. Ibídem.

28. Ídem, págs. 115 e 116 (Todos los textos bíblicos de esa cita son de la King James Version).

Capítulo 9—Extractos de las Publicaciones Oficiales (1916-1952)

El año 1915 no presentó cualquier cambio en la interpretación de la doctrina adventista de la Encarnación. Sin embargo, él marcó la muerte de Ellen White. Con su ida, el último sobreviviente del grupo de pioneros de 1844 desapareció. Ellen White repitió la resonante advertencia poco antes del fin de su vida: "Nada tenemos que temer del futuro, a menos que nos olvídemos de la manera como Dios nos ha conducido, y de Su enseñanza en nuestra historia pasada".[1]

Todos los documentos del período de 1916 a 1952 existentes traen un testimonio uniforme de la posición mantenida por la iglesia sobre la naturaleza humana de Jesús, a saber, que Él tomó sobre Sí mismo la naturaleza de Adán después de la caída; en otras palabras, naturaleza caída, pero sin haber cometido un sólo pecado.

Extractos de los Periódicos de la Iglesia

Un índice conteniendo cerca de 200 declaraciones de los periódicos oficiales de la iglesia muestra que no hubo cualquier variación en esa tradicional posición. Pastores, profesores, editores, administradores, ejecutivos de la Conferencia General, incluyendo muchos presidentes, todos hablaron al unísono.

El 6 de Septiembre de 1917, Joseph E. Steed escribió en la Review and Herald: "Fue necesario que Cristo tuviese una experiencia como la del hombre, de forma a poder socorrerlo en todas sus tentaciones y también actuar como su intercesor... Ya quedó demostrado que ese Salvador se hizo un hombre sujeto a todas las debilidades de la carne, nacido en carne pecaminosa; y mientras estuvo en esa carne, sufrió como otros hombres sufren en su conflicto con el pecado".[2]

El testimonio de R. S. Owen es también interesante: "La obra de Cristo en la carne fue la condenación del pecado en la carne. El pecado habita en nuestra carne pecaminosa, y Cristo lo condenó habitando en la propia casa del pecado, pero nunca Se rindió a los clamores ilícitos y nunca respondió a sus malas invitaciones. Él demostró que el hombre puede conseguir con la ayuda de Dios, aquello que lo capacitará a vivir en la carne, y aun vivir para Dios".[3]

En ese mismo mes, J. A. Rippey escribió en el periódico australiano Signs of the Times: "Nada, entonces, podría estar más claro que ser esa especie de carne que David poseía, la misma que Jesús tomó. ¿Quién fue David? Él fue el hijo de Jessé. ¿Y quién fue Jessé? Él era hijo de Rut. Rut era una moza moabita, una descendiente de Moab; y Moab era hijo de una de las hijas de Lot. (Génesis 19:36-37). Descubrimos del estudio de los ancestrales de Jesús que ellos eran los más obscuros de la Tierra, y descendieron a las mayores profundidades del pecado".

"Cuando Jesús nació, tomó sobre Sí mismo la carne pecaminosa después de estar ella debilitada por cerca de 4000 años de iniquidad. Él podría haber venido de otro linaje, pero provino de la más débil entre las débiles, para que pudiese probar al mundo que el hombre nunca se sumerge tan hondo en el pecado, que el poder de Dios no sea suficiente para habilitarlo a vivir una vida victoriosa. Él 'fue tentado en todos los puntos, como nosotros, pero sin pecado' (Heb. 4:15). Él no fue apenas tentado, sino que Sus tentaciones eran tan fuertes que Él sufrió cuando era tentado. (Hebreos 2:18). Aun cuando Jesús tuviese en Su carne todos los deseos que habitaron en la carne de Sus antepasados, sin embargo Él nunca, ni aun por una sola vez, cedió al pecado".[4]

El 22 de Marzo de 1927, L. A. Wilcox publicó en la Signs of the Times un artículo que analizaba la cuestión: "¿Hay esperanza de vencer nuestras heredadas tendencias para el mal?" Él responde recurriendo a la genealogía de Jesús: "Yo estoy feliz a causa de ella [la genealogía de Cristo]. Pues ella me ayuda a comprender cómo Él pudo ser "tocado por el sentimiento' de todas mis enfermedades. Él vino hasta donde yo estaba y quedó en mi lugar. En Sus venas estaba el germen de una hereditariedad corrompida, como un león enjaulado, siempre buscando atacar y destruir. Por 4000 años la raza se venía deteriorándose en fuerza física, poder mental y dignidad moral; y Cristo tomó sobre Sí las debilidades de la humanidad en su peor estado. Apenas así podría Él rescatar al hombre de las más bajas profundidades de la degradación".[5]

Entonces Wilcox cita en apoyo a su declaración un pasaje de Ellen White, extraído del libro El Deseado de Todas las Gentes: "Si tuviésemos, en cierto sentido, un más probante conflicto que el que tuvo Cristo, entonces Él no estaría habilitado para socorrernos. Pero nuestro Salvador Se revistió de la humanidad con todas las contingencias de la misma. Tomó la naturaleza del hombre con la posibilidad de ceder a la tentación. No tenemos que soportar ninguna cosa que Él no haya sufrido".[6]

"Es bueno saber qué", acentúa Wilcox, "Él, el Hijo de Dios, se hizo el Hijo del hombre, para que yo, un hijo del hombre, pudiese volverme un hijo de Dios. Él Se hizo como yo soy, para que yo pudiese volverme como Él es. Él participó de mi naturaleza humana, para que yo pudiese participar de Su naturaleza divina. En cada tentación que ataca, hay poder en saber que tal tentación, en toda su avasalladora fuerza, Lo atacó también de todas las maneras y en ocasiones inesperadas, y que, con iguales tendencias para el mal, a despecho de la mala sangre y maldad heredadas, a través del mismo poder al cual yo tengo acceso, Él venció. Él venció por mí. Él me ofrece Su victoria como mía propia -- un don gratuito. Y así, en todas esas cosas, soy más que vencedor a través de Aquel que me amó".[7]

Más tarde, F. M. Wilcox, editor de la Review and Herald (1911-1944), también cofundador del Patrimonio Literario Ellen G. White y miembro del consejo de sus depositarios, explicó por qué encontraba importante identificar la carne de Cristo con la de la humanidad caída: "El terreno seguro para nosotros al ir al Señor Jesús es el hecho de que Él tomó sobre Sí la naturaleza del hombre, y en la forma humana venció a Satanás, transponiendo de ese modo el abismo que el pecado abriera entre Dios y la humanidad. Pasando por esa experiencia a favor de la raza perdida, Él Se hizo un Salvador perfecto... Se identificó con el hombre en todas las pruebas y tentaciones... Cristo fue intensa y severamente tentado, tentado como ningún otro ser humano jamás lo fue, y sin embargo Él soportó todo eso sin pecar. Ni una sola vez Él cedió al poder del tentador. En cada conflicto Él fue victorioso. Con la mente firmada en Dios, confiando en el amor y en el poder de Su Padre celestial, Cristo resistió todas las veces a los ataques del enemigo. Eso, la herencia de la victoria sobre el pecado, Él igualmente nos transmitió, en añadidura, la simpatía que nos dispensa en tiempos de pruebas. Como Él lanzó mano del poder divino, es nuestro privilegio hacer lo mismo. Los recursos que estaban abiertos a Su pedido, también lo están a nosotros".[8]

Esa enseñanza no quedó restricta a los editores de los diversos periódicos denominacionales. Ella también fue predicada por las más altas autoridades de la iglesia, como presidentes de división, vice-presidentes, y presidentes de la Conferencia General. Esa fue realmente la más auténtica expresión de la fe encontrada en la comunidad adventista sobre la cuestión de la Cristología. Sin desear citar cada uno individualmente, deseamos hacer referencia a unos pocos testimonios de los más representativos autores.

Durante ese período, W. W. Prescott fue ciertamente el más prolífico y competente. Entonces, como secretario general y vice-presidente de la Conferencia General en el período de 1915 a 1937, él continuó propagando esa enseñanza denominacional a través de sus numerosos artículos. Su interpretación ya fue ampliamente presentada, de forma que no será repetida aquí. Más tarde, W. H. Branson, que fue presidente de la Conferencia General de 1950 a 1954, proclamaba las mismas convicciones en artículos publicados en los diferentes periódicos.[9]

Repetidas veces él escribió: "Para Cristo poder comprender las debilidades de la naturaleza humana, precisaba experimentarla... Por lo tanto, Él Se volvió hueso de nuestros huesos y carne de nuestra carne... Dios precisó primero descender hasta el hombre para poder erguirlo hasta Sí mismo".[10] "No fue la naturaleza de los ángeles que Él asumió, sino la de Abraham. Él Se hizo 'semejante a Sus hermanos'".[11] "Oh, qué vergüenza que el Gran Dios Se propusiese venir a habitar con los hombres, morar en su propia carne".[12]

De los presidentes de la División Sur-Europea, cuya sede se encontraba en Berna, Suiza, hicieron lo mejor para divulgar en Europa la Cristología enseñada en los Estados Unidos. A. V. Olson[13] fue el primero a expresarse sobre el asunto de la naturaleza humana caída que Cristo asumió. Olson escribió: "Jesús heredó... la naturaleza de Su madre. Un hombre llamado Jesús, hecho de carne y sangre como los otros hombres, vivió realmente en su medio".[14]

"En ese sentido, el segundo Adán no era físicamente idéntico al primero. Fue también en el sentido de depreciación en estatura y vitalidad que Cristo, por la ley de la hereditariedad, tomó sobre Sí mismo nuestra 'naturaleza caída' (El Deseado de Todas las Gentes, pág. 112), 'nuestra naturaleza en su deteriorada condición (Signs of the Times, 9 de Junio de 1898)."[15]

M. V. Campbell, igualmente, fue presidente de la División Sur-Europea (1954-1958), y más tarde fue vice-presidente de la Conferencia General. He aquí como él se expresó, en un tiempo cuando se estaba comenzado a formular la nueva interpretación referente a la naturaleza de Jesús:

"Al venir a nuestro mundo, el Salvador no descendió del Cielo como un ángel o como un ser de otro planeta. Él tomó Su lugar como miembro de la raza humana al nacer en una familia cuyos ancestrales eran bien conocidos. Nació tan desamparado como cualquier otro bebé... Jesús no vino a la Tierra como lo hizo el primer Adán, que dejó las manos del Creador sin ninguna inclinación para pecar. Antes, Él vino en semejanza 'de carne pecaminosa' (Rom. 8:3). Su divinidad no disminuyó Su humanidad. Ella la llenó, la inundó, la cercó, pero de ningún modo la destruyó. El Salvador fue influenciado para pecar a través de la hereditariedad, del ambiente y de las poderosas tentaciones del diablo... Para vencer el pecado, Jesús no usó cualquier poder espiritual que fuese Suyo en virtud de ser el Hijo de Dios. Él apenas utilizó las armas que están en las manos del más humilde de Sus seguidores".[16]

Extractos de la Literatura Adventista Europea

Los testimonios de esos dos presidentes de la División Sur-Europea -- ambos americanos -- son representativos de la enseñanza que, en aquel tiempo, había en las iglesias adventistas de habla inglesa del mundo. Pero, ¿cuál era la creencia general sobre el asunto en Europa continental, donde el mensaje había sido oficialmente introducido en 1874?[17]

Como sabemos, la revista Signes des Temps (Señales de los Tiempos en francés) fue fundada por John Nevins Andrews en la ciudad de Basilea, en 1876. Es interesante notar que hasta 1938, ninguna mención fue hecha con relación a la naturaleza humana caída de Cristo. Evidentemente, ese aspecto de la Cristología no constituía ninguna importante característica de la enseñanza adventista en ese tiempo.[18] Puede ser que los adventistas del continente compartían los mismos puntos de vista de la mayoría de los protestantes sobre ese asunto. El apoyo para eso vino del editor-jefe de la Signes des Temps: "Para salvar la humanidad, fue necesario, de acuerdo con la justicia de Dios, que Cristo fuese colocado bajo las mismas condiciones de Adán en la creación, vale decir, libre del pecado, pero susceptible de caer en tentación".[19]

De ese modo, la Cristología adventista tradicional, como enseñada en el mundo de habla inglesa, no fue completamente obscurecida, pero su introducción fue retardada en el continente europeo hasta que las traducciones inglesas de los libros y artículos de Ellen White se hiciesen disponibles.

La primera mención de la Cristología tradicional es encontrada en la Revue Adventiste (Revista Adventista en francés), el órgano informativo de los adventistas del séptimo día en Europa Latina. El artículo está fechado el 15 de Noviembre de 1923. Fue escrito por Tell Nussbaum, primer presidente de la Asociación Francesa.[20] Su título:

"Jesús, Hijo de Dios e Hijo del Hombre", resume la enseñanza de la Iglesia Adventista sobre el tema de la persona y obra de Cristo. He aquí un extracto:

"Jesús fue declarado con poder ser el Hijo de Dios a través del Espíritu Santo, por Su resurrección de los muertos. (Rom. 1:4). Habiendo venido en nuestra carne enferma, nacido bajo la ley, capaz de pecar, Él no cometió cualquier pecado. Fue en ella que el pecado debería ser vencido y el hombre, en su caída naturaleza, pudo ser colocado en un estado en que la santidad sería posible. Él debería vivir la vida de Dios que se encuentra únicamente en Jesucristo, la cual Él nos asegura continuamente por la fe".

"El propósito de Jesucristo fue cumplido: transmitir Su perfecta naturaleza a Su posteridad. Pero ella no será completamente adquirida hasta el día cuando nosotros Lo veamos cómo es ahora en el Cielo (Juan 17:22). Hoy, aceptando por la fe lo que Cristo hizo por nosotros, andamos por el Espíritu de Jesucristo... El Espíritu de vida, que está en Jesucristo, nos libertó del pecado. Por Su muerte, Él triunfó sobre el pecado a fin de concedernos ese poder".[21]

Es dudoso que esa declaración represente el pensamiento de la mayoría de los adventistas de Europa continental. El objetivo del autor era aparentemente hacer conocido más ampliamente la enseñanza aceptada por la Iglesia Adventista. Otra serie de artículos con el mismo propósito apareció en la Revue Adventiste, entre 1925 y Enero de 1926.[22]

Esos fueron, más tarde, reimpresos en forma de panfleto con este significativo título: A Touchstone -- Jesus Christ Come in Flesh (Una Piedra de Toque -- Jesucristo Vino en Carne).[23]

Su autor fue Jules-Cesar Guenin, entonces presidente de la Asociación Francesa. Él tenía un perfecto conocimiento de la Cristología como establecida por Ellen White y los pioneros, a los cuales hace referencias. Para introducir el asunto, él se base a en (1 Juan 4:1-3), aseverando que "todo espíritu que confiesa que Jesús vino en carne" es de Dios, mas todo espíritu que no reconoce que Jesús vino en carne es del anticristo.

Pero Guenin pregunta: "¿Qué quiere decir la Biblia cuando habla que 'Jesús vino en carne'? Después de considerar los principales pasajes que tratan de la Encarnación (Filip. 2:5-8; Juan 1:14; Rom. 8:3; Heb. 2:14-18; 4:15), él concluye: "Esa doctrina tiene tal importancia que es, por así decir, la doctrina de las doctrinas, el punto alto de la predicación apostólica y evangelística, la piedra de toque del cristianismo auténtico".[24]

Abordando el problema de la naturaleza humana de Cristo, Guenin perfila con sus colegas americanos: "La redención de la humanidad solamente podría ser adquirida mediante Dios haciéndose hombre. Fue revestido de carne como la nuestra que Cristo enfrentó las luchas morales y corrió los mismos riesgos que nosotros, de modo a probar que la justicia de la ley podría ser alcanzada por el hombre. El Hijo de Dios vino a este mundo con carne semejante a la nuestra... Así, el pecado fue gloriosamente vencido y finalmente condenado, y la santidad efectivada en la carne humana".[25]

Hablando sobre las tentaciones que Cristo soportó, Guenin hace referencia a diversas declaraciones de Ellen White, tales como estas: "Si tuviésemos, en cierto sentido, un más probante conflicto que el que tuvo Cristo, entonces Él no estaría habilitado para socorrernos. Pero nuestro Salvador Se revistió de la humanidad con todas las contingencias de la misma. Tomó la naturaleza del hombre con la posibilidad de ceder a la tentación. No tenemos que soportar ninguna cosa que Él no haya sufrido".[26]

Además, J. C. Guenin también citó el teólogo protestante E. de Presence, en la cuestión de las tentaciones que Jesús enfrentó en el desierto: "El Redentor pasó por Su gran prueba de libertad sin lo cual ningún destino moral es alcanzado. Es aquí que precisamos aceptar el completo misterio de Su humillación. Si Le atribuimos impecaminosidad, Lo separamos de las reales condiciones de una existencia terrestre; Su humanidad no es, entonces, más que una ilusión, un velou transparente a través del cual es vista Su transcendente divinidad. No siendo como nosotros, Él no está más con nosotros. Al excitante drama de la lucha moral sigue una indescriptible fantasmagoría metafísica. No debemos más hablar de tentaciones o pruebas con respecto a ese asunto".[27]

De la victoria de Jesús sobre el pecado, Guenin extrae la siguiente lección práctica: "Cristo venció el pecado para probar que cada creyente también puede vencerlo; pero Él triunfó porque deseaba hacerlo y porque luchó y sufrió usando apenas las armas de la fe y de la oración. Es por esos medios, con esos armamentos, que el creyente puede triunfar... Eso es lo que significa confesar haber venido Cristo en carne".[28]

La doctrina de la Encarnación constituye para J. C. Guenin "el punto vital de la religión redentiva y regenerativa de Jesús; negar eso es hacer con que el cristianismo pierda toda su eficacia y valor práctico".[29]

En un artículo sobre los dos Adanes publicado en la Revue Adventiste, en 1942, J. C. Guenin reenfatiza la importancia que Jesús haya participado de nuestra completa humanidad. "Si Jesús hubiese venido con la imposibilidad de pecar, como ciertos creyentes y cierta teología preconizan, ¿cómo podría Él haberse vuelto el padre de la nueva humanidad victoriosa, un 'gran sumo sacerdote' que podía simpatizar con las debilidades de la humanidad y probar la posibilidad de una vida victoriosa? Jesús no vino al mundo apenas para rescatar del pecado, para expiar la culpa de los pecadores, sino también para darle a la humanidad un ejemplo de perfecta obediencia a la voluntad divina, para probar que tal obediencia es posible a aquel que sinceramente desea tenerla. Para hacer eso, era necesario que Cristo viviese una absoluta vida santa, sin pecado".[30]

Almejando explicar la doctrina de la Encarnación a sus lectores no-adventistas, J. C. Guenin publicó una serie de tres artículos en la Signes des Temps.[31] Fue la primera mención de la Cristología adventista en ese magazine después de 62 años de existencia. El contenido de esos artículos está claramente patentado en sus títulos: "Jesucristo Vino en Carne"; "Jesucristo, el Ideal de la Humanidad"; "¿Fue Jesús un Pecador?" En ellos encontramos repetida la enseñanza desarrollada en el trabajo Una Piedra de Toque: Jesús Vino en Carne.

Otros autores hicieron referencias semejantes a la creencia común de los adventistas de aquel tiempo. En un artículo escrito por James Howard, traducido del inglés y publicado en la Revue Adventiste, encontramos la siguiente declaración acerca de la tentación de Cristo: "La tendencia hereditaria para pecar es verdaderamente fuerte. La madre de Jesucristo heredó la 'forma y la semejanza' de sus ancestrales; ella nació en carne pecaminosa. Siendo así, su Hijo Jesucristo heredó la naturaleza humana".[32]

También en la exposición de un sermón predicado el día 11 de Julio de 1928, en Ginebra, sobre "el precio de nuestra redención", B. E. Beddoe, un visitante, habló acerca de la naturaleza humana de Jesús que, siendo como nosotros, "conocía las tendencias de la carne, los deseos que llevan al pecado". De ahí, ante la pregunta: "¿Podría tener Él pecado?", el predicador respondió sin dudar: "Ciertamente".[33]

Finalmente, es bueno repetir lo que Charles Gerber[34] escribió en sus folletos evangelísticos, distribuidos por millares y más tarde compilados y formateados en un libro titulado Le Chemin du Salut (El Camino de la Salvación).[35] En el capítulo que trata del "Misterio de la Encarnación", él confirma la Cristología adventista aceptada. "Para salvar la humanidad, Dios dio Su Hijo, el cual asumió nuestra naturaleza y Se identificó con nosotros. El Hijo de Dios consintió en hacerse Hijo del hombre. 'Dios envió a Su hijo, nacido de mujer, nacido bajo la ley' (Gal. 4:4). 'El Verbo Se hizo carne y habitó entre nosotros' (Juan 1:14). '... Dios, enviando a Su propio Hijo en semejanza de la carne de pecado, en la carne condenó el pecado".

"Es un milagro, es un misterio, Dios descender entre nosotros y hacerse carne, es el Cielo humillándose delante de la Tierra, es la escala de Jacob ligando la Tierra al Cielo y el Cielo a la Tierra... Jesús Se hizo hombre... Sufrió hambre, sed y cansancio así como nosotros. Era 'en todas las cosas... semejante a Sus hermanos'; Él enfrentó semejantes tentaciones, derramó lágrimas y finalmente murió".[36]

Extractos de las Lecciones de la Escuela Sabática

Como ya fue dicho, las lecciones de la Escuela Sabática son el mejor indicador oficial de la enseñanza de la Iglesia Adventista. Preparadas por especialistas y revisadas por una comisión de representatividad mundial, ellas son realmente la más auténtica expresión de la fe adventista. Cada vez que las lecciones tocan en el asunto de la naturaleza humana de Jesús, las notas explicativas invariablemente presentan la enseñanza tradicional. Ejemplos del período comprendido entre 1916 y 1952 son tan pocos que es posible citarlos todos. El primero está fechado en el primer trimestre de 1921, y es relevante sobre la cuestión de la Encarnación.

"Cristo asumió, no el original impecable, sino que nuestra humanidad caída. En esa segunda experiencia, Él Se encontró no precisamente donde Adán estuviera antes que Él, sino, como dicho anteriormente, con inmensas desventajas contra Sí -- el mal, con todo su victorioso prestigio y su consecuente entronización en la propia constitución de nuestra naturaleza, armado con el más terrible poder contra la posible realización de ese divino ideal en el hombre -- perfecta santidad. Todo eso considerado, las desventajas de la situación, los tremendos riesgos envueltos y la ferocidad de la oposición encontrada, nos hace tener una idea de la realidad y de la grandeza de ese vasto emprendimiento moral; la naturaleza humana tentada, probada y extraviada en Adán, es elevada por Cristo a la esfera de la consumada santidad".[37]

En otra lección acerca del sacerdocio de Cristo, editada el mismo año, verificamos este comentario versando sobre los primeros dos capítulos de la epístola a los Hebreos: "Aquel que es presentado en el primer capítulo como Hijo, Dios y Señor, cuya divinidad y eternidad son enfatizadas, lo encontramos en el segundo capítulo como el Hijo del hombre, con todas las limitaciones de nuestra humanidad común. Él es conocido por Su nombre personal y terrestre y como alguien que puede probar la muerte (Heb. 2:9), y puede ser 'perfeccionado por los sufrimientos' (verso 10). Él participó de la misma carne y sangre que nosotros (verso 14), haciéndose tan verdaderamente hombre (verso 17), como es verdaderamente Dios".[38]

En el tercer trimestre de 1921, el mismo concepto es encontrado destacadamente: "Cuando el Hijo de Dios nació de mujer (Gal. 4:4) y participó de nuestra carne pecaminosa (Rom. 8:3), la vida eterna se manifestó en cuerpo humano (1 Juan 1:2)".[39]

En 1928, las lecciones del primer trimestre fueron basadas en la epístola a los Efesios. He aquí una nota explicativa en relación a (Efesios 2:15) "El hombre carnal, natural, no puede abolir su enemistad contra Dios. Ella hace parte de su naturaleza. Está entretejida en cada fibra de su ser. Pero Jesús tomó sobre Sí mismo nuestra naturaleza de carne y sangre (Heb. 2:14), 'en todas las cosas. ... para ser semejante a Sus hermanos' (Heb. 2:17), 'de la simiente de David según la carne' (Rom. 1:3); 'Él enfrentó y abolió la enemistad en Su carne', 'la mente carnal' (Rom. 8:7). Él venció el pecado en la carne por nosotros, para siempre".[40]

Extractos de Libros Seleccionados

Durante el período que va de 1916 hasta 1952, muchos libros tratando directa o indirectamente de la doctrina de la Encarnación fueron publicados por las diversas casas editoras de la iglesia, tales como: Review and Herald Publishing Association, Pacific Press Publishing Association y Southern Publishing Association. Todos los libros por ellas editados habían recibido el previo sello de aprobación de una comisión editorial, certificando que el contenido estaba en armonía con la fe y las doctrinas adventistas.

1. La Doctrina de Cristo, de W. W. Prescott

Recordamos que Prescott, en su libro fechado en 1920 y por título La Doctrina de Cristo, demostraba que sin participar de la "carne y de la sangre" de aquellos a quien Él viniera libertar del poder del pecado y de la muerte, Cristo no podría haber sido nuestro

Salvador. Esa verdad, en la mente de Prescott, era la verdad central del evangelio.

2. Una Vida Victoriosa, de Mead MacGuire

En 1924, fue lanzado el libro de Mead MacGuire, Una Vida Victoriosa. El autor también fue uno de los fundadores del Departamento de Jóvenes a nivel de Conferencia General. Él fue, sucesivamente, secretario de los Departamentos Misionero y Ministerial.[41] En el capítulo en que trata de la "medoña naturaleza del pecado", MacGuire responde a la cuestión levantada por Pablo en (Romanos 7:23): "Pero veo en mis miembros otra ley guerreando contra la ley de mi entendimiento, y que me lleva cautivo a la ley del pecado, que está en mis miembros".

"Hay apenas un medio de libramento de esa congénita ley del pecado. Él es Cristo. Él Se revistió de la humanidad. Él venció el pecado mientras estuvo en un cuerpo que estaba bajo la hereditaria ley del pecado. Ahora Él nos propone vivir esa misma vida impecable en mis miembros. Su presencia neutraliza completamente el poder de la ley del pecado".[42]

En otro capítulo, Macguire escribe: "Cuando Jesús soportó la cruz, Él admitió la sentencia de muerte sobre la naturaleza del pecado. Cristo tomó nuestra naturaleza, la naturaleza de Adán, la vida de Saulo, y concordando con el Padre de que esa naturaleza estaba calificada apenas para morir, Él fue voluntariamente hasta la cruz y condujo esa naturaleza caída hasta su inevitable y necesaria muerte... Por Su gran sacrificio, Cristo hizo provisión para la muerte de la naturaleza de Adán en usted y en mí, si estamos dispuestos a llevar esa nuestra degenerada naturaleza hasta Su cruz y crucificarla en ella".[43]

3. Hechos de la Fe, de Christian Edwardson

En 1942, Edwardson abordó el asunto de la Encarnación y de la naturaleza humana de Cristo bajo un ángulo diferente. Él discutió 2 Juan 7, que declara que los engañadores y el anticristo no "confiesan que Jesucristo vino en carne". En oposición al argumento de que el papado podría no ser el anticristo, una vez que el catolicismo no niega la encarnación de Cristo, Edwardson escribió:

"Ese argumento, sin embargo, está basado en un mal entendido producido por el descuido de una palabra en el texto. El anticristo no niega que Cristo vino en carne, sino que niega que Él hubiese 'venido en la carne, en la misma especie de carne de la raza humana que viniera a salvar... Sobre esa vital diferencia se articula la verdad 'vital del evangelio'. ¿Descendió Cristo totalmente para establecer contacto con la raza caída, o sólo parcialmente, de modo que precisamos tener santos, papas y padres para interceder por nosotros juntamente con Cristo, que está muy alejado de la humanidad caída y de sus necesidades para establecer contacto directo con el pecador individualmente? Justamente aquí yace la gran división que separa el protestantismo del catolicismo romano".

Edwardson se extiende sobre el secreto de la salvación del hombre: "Por medio del pecado el hombre se separó de Dios, y su naturaleza caída es opuesta a la voluntad divina... Apenas a través de Cristo, nuestro Mediador, puede el hombre ser rescatado del pecado y nuevamente entrar en ligación con la fuente de la pureza y del poder. Sin embargo, para volverse ese ello de ligación, Cristo tuvo que participar de la divinidad de Dios y de la humanidad del hombre, de forma que Su divino brazo pudiese cingir a Dios y con Su brazo humano envolver al hombre, ligando así ambos en Su propia Persona. En esa unión de lo divino con lo humano yace el 'misterio' del evangelio, el secreto del poder para erguir al hombre de su degradación".

Edwardson busca explicar el porqué de la encarnación de Cristo: "Era el hombre caído quien debía ser rescatado del pecado, para hacer contacto con él, Cristo tenía que condescender en tomar nuestra naturaleza sobre Sí mismo (y no alguna especie más elevada de carne). 'Parlo tanto, visto como los hijos son participantes comunes de carne y sangre, también Él semejantemente participó de las mismas cosas... Por lo que convenía que en todo fuese hecho semejante a Sus hermanos'. Ese texto está redactado de un modo que no puede ser mal comprendido. Cristo 'tomó parte de la misma carne y sangre que los nuestros'; Él vino 'en la carne'. Negar eso es la marca del anticristo".[44]

El Vino de la Babilonia Romana, de Mary E. Walsh

Como sugerido por el propio título, ese libro contrasta la enseñanza católica con la de las Escrituras. Mary E. Walsh, la autora, fue por 20 años una fervorosa católica.[45]

En el capítulo dedicado a la inmaculada concepción, Mary Walsh escribe: "Todo lo que María le dio a Cristo fue Su cuerpo humano. Es una ley de la Naturaleza que alguien no puede dar aquello que no posee, y María, siendo humana en cada aspecto de la palabra, no podría concederle a Su Hijo la naturaleza de la divinidad".[46]

Entonces, habiendo mostrado ambos aspectos de la naturaleza de Jesús, la divina y la humana, Mary Walsh cita (Rom. 8:3 y Hebreos 2:14, 17-18), para concluir: "En la genealogía de Cristo, como presentada en Mateos, verificamos que Jesús es llamado el hijo de David y también Hijo de Abraham. Alguien tiene que estudiar apenas los caracteres de Abraham y David, para aprender que ellos fueron verdaderamente humanos y tenían tendencia para pecar. Así vemos qué especie de naturaleza humana

"**Cristo heredó de Sus progenitores**".[47]

Al comienzo de los años cincuenta, muchas otras obras fueron publicadas buscando explicar el porqué de la Encarnación y lo que Cristo realizó viviendo una vida impecable en carne pecaminosa. El libro de A. B. Lickey, Cristo Para Siempre y la obra de W. B. Ochs, En eso yo Creo, ambos publicados en 1951 por la Review and Herald Publishing Association[48], mantuvieron la enseñanza adventista tradicional de los últimos 100 años.

Para completar nuestro examen, abordaremos más dos autores cuyo testimonio es particularmente valioso porque vino en un tiempo en que un cambio radical estaba siendo implementado: F. D. Nichol, editor-jefe de la Review and Herald de 1945 a 1966, y autor de muchos libros, y W. H. Branson, presidente de la Conferencia General de 1950 a 1954.[49]

5. Respuestas a Objeciones, de F. D. Nichol

En 1952, Nichol se sintió compelido a replicar al criticismo frecuentemente dirigido contra los adventistas, en estos términos: "Los adventistas del séptimo día enseñan que, como toda la humanidad, Cristo nació con una naturaleza pecaminosa. Eso indica plenamente que Su corazón, también, era 'engañoso, más que todas las cosas, y perverso' (Jer. 17:9). En armonía con eso ellos también enseñan que Cristo podría haber fallado mientras estuvo en Su misión terrestre como Salvador del hombre; que Él vino al mundo 'bajo riesgo de fracaso y eterna pérdida', y que Él 'no falló ni quedó desanimado'".[50]

La respuesta de Nichol es encontrada, antes de todo, en dos artículos de la Review and Herald, después reproducida en el libro Answers to Objections (Respuestas Objeciones)[51], publicado el mismo año. El prefacio fue escrito por W. H. Branson, entonces presidente de la Conferencia General. Branson escribió: "Este volumen nos da una bien definida y convincente respuesta a las objeciones más a menudo levantadas por los críticos de las doctrinas mantenidas por la Iglesia Adventista del Séptimo Día… Con cordial aprobación, por lo tanto, recomendamos este libro a cada obrero evangélico. Él se probará un pronto auxiliar en el enfrentamiento de los ataques de los críticos teológicos, y sincero al responder las indagaciones del perplejo investigador".[52]

En su réplica, Nichol no dice que los críticos estaban engañados cuanto a las creencias de los adventistas sobre el asunto. Él simplemente procuró mostrar que ellos se engañaron en concluir que "los adventistas del séptimo día eran culpados de terrible herejía".[53] En verdad, observa Nichol: "Los adventistas nunca hicieron un pronunciamiento formal sobre el asunto en su declaración de creencias. La única declaración en nuestra literatura que podría ser considerada como verdaderamente autorizada en esa cuestión es aquella que la Sra. Ellen G. White escribió."[54] Fuera de eso, los contestadores citan un extracto del libro El Deseado de Todas las Gentes, para probar que ellos no están equivocados en su juzgamiento, y Nichol hace lo mismo para confirmar que "Cristo tenía que ser, en todas las cosas, semejante a Sus hermanos".

"Esa es la creencia adventista. Y nosotros la sustentamos porque sentimos que ella concuerda con la revelación y la razón". Apoyándose en los textos bíblicos habituales (Rom. 8:3; Hebreos 2:14, 16-17, y 4:15), Nichol asevera: "El opositor procura evitar la fuerza de esos pasajes declarando que cuanto a Cristo, 'tentado' simplemente significa 'probado' o 'experimentado'. Pero los textos que vimos enfatizan que la naturaleza de la tentación de Cristo fue exactamente la misma que le sobreviene a la humanidad. Realmente, esas escrituras mencionan una diferencia -- cuando Cristo fue tentado, Él no pecó. Lo que no puede ser dicho de la humanidad. En mayor o menor grado, todos caímos delante de la tentación. El texto no dice que Cristo no podría pecar, sino que Él no pecó. Si en Su naturaleza humana Le fuese imposible pecar, ¿por qué Pablo no nos muestra los textos concernientes? Esa habría sido una gran revelación".[55]

Entonces Nichol prosigue mostrando que los adventistas no son los únicos que mantienen ese punto de vista. Él cita una constelación de teólogos de diferentes denominaciones protestantes antes de concluir: "La creencia adventista con relación a Cristo es que Él era verdaderamente divino y verdaderamente humano; que Su naturaleza humana estaba sujeta a las mismas tentaciones para pecar que nos confrontan, para que triunfase sobre la tentación mediante el poder a Él dado por Su

Padre; y que Él puede ser literalmente descrito como 'santo, inocente, inmaculado' (Heb 7:26)".[56]

Algunas de las expresiones de Nichol han llevado muchos a pensar que él era un defensor de la nueva interpretación que surgió por esa época.[57] Pero lo que él escribió sobre el tema de las tentaciones de Cristo indica que ese no fue el caso. Note la comparación entre los dos Adanes: "Cristo venció a despecho del hecho de haber tomado sobre Sí 'la semejanza de la carne pecaminosa', con todo lo que ella implica en efectos maléficos y debilitantes del pecado sobre el cuerpo y el sistema nervioso del hombre, y sus resultados sobre el medio ambiente -- '¿Puede venir alguna cosa buena de Nazaret?'".[58]

En nota adicional a la objeción 94, Nichol explicó la expresión 'carne pecaminosa': "Los críticos, especialmente aquellos que ven las Escrituras a través de ojos calvinistas, leen en el término 'carne pecaminosa' algo que la teología adventista no requiere. Así, si usamos el término 'carne pecaminosa' en relación a la naturaleza humana de Cristo, como algunos de nuestros escritores han hecho, nos arriesgamos a ser mal comprendidos. Realmente, con esa expresión queremos decir simplemente que Cristo 'tomó sobre Sí la simiente de Abraham', y Se hizo 'en semejanza de carne pecaminosa', pero los críticos no están dispuestos a creer en eso".[59]

De acuerdo con el testimonio de Kenneth H. Wood, por mucho tiempo editor-asociado de F. D. Nichol y su sucesor como editor jefe, de 1966 a 1982, Nichol siempre apoyó en sus conversaciones y discusiones la creencia de que Cristo vino a este mundo con la naturaleza caída del hombre. Eso explicaría por qué Walter Martin declaró: "La Conferencia General inteligentemente separó Nichol de mí. Él fue prohibido de hacer contacto conmigo".[60]

6. La Expiación y el Drama de los Siglos, de W. H. Branson

El punto de vista expresado por W. H. Branson en diversos artículos es confirmado en dos de sus libros. En el primero, La Expiación, publicado en 1935, él declara aquello que siempre fue la enseñanza de la iglesia hasta entonces. "Cristo, el Hijo de Dios, el Creador del Universo, tomó sobre Sí mismo nuestra naturaleza y se hizo hombre. Él nació de una mujer. Se hizo 'la simiente de Abraham', se hizo uno de nosotros".[61]

En 1953, mientras Branson era presidente de la Conferencia General, y probablemente estando consciente de una nueva interpretación emergente, él escribió en su última obra, Drama de los Siglos: "Fue de la carne y sangre del hombre que Jesús participó. Él Se hizo un miembro de la raza humana. Él Se hizo como los hombres... Esa, entonces, era una humanidad real. No fue la naturaleza de los ángeles que Él asumió, sino la de Abraham. Él fue 'en todas las cosas hecho semejante a Sus hermanos'. Se hizo uno de ellos. Estaba sujeto a la tentación; Él conocía las angustias del sufrimiento y no era extraño a los pesares comunes de los hombres".[62]

Entonces W. H. Branson explica su posición con respecto al motivo de la participación de Cristo en la naturaleza caída de la humanidad: "Para que Cristo pudiese comprender la debilidad de la naturaleza humana, Él tuvo que experimentarla. A fin de poder simpatizar con los hombres en sus aflicciones, Jesús tuvo que ser afligido. Precisó sufrir hambre, cansancio, desengaño, tristezas y persecuciones. Tuvo que trillar los mismos caminos, vivir bajo las mismas circunstancias y pasar por el mismo tipo de muerte. Por lo tanto, Él Se hizo hueso de nuestros huesos, carne de nuestra carne. Su encarnación fue en la humanidad real".[63]

Conclusión

Nuestra investigación, cubriendo un siglo de Cristología adventista (de 1852 hasta 1952), nos permite afirmar que los teólogos y administradores de la iglesia hablaron al unísono sobre el asunto de la persona de Cristo y Su obra a favor de la salvación del hombre.

Aun cuando, primeramente, descubriésemos algunos sentimientos semi-arianos sobre el tema de la naturaleza divina de Cristo entre los líderes de la iglesia, esos fueron abandonados antes del pasaje del siglo. Por otro lado, sobre la naturaleza humana de Cristo, no había divergencia. Desde el comienzo, la Iglesia Adventista presentó notable unanimidad en su enseñanza sistemática de ese punto. Su estudio neotestamentario llevó a los pioneros del mensaje y sus seguidores a comprender la Encarnación, no simplemente envolviendo la creencia de que Jesús vino en carne, sino que por sobre todo, "a semejanza de carne pecaminosa". Y por la razón de ser su enseñanza radicalmente opuesta a la tradición de las iglesias establecidas, fue necesario repetirla consistentemente para beneficio de los nuevos conversos al mensaje adventista. Esa doctrina fue considerada como la "piedra de toque del Cristianismo auténtico"; como la "áurea cadena en la cual fueron incrustadas las joyas de la doctrina", "la doctrina de las doctrinas", en resumen, "el punto vital de la regeneradora y redentiva religión de Jesús".

Por vuelta de 1950, surgió una nueva interpretación: Cristo no asumió la caída naturaleza de la humanidad, sino que aquella de Adán antes de la caída. De hecho, tal drástico cambio de interpretación encontró una viva reacción. Es, por consiguiente, muy importante considerar ese nuevo pasó en la historia de la Cristología adventista, para comprender las causas reales de la controversia que perforó el mismo ámago de la iglesia. Muy importante: es necesario afilar la capacidad de distinguir la enseñanza que concuerda con el evangelio, de aquella que no lo hace. Ese es un punto de destaque, porque de acuerdo con el apóstol Juan, la prueba del verdadero Espíritu de Dios se centraliza precisamente sobre el concepto de Cristo viniendo en carne (1 Juan 4:1-3).

Notas y Referencias

1. Ellen G. White, Testimonios Para la Iglesia, vol. 9, pág. 10. (itálicos suplidos). Originalmente publicados en Vida y Enseñanzas de Ellen G. White (Life Sketches of Ellen G. White) (Mountain View, Calif., Pacific Press Pub. Assn., 1915), pág. 196.

2. Joseph E. Steed, en la Review and Herald, 6 de Septiembre de 1917.

3. R. S. Owen, en la Review and Herald, 29 de Mayo de 1924.

4. J. A. Rippey, en la Signs of the Times, 5 de Mayo de 1924.

5. L. A. Wilcox, en la Signs of the Times, 22 de Marzo de 1927.

6. Ellen G. White, El Deseado de Todas las Gentes, pág. 117.

7. Wilcox, en la Signs of the Times, 22 de Marzo de 1927.

8. W. W. Prescott, en la Australian Signs of the Times, 7 de Enero d 1924; 4 de Mayo de 1936; 7 de Agosto de 1936; Signs of the Times, 15 de Enero de 1929; 22 de Febrero de 1929.

9. W. H. Branson, no The Watchman (El Atalaya), Julio-Agosto de 1932; Australian Signs of the Times, 30 de Octubre de 1933; 1 de Noviembre de 1937.

10. _____, The Watchman, Agosto de 1933.

11. _____, Signs of the Times, 8 de Noviembre de 1936.

12. _____, The Watchman, Julio de 1932.

13. A. V. Olson fue el primer presidente de la Unión Latina (1917-1920), después presidente de la División Sur-Europea (1920-1946), y finalmente vice-presidente de la Conferencia General. Fue el autor del libro Thirteen Crisis Years (Trece Años de Crisis), 1888-1901 (Washington, D.C.: Review and Herald Pub. Assn., 1966).

14. _____, en la Review and Herald, 6 de Agosto de 1942.

15. _____, en Ministry (El Ministerio), Enero de 1962. Citado en La Encarnación de Cristo, estudio publicado por Fred C. Metz (Septiembre de 1964).

16. M. V. Campbell, en la Review and Herald, 5 de Octubre de 1950.

17. Nuestra investigación se restringió a la División Sur-Europea, comprendiendo los siguientes países: Austria, Bélgica, Bulgaria, Checoslovaquia, Francia, Grecia, Hungría, Israel, Italia, Portugal, Rumania, España, Suiza,

Yugoslavia y las colonias francesas en África.

18. Ese aspecto particular de la Cristología adventista no fue incluido en los cursos teológicos de nuestros seminarios. En su manual sobre doctrina, L'Histoire du Salut (La Historia de la Salvación), Alfred Vaucher simplemente afirma que Jesús se hizo humano.

19. Jules Boureau, en la Signes des Temps, Mayo de 1950.

20. Tell Nussbaum fue presidente de la Asociación de las Iglesias Adventistas en Francia (1910-1914). Era padre del Dr. Jean Nussbaum, conocido mundialmente por sus actividades a favor de la libertad religiosa, y fundador de la revista Consciene et Liberté (Consciencia y Libertad).

21. Tell Nusbaum, en la Revue Adventiste, 15 de Noviembre de 1923.

22. Revue Adventiste, 1 y 15 de Diciembre de 1925; Enero, 1 a 15 de 1926.

23. Jules-Cesar Guenin, Une Pierre de Touche -- Jesucristo vino en Carne (Dammarie-les-Lys): Imprensa "Las Señales de los Tiempos" n.d.). Ver Seventh-day Adventist Encyclopedia, págs. 544, 545.

24. Ídem, págs. 3-4.

25. Ídem, págs. 4-5.

26. Ídem, pág. 5. Ver Ellen White, El Deseado de Todas las Gentes, pág. 117.

27. IbÍdem.

28. Ídem, pág. 6.

29. _____, en la Revue Adventiste, 15 de Diciembre de 1925.

30. _____, en la Revue Adventiste, Enero de 1942.

31. _____, en la Signes des Temps, Julio, Agosto e Septiembre de 1938.

32. James Howard, Revue Adventiste, 15 de Julio de 1927.

33. B. E. Beddoe, Revue Adventiste, 25 de Enero de 1929.

34. Charles Gerber fue, al mismo tiempo, editor-jefe de los periódicos Signes des Temps (1933-1940), Revue Adventiste (1933-1939), y Vie et Santé (Vida y Salud) (1939-1969).

35. Charles Gerber, Le Chemin du Salut (El Camino de la Salvación) (Dammarie-les-Lys: Impresa "Las Señales de los Tiempos", n.d.).

36. _____, Signes des Temps, Octubre de 1937.

37. Lecciones Trimestrales de la Escuela Sabática, adultos, primer trimestre de 1921, pág. 16.

38. Ídem, segundo trimestre de 1921, págs. 13-14.

39. Ídem, tercer trimestre de 1921, pág. 20.

40. Ídem, primer trimestre de 1928, pág. 15. Todos los ejemplos citados por William H. Grotheer están contenidos en la obra Historia Interpretativa de los Adventistas del Séptimo Día -- Doctrina de la Encarnación, págs. 56-57.

41. Meade Macquire, ver Seventh-day Adventista Encyclopedia, pág. 825.

42. _____, The Life of Victory (Vida Victoriosa) (Washington, D.C.: Review and Herald Pub. Assn., 1924), págs. 17-18.

43. Ídem, pág. 43.

44. Christian Edwardson, Hechosatos de la Fe (Nashville, Tenn.: Southern Pub. Assn., 1942), págs. 204-205, en William H. Grotheer, Historia Interpretativa de los Adventistas del Séptimo Día - Doctrina de la Encarnación, págs. 58-59.

45. Mary W. Walsh, The Wine of Babylon, pág. 3, en William H. Grotheer, obra Historia Interpretativa de los Adventistas del Séptimo Día -- Doctrina de la Encarnación, págs. 59-60.

46. Ídem, pág. 132.

47. Ídem, pág. 134.

48. A. E. Lickey, Christ Forever (Cristo Para Siempre) (Washington, D.C.: Review and Herald Pub. Assn., 1951).

49. Ver The Seventh-day Adventist Encyclopedia, artículo "F. D. Nichol", págs. 974-975. Simultaneamente a su larga carrera como editor-jefe de la Review and Herald, él también fue editor del The Seventh-day Adventist Bible Commentary. Nichol escribió cerca de 20 libros.

50. Nichol, Review and Herald, 10 y 17 de Julio de 1952.

51. Nichol, Answers to Objections (Washington, D.C.: Review and Herald Pub. Assn., 1952), objeción 94, págs. 389 y 397.

52. Ídem, págs. 23-24.

53. Ídem, pág. 389.

54. Ídem, pág. 390.

55. Ídem, pág. 391.

56. Ídem, pág. 397.

57. Ver William H. Grotheer, Historia Interpretativa de los Adventistas del Séptimo Día -- Doctrina de la Encarnación, págs. 70 a 72; y Ralph Larson, The Word Was Made Flesh, págs. 221 a 223.

58. Nichol, Ídem, pág. 393.

59. _____, Answers to Objections, pág. 397.

60. Ver Larson, The Word Was Made Flesh, pág. 223; Adventist Currents (Corrientes Adventistas), Julio de 1983, pág. 18.

61. Branson, The Atonement (La Expiación) (Mountain View, Calif.: Pacific Press Pub. Assn., 1935), pág. 14.

62. _____, Drama of the Ages (Washington, D.C.: Review and Herald Pub. Assn., 1980), págs. 97-98.

63. Ídem, pág. 98.

Capítulo 10—"El Nuevo Marco Histórico Adventista"

A través de la historia del Cristianismo, los cambios doctrinarias han generalmente ocurrido lenta, sutil e imperceptiblemente. Por vía de regla es muy difícil determinar el origen de esos cambios o los que fueron responsables por ellos. Pero ese no es el caso de la modificación doctrinaria sobre la naturaleza humana de Cristo, el cual tuvo lugar en la Iglesia Adventista durante la década de 1950. Los principales responsables por la alteración dejaron sus marcas sobre las creencias de la iglesia.

Parece obvio que los autores de los cambios estaban plenamente conscientes de que estaban introduciendo una nueva enseñanza doctrinaria con referencia a la Encarnación. Eso quedó evidente en el relato de las circunstancias registrado por LeRoy Edwin Froom en su libro Movement of Destiny,[1] y en una exposición que podría ser considerada como un manifiesto de esa nueva interpretación, publicado en la revista Ministry (El Ministerio) bajo el título "El Nuevo Marco Histórico Adventista".[2] Este capítulo focaliza la historia de esa nueva óptica como delineada en esas fuentes.

No pretendo cuestionar el compromiso de mis colegas con la verdad o su lealtad a la iglesia. Estoy cierto de que ellos aman al Señor y Su Palabra. Pero tengo que examinar ciertos abordajes doctrinales, buscando hacerlo con bondad cristiana.

La Primera Fecha Memorable de Un Cambio Radical

En 1949, la Review and Herald Publishing Association le solicitó al Prof. D. E. Rebok, presidente del Seminario Teológico Adventista de Washington, D.C., que revisase el texto del libro Estudios Bíblicos Para el Hogar,[3] en preparación para la nueva edición.

Ese libro, que tuvo numerosas ediciones, es largamente usado por las familias adventistas en el estudio sistemático de la Biblia. Él presenta la enseñanza oficial de la iglesia con muchos detalles. Como ya dijimos, la edición de 1915, reimpresa en 1936 y 1945, especifica inequívocamente: "En Su humanidad, Cristo participó de nuestra naturaleza pecaminosa caída. No fuese así y Él no podría ser 'semejante a Sus hermanos', ser 'tentado en todos los puntos como nosotros', ni vencido como tenemos que vencer; y por lo tanto, no tendría condiciones de ser el completo y perfecto Salvador que el hombre necesita y debe tener para ser salvo".[4]

Froom hace comentarios acerca de Rebok: "Encontrando esta infortunada nota en la pág. 174, en el estudio sobre la 'Vida Sin Pecado', él reconoció que ella no era verdadera... Así, la inexacta nota fue suprimida y quedó fuera de todas las ediciones subsecuentes".[5] Como resultado, la nueva edición de Estudios Bíblicos dio otra respuesta a la cuestión: "¿Cuán plenamente Cristo participó de nuestra humanidad común?" Es hecha la cita de (Hebreos 2:17) con la siguiente observación explicativa: "Jesucristo es el Hijo de Dios y el Hijo del Hombre. Como miembro de la familia humana 'convenía que Él fuese semejante a Sus hermanos' -- 'en semejanza de carne pecaminosa'. Hasta qué punto esa 'semejanza' llegó, es un misterio de la Encarnación que los hombres nunca fueron capaces de explicar. La Biblia claramente enseña que Cristo fue tentado como los otros hombres son tentados -- en todos los puntos... como nosotros lo somos'. Tal tentación precisa, necesariamente, incluir la posibilidad de pecar; pero Cristo fue sin pecado. No hay apoyo bíblico para la enseñanza de que la madre de Cristo, por medio de la inmaculada concepción, fue preservada de la pecaminosa herencia de la raza, siendo Su divino Hijo, por lo tanto, incapaz de pecar".[6]

Esta es una significativa diferencia de la edición de 1946. Mientras la versión anterior realza la participación de Cristo en la "pecaminosa naturaleza del hombre", en "su naturaleza caída", la posterior afirma decididamente que "Cristo era sin pecado". Obviamente, la afirmación es perfectamente correcta. Nadie alegó nada en contrario. Pero esa no es la cuestión. El problema se prende a la humanidad de Cristo, Su "carne pecaminosa", como Pablo la coloca.

Como fue mostrado[7], por el rechazo del dogma de la inmaculada concepción y por la declaración de que María heredó naturalmente las imperfecciones de la humanidad, Rebok deja sin explicación como Jesús no heredó, Él mismo, la carne pecaminosa, a ejemplo de todos los descendientes de Adán. ¿Pablo no dice expresamente que Él nació "de la simiente de David, según la carne"? Rebok, en su edición de los Estudios Bíblicos, también alteró la segunda nota explicativa en respuesta a la cuestión: "¿Dónde, en Cristo, condenó Dios el pecado y nos obtuvo la victoria sobre la tentación y el pecado?" Las dos notas explicativas de las dos diferentes ediciones fueron a seguir colocadas en paralelo a título de comparación:

Edición de 1946

"Dios, en Cristo, condenó el pecado, no por pronunciarse contra él como un simple juez sentado en el tribunal, sino que viniendo y viviendo en la carne, en la pecaminosa carne, pero sin pecar. En Cristo Él demostró que es posible, por Su gracia y poder, resistir a la tentación, vencer el pecado y vivir una vida sin pecado en la pecaminosa carne.

Texto Revisado Por Rebok

"Dios, en Cristo, condenó el pecado, no por pronunciarse contra él como un simple juez sentado en el tribunal, sino que viniendo y viviendo en la carne, (omisión), pero sin pecar. En Cristo Él demostró que es posible, por Su gracia y poder, resistir a la tentación, vencer el pecado, y vivir una vida sin pecado (omisión) en la carne".[8]

Las diferencias entre las dos notas son pequeñas pero significativas. La expresión de Pablo, "carne pecaminosa", es omitida. Esa edición revisada de los Estudios Bíblicos no aparece, sin embargo, hasta 1958, después que la nueva interpretación hubo sido fomentada por una serie de artículos en el Ministry, una revista publicada especialmente para los ministros.

El Rechazo de las "Erradas" Ideas del Pasado

Los eventos que condujeron a la nueva interpretación sobre la naturaleza humana de Cristo son bien conocidos. Un fuerte proponente, LeRoy Edwin Froom, registró las circunstancias descendiendo a los más minuciosos detalles.[9] Todo comenzó en Enero de 1955, cuando apareció una declaración en el periódico evangélico Nuestra Esperanza, declarando que la Iglesia Adventista del Séptimo Día "rebaja la Persona y la obra de Cristo", al enseñar que Él, en Su humanidad, 'participó de nuestra pecaminosa y caída naturaleza'. La opinión de Schuyler English, editor del periódico, era que Cristo no participó de la naturaleza caída de los otros hombres.[10] De acuerdo con Froom, English fue desencaminado por la antigua edición del Bible Readings for the Home Circle.

Froom inmediatamente le escribió a English observando que él estaba equivocado cuanto a la posición adventista sobre la naturaleza humana de Cristo. "La nota sobre el punto de vista minoritario de Colcord, salida en el Bible Readings contendiendo por una inherente pecaminosa y caída naturaleza de Cristo -- fue años antes examinada a causa de sus errores".[11]

En el encerramiento de esa correspondencia, English quedó convencido que él estaba errado. Entonces publicó una corrección sobre el asunto en la revista Nuestra Esperanza. Algunos meses más tarde, él publicó un artículo de Walter R. Martin, un teólogo bautista que, después de estudiar los adventistas durante siete años, concluyó: "Acusar a la mayoría de los adventistas hoy como manteniendo esos herejes puntos de vista, es injusto, incorrecto y decididamente anticristiano".[12]

Después de esos contactos iniciales con English, Froom fue presentado a Donald Grey Barnhouse, pastor presbiteriano y editor del periódico Eternidad, de Filadelfia, y a Walter Martin, que estaba ansioso por informaciones sobre los adventistas para concluir su libro La Verdad Sobre los Adventistas del Séptimo Día.[13] De 1955 a 1956, una serie de 18 conferencias tuvo lugar entre los evangélicos y los adventistas, con el propósito de discutir la doctrina de la Encarnación.

Cuando el tópico sobre la naturaleza humana de Cristo fue presentado, los representantes adventistas afirmaron, de acuerdo con el relatorio de Barnhouse, que "la mayoría de la denominación siempre había mantenido [la humanidad asumida por Cristo] como siendo sin pecado, santa y perfecta, a despecho del hecho que algunos de sus escritores ocasionalmente imprimieran obras con puntos de vista totalmente contrarios e incompatibles con la iglesia en general".[14]

De acuerdo con ese relatorio, los representantes adventistas le revelaron a Walter Martin que "ellos tenían entre sus miembros ciertos individuos extremistas, así como hay irresponsables en cada campo del cristianismo fundamental. Obviamente los representantes adventistas dieron la impresión de que había algunos lunáticos irresponsables que habían escrito que Cristo había tomado sobre sí la caída naturaleza humana".[15]

Al leer el relatorio de Froom acerca de esos encuentros, alguien puede quedar impresionado por su fuerte deseo de ver a los adventistas retractados como auténticos cristianos. Los subtítulos de su relatorio son por sí mismos reveladores: "Walter Martin Afirma Que los ASD son Hermanos en Cristo"; "Los Adventistas Son 'Más Decididamente' Cristianos". Él llega aun a decir que los evangélicos ahora ven ese cambio de actitud como resultado de los 'Puntos de Vista Anteriores 'Totalmente Rechazados'".[16]

El Manifiesto de la Nueva Cristología

Mientras esos encuentros estaban teniendo lugar, se concordó que los resultados de las discusiones serían publicados simultáneamente en los periódicos oficiales de ambos grupos. La nueva interpretación adventista, como materia de hecho, fue publicada en El Ministerio de Septiembre de 1956, bajo el título general "Consejos del Espíritu de Profecía". En apoyo a la nueva interpretación, ocho páginas de citas de Ellen White fueron cuidadosamente seleccionadas para definir "la naturaleza de Cristo en la encarnación".

Bajo ese título encontramos en expreso destaque los puntos esenciales del manifiesto: "Él Asumió Nuestra Naturaleza Humana, No Nuestras Propensiones Pecaminosas; Nuestro Pecado, Culpa y Punición le fueron todos imputados, Pero No Eran Realmente Suyos".[17] El referido texto hace un buen trabajo al resumir los diferentes aspectos de la nueva Cristología. Los títulos de siete secciones revelan la idea general: "1) El Misterio de la Encarnación; 2) La Milagrosa Unión de lo Humano y lo Divino; 3) Asumió la Naturaleza Humana Impecable; 4) Riesgos Asumidos de la Naturaleza Humana; 5) Tentado en Todos los Puntos; 6) Soportó el Pecado Imputado y la Culpa del Mundo; 7) La Perfecta Impecabilidad de la Naturaleza Humana de Cristo".

Los subtítulos de cada sección también transmiten la saliente posición dada a los conceptos fundamentales en relación a la naturaleza humana de Jesús: "Cristo Asumió la Humanidad Como Dios la Creó"; "Inició Donde Adán Comenzó"; "Tomó la Forma Humana Pero No Su Corrompida y Pecaminosa Naturaleza"; "Asumió la Impecable Naturaleza Humana de Adán"; "La Perfecta Impecabilidad de Su Naturaleza Humana"; "No Heredó de Adán Ninguna Mala Propensión", y otros semejantes.[18]

Las notas explicativas de cada una de esas afirmaciones fueron todas extraídas de los escritos de Ellen G. White. No hay una simple referencia a textos bíblicos. Ese fue un nuevo punto de vista sobre el tema, pues hasta ese tiempo la discusión había sido fundamentada en las Escrituras. Eso ciertamente abriría la puerta a controversias porque se haría esencialmente un problema de definición del significado de las declaraciones de Ellen G. White. Esa fue también la opinión de Morris Venden: "Pienso que el problema semántico más arduo que tenemos hoy es sobre la naturaleza de Cristo. Y a mí me parece que él es tan pesadamente semántico que es casi imposible trabajar en el asunto".[19] He ahí porque Roy Allan Anderson, secretario de la Asociación Ministerial de la Conferencia General y editor-jefe de El Ministerio, creía ser necesario presentar el relato a seguir, el cual representa verdaderamente la caracterización de la nueva Cristología adventista.[20]

"Humano, Pero No Carnal"

Ese es el título del editorial de Anderson. He aquí su punto de vista sobre el tema de la naturaleza humana de Cristo: "A través de nuestra historia denominacional no siempre tuvimos una clara comprensión de ese asunto, como sería deseable. De hecho, ese punto particular en la teología adventista provocó severas críticas por parte de muchos eminentes eruditos bíblicos, tanto los de nuestra fe como de fuera. A lo largo de los años fueron hechas afirmaciones en sermones, y ocasionalmente en impresos, que, consideradas debidamente, han desacreditado la persona y la obra de Jesucristo, nuestro Señor. Hemos sido acusados de hacerlo totalmente humano".[21]

Mencionando numerosas y bien seleccionadas citas de Ellen White como evidencia, Anderson afirmó "que nuestro Señor participó de nuestra limitada naturaleza humana, pero no de nuestra carnal y corrupta naturaleza, con todas sus propensiones para el pecado y concupiscencias. En Él no había pecado, ya sea heredado o cultivado, como es común a todos los descendientes naturales de Adán".[22]

Anderson también declaró que "en apenas tres o cuatro lugares en todos esos inspirados consejos" de Ellen White, ella usa "expresiones tales como 'naturaleza caída' y 'naturaleza pecaminosa'". Pero añadió:

"Esas son fuertemente contrabalanceadas y claramente explicadas por muchas otras declaraciones, que revelan el pensamiento de la escritora (Ellen G. White). Cristo realmente participó de nuestra naturaleza, nuestra naturaleza humana con todas sus limitaciones físicas, pero no nuestra naturaleza carnal con sus concupiscentes corrupciones. Cuando Él entró en la familia humana, lo hizo después que la raza había sido tremendamente debilitada por la degeneración. Por millares de años la humanidad fue siendo físicamente deteriorada. Comparada con Adán y su inmediata posteridad, la humanidad, cuando Dios apareció en carne humana, había disminuido en estatura, longevidad y vitalidad... Él no cesó de ser Dios. Verdaderamente, no podemos comprender eso, pero tenemos que aceptarlo por la fe".[23]

En el mismo editorial, Anderson más adelante alude a la declaración que "apareció en la obra Estudios Bíblicos Para el Hogar (edición de 1915), la cual declaraba que Cristo vino 'en carne pecaminosa'. Justamente como esa expresión se escabulló para el libro es difícil saber. Ella ha sido muchas veces citada por los críticos alrededor del mundo, como siendo típica de la Cristología adventista".[24]

Al final, Anderson convoca la clase ministerial "para estudiar cuidadosamente y con oración la sección Consejo sobre esa cuestión. Pero hagámoslo con la misma mente abierta con que reconocemos ser tan importante en el estudio de los temas fundamentales de la Biblia".[25]

El Nuevo Marco Histórico Adventista

La editora-asociada, Louise C. Kleuser, publicó otro editorial sobre la temática, destinado a promover la plataforma que ella llamó de "El Nuevo Marco Histórico Adventista"[26] Lousie anunció los cambios, primeramente con respecto a nuestras relaciones con "nuestros hermanos evangélicos en Cristo", de quien "estamos tratando de aprender algunas lecciones"[27], y entonces con respecto a la naturaleza humana de Cristo, tratada por Anderson en la segunda parte del editorial.

De acuerdo con Anderson, "nada hay más claramente enseñado en la Escritura que, cuando Dios se hizo hombre a través de la Encarnación, Él participó de la naturaleza del hombre, esto es, Él tomó sobre Sí mismo la naturaleza humana. En (Romanos 1:3) leemos que Jesucristo nació 'de la simiente de David según la carne', y en (Gálatas 4:4), que Él era 'nacido de mujer'. Él Se hizo hijo de la humanidad por Su nacimiento humano y se sometió a las condiciones de la existencia humana, poseyendo un cuerpo humano (Heb. 2:14)".[28]

Pero, "cuando leemos que Jesucristo tomando la naturaleza del hombre, es imperativo reconocer la diferencia entre naturaleza humana en el sentido físico de la palabra, y naturaleza humana en el sentido teológico del término. Él fue realmente un hombre, pero, fuera de eso, era Dios manifiesto en carne. Verdaderamente, Él tomó nuestra naturaleza humana, esto es, nuestra forma física, pero no poseía nuestras pecaminosas propensiones".[29]

Finalmente, Anderson insiste en que la diferencia entre el primero y el segundo Adán no era de naturaleza, sino una simple diferencia de situación. "Cuando el encarnado Dios entró en la historia humana y se hizo uno con la raza, entendemos que Él poseía la impecaminosidad de la naturaleza con la cual Adán fue creado en el Edén. El ambiente en que Jesús vivió, entretanto, era trágicamente diferente de aquel que Adán conocía antes de la caída".[30]

Como resultado, concluye Anderson, "nuestros pecados Le fueron imputados. Así, vicariamente Él asumió nuestra pecaminosa y caída naturaleza, muriendo en nuestro lugar, y fue 'contado con los transgresores'(Isa. 58:12). El pecado fue colocado sobre Él; el pecado nunca tuvo parte en El. Era exterior y no interior. Todo lo que Él asumió no era inherentemente Suyo; lo tomó, esto es, Él lo aceptó. 'Él voluntariamente asumió la naturaleza humana. Fue un acto Suyo propio y mediante Su consentimiento personal' (Ellen G. White, en la Review and Herald, del 5 de Julio de 1887).[31]

En el mismo número de El Ministerio, apareció un artículo escrito por W. E. Read, que perfilaba con Anderson y Froom. Bajo el título La Encarnación y el Hijo del Hombre, Read presenta un sumario de la Cristología. Para cada una de sus declaraciones él cita textos bíblicos apropiados, seguidos por extractos de los escritos de Ellen White. Y sugirió también el adverbio "vicariamente" como palabra clave de la nueva Cristología, para capacitarnos a comprender la naturaleza humana de Cristo.

Confinantemente él escribió: "Cristo fue tentado en todos los puntos, como nosotros. Ese es un pensamiento confortador, maravilloso. Pero recordemos que aun cuando él sea verdadero, también es verdad que Cristo era 'sin pecado'(Heb. 4:15). Su naturaleza tentada, entretanto, no contaminó al Hijo de Dios. Él soportó vicariamente nuestras debilidades, nuestras tentaciones, del mismo modo que llevó nuestras iniquidades".[32]

Esos artículos pretendían preparar las mentes para recibir "el nuevo marco histórico del adventismo", como desarrollado en el libro Los Adventistas del Séptimo Día Responden a Cuestiones Sobre Doctrina. Poco antes de su impresión, Anderson lo anunció en El Ministerio como el más maravilloso libro jamás publicado por la iglesia.[33] Una vez que él trata de la naturaleza humana de Cristo en detalles, se hacía necesario examinarlo más detenidamente.

Libro: Cuestiones Sobre Doctrina

Esa obra fue el resultado de las reuniones mantenidas con los representantes evangélicos Donald Grey Barnhouse y Walter R. Martin. Martin estaba para imprimir su libro La Verdad Sobre el Adventismo del Séptimo Día, publicado en 1960.[34]

Cuestiones Sobre Doctrina no lidia apenas con la doctrina de la Encarnación. Él es una respuesta a las numerosas cuestiones doctrinarias hechas por evangélicos sobre los temas de la "salvación por la gracia versus salvación por las obras, la distinción entre la ley moral y la ley ceremonial, el antítipo del macho cabrío expiatorio, la identidad de Miguel, y así por delante, a través de un amplio elenco de creencias y prácticas fundamentales de los adventistas, cubriendo doctrina y profecía".[35]

Martin y Barnhouse hicieron específicas objeciones a las posiciones sustentadas por los pioneros adventistas en relación a la divinidad de Cristo y Su naturaleza humana, las cuales ellos sinceramente consideraban erradas y herejes. No fue de todo sorpresa que ellos preguntasen si la posición oficial había cambiado en esos puntos.[36] Cuestiones específicas conrespecto a la encarnación de Cristo fueron colocadas: "¿Qué es lo que los adventistas entienden por el uso del título 'Hijo del hombre', por parte de Cristo? ¿Y cuál, entienden ustedes, haber sido el propósito básico de la Encarnación?"[37]

En respuesta, casi todos los textos bíblicos referentes a la Cristología fueron citados. Como notas explicativas, ellos generalmente las redactaban con base en las citas de Ellen White. Los oficiales adventistas hicieron lo máximo para mostrar que "los escritos de Ellen G. White están enteramente en armonía con las Escrituras acerca de eso".[38] "No se negó que Cristo 'era el segundo Adán, viniendo en 'semejanza' de carne pecaminosa (Rom. 8:3)"[39], o que Ellen White haya usado expresiones como "naturaleza humana", "nuestra carne pecaminosa", "nuestra caída naturaleza", "la naturaleza del hombre en su condición caída".[40]

Nadie dijo si "Jesús se enfermaba o si había experimentado las debilidades de las cuales nuestra caída naturaleza es heredera. Pero Él sufrió todo eso. ¿No podría ocurrir que Él también haya soportado eso vicariamente, justamente como soportó los pecados de todo el mundo? Esas debilidades, enfermedades y fallas son cosas que nosotros, en nuestra caída y pecaminosa naturaleza, tenemos que enfrentar. Para nosotros ellas son naturales, inherentes, pero, cuando Él las soportó, las tomó no como algo innato Suyo, sino como nuestro substituto. Cristo las sufrió en Su perfecta e impecable naturaleza. Más una vez afirmamos que Cristo toleró todo vicariamente, así como vicariamente sufrió las iniquidades de todos nosotros".[41]

En suma, "lo que quiera que Jesús haya asumido, no fue Suyo intrínseca o congénitamente... Todo lo que Él recibió, todo lo que Él soportó, ya sean cargas y penalidades de nuestras iniquidades o males y fragilidades de nuestra naturaleza humana, todo fue asumido o suportado vicariamente".[42]

Esa expresión es realmente la fórmula mágica contenida en el "nuevo marco histórico del adventismo". De acuerdo con los autores de Cuestiones Sobre Doctrina, "es en ese sentido que deberían ser comprendidos los escritos de Ellen G. White cuando ella se refiere ocasionalmente a la naturaleza humana pecaminosa, caída y deteriorada".[43]

Los autores del libro publicaron en un apéndice, cerca de 66 citas de Ellen White[44] divididas en secciones con subtítulos tales como: "Asumió la Impecable Naturaleza Humana"[45], o "La Perfecta Impecabilidad de la Naturaleza Humana de Cristo". Tales frases, naturalmente, jamás fueron escritas por Ellen White.[46]

Está claro que "el nuevo marco histórico del adventismo"[47] difiere significativamente de la tradicional enseñanza sobre la naturaleza humana de Cristo en cuatro puntos. Él apoya que: 1) Cristo tomó la naturaleza espiritual de Adán antes de la caída; lo que quiere decir, una naturaleza humana impecable. 2) Cristo heredó apenas las consecuencias físicas de la pecaminosa naturaleza humana; o, su hereditariedad genética fue debilitada por 4000 años de pecado. 3) La diferencia entre la tentación de Cristo y la de Adán permanece únicamente en la diferencia del ambiente y de las circunstancias, pero no de naturaleza. 4) Cristo llevó vicariamente los pecados del mundo, no en realidad, sino apenas como substituto del hombre pecador, sin participar de su naturaleza pecaminosa. Presentado con el aparente sello de aprobación de la Conferencia General, el libro Los Adventistas del Séptimo Día Responden a Cuestiones Sobre Doctrina fue ampliamente divulgado en seminarios, universidades y librerías públicas.[48] Millares de ejemplares fueron enviados a los miembros del ministerio, así como a profesores no-adventistas de teología.[49] Las casi 140.000 copias tuvieron influencia evidente tanto dentro como fuera de la Iglesia Adventista.[50]

La publicación de esa obra produjo un impacto cuyas reacciones no demoraron a ser sentidas. Mal ella había salido de la imprenta y ya se había hecho objeto de viva controversia, que prosiguió con intensidad a través de los años hasta nuestros días. Trataremos de eso en los próximos capítulos de este estudio. Primeramente, sin embargo, es imperativo mencionar aquí la importantísima carta de Ellen White, que sirvió como uno de los principales caminos de la nueva teología.

La Carta de Ellen White a William L. H. Baker

En 1895, mientras aún estaba en Australia, Ellen White escribió una larga carta animando a William Baker, que estaba incumbido de la obra en Australia, Tasmania y

Nueva Zelandia. Él era un hombre que la Sra. White apreciaba mucho y de quien dio positivas referencias.

Antes de dejar los Estados Unidos en viaje para Australia, Baker había trabajado en la Pacific Press, California, de 1882 a 1887. Durante cuatro años él fue asistente de Waggoner. En 1914, fue escogido para ser profesor de Biblia en el Avondale College, Australia. Al retornar a los Estados Unidos en 1922, encerró su carrera como profesor y capellán. Baker murió en 1933.

La carta dirigida a Baker es compuesta de 19 páginas manuscritas, de las cuales dos son enteramente dedicadas a errores que deben ser evitados en la presentación pública de la naturaleza humana de Cristo. Esa carta, como muchas otras misivas particulares, nunca fue publicada en los Testimonios Para la Iglesia, a ejemplo de lo que ocurrió con varias de ellas. Preservada en los archivos del Patrimonio de Ellen G. White, ella no fue conocida por los investigadores hasta 1955. Después de su descubrimiento, los abogados de la nueva interpretación entendieron que su tenor parecía condenar la posición tradicional y apoyar el nuevo punto de vista concerniente a la naturaleza humana de Cristo.[51]

Cinco párrafos dedicados a ese tema fueron publicados en 1956 en el The Seventh-day Adventist Bible Commentary, como nota explicativa del primer capítulo del evangelio de Juan.[52] En 1957, una selección de citas fue también hecha en el libro Cuestiones Sobre Doctrina.[53] Teniéndose en vista la importancia dada al contenido de esa carta[54], es preciso que se citen aquí los más significativos y controvertidos párrafos:

"Sean cuidadosos, extremamente cuidadosos cuando traten de la naturaleza humana de Cristo. No Lo pongan delante del pueblo como un hombre con propensiones para el pecado. Él es el segundo Adán. El primer Adán fue creado como un ser puro e impecable, sin una mancha de pecado sobre sí; él era a imagen de Dios. Él podría caer y cayó por medio de la transgresión. A causa del pecado, su posteridad nació con inherentes propensiones a la desobediencia. Pero Jesucristo fue el unigénito Hijo de Dios. Él tomó sobre Sí la naturaleza humana, y fue tentado en todos los puntos en que la naturaleza humana es asaltada. Él podría haber pecado; Él podría haver caído, pero ni por un sólo momento hubo en El cualquier mala propensión".[55]

"Nunca, de modo alguno, dejen la más leve impresión sobre mentes humanas de que había en Cristo una mancha, una inclinación para el mal, o que Él de algún modo haya cedido a la corrupción. Jesús fue tentado en todos los puntos como el hombre es tentado, sin embargo, Él es llamado 'el Santo'. Que cada ser humano tenga cuidado en no hacer Cristo totalmente humano, tal como uno de nosotros; pues eso no puede ser... No deberíamos tener ninguna duda con respecto a la perfecta impecabilidad de la naturaleza humana de Cristo".[56]

Esas declaraciones desempeñaron -- y aun desempeñan -- un papel decisivo en favor de la nueva interpretación. El testimonio de Robert J. Spangler, que en 1967 se volvió el editor-jefe de El Ministerio, es especialmente significativo: "A la luz de esa declaración, yo personalmente debo admitir que cualquier tipo de naturaleza pecaminosa que Cristo hubiese tenido (si realmente la tuvo), no tenía cualquier propensión, ni natural inclinación, tendencia o pendor para el mal".[57]

Los defensores de la posición tradicional citan la declaración de Baker sin concluir que Jesús estaba libre de todas las "tendencias hereditarias". Obviamente, ambos lados no pueden estar ciertos. Volveremos más tarde a la carta Baker.

Desde la publicación de Cuestiones Sobre Doctrina, la Iglesia Adventista ha experimentado una seria controversia teológica. Algunos la consideran una crisis fundamental, mientras otros creen que ella no debe ser nada más que una simple diferencia de opinión. Lo que quiera que ella pueda ser, una evaluación de las tesis predominantes es impositiva. He aquí lo que procuraremos hacer en la Parte V, pero es importante para nosotros primeramente analizar detalladamente las suposiciones hechas por ambos lados.

Notas y Referencias

1. Leroy Edwin Froom, Movimiento del Destino.

2. Roy Allan Anderson, no El Ministerio, Abril de 1957.

3. La primera edición de Estudios Bíblicos Para el Hogar tiene fecha de la década de 1880.

4. Estudios Bíblicos Para el Hogar (1915), pág. 115 (itálicos suplidos).

5. Froom, pág. 428.

6. Estudios Bíblicos Para el Hogar (1958), págs. 143 e 144.

7. William H. Grotheer, Interpretative History of DAS Doctrine of Incarnation, pág. 65.

8. Comparación hecha por Grotheer, págs. 65 e 66.

9. Froom, págs. 468 a 475.

10. Ídem, pág. 469.

11. Ibídem.

12. Ídem, pág. 473.

13. Walter R. Martin, La Verdad Acerca de

los Adventistas del Séptimo Día (Grand Rapids: Zondervan Publishing House, 1960).

14. Donald Grey Barnhouse, ¿Los Adventistas del Séptimo Día Son Cristianos? Eternity, Septiembre de 1956. Citado por Grotheer, pág. 75.

15. Ibídem (Itálicos suplidos).

16. Froom, págs. 472-473. El mismo concepto es encontrado en el editorial de Anderson.

17. Anderson, en El Ministerio, Septiembre de 1956.

18. Ibídem.

19. Morris L. Venden, en la Insight, 15 de Mayo de 1979.

20. Este artículo, escrito por Anderson en El Ministerio Adventista de Septiembre de 1956, fue también publicado en el apéndice del Seventh-day Adventists Answer Questions on Doctrine (Washington, D.C.: Review and Herald Pub. Assn., 1957), págs. 647 a 660, y en The Seventh-day Adventist Bible Commentary, vol. 7-A, págs. 647 a 660.

21. Anderson, en El Ministerio, Septiembre de 1956.

22. Ibídem.

23. Ibídem.

24. Ídem. Estudios Bíblicos Para el Hogar fue revisado en 1949 y no en 1946.

25. Ibídem.

26. Anderson, en El Ministerio, Abril de 1957.

27. Ibídem.

28. Ibídem.

29. Ibídem.

30. Ibídem.

31. Ibídem.

32. W. E. Read, en El Ministerio, Abril de 1957.

33. Anderson, en El Ministerio, Julio de 1957.

34. Walter R. Martin, La Verdad Sobre el Adventismo del Séptimo Día (Grand Rapids; Zondervan Pub. House, 1960).

35. Froom, pág. 481.

36. Questions on Doctrine, pág. 29.

37. Ídem, pág. 50.

38. Ídem, pág. 57.

39. Ídem, pág. 52.

40. Ídem, pág. 60.

41. Ídem, págs. 59-60.

42. Ídem, pág. 61-62.

43. Ídem, pág. 60 (itálicos suplidos).

44. Ídem, págs. 647 a 660.

45. Ídem, págs. 650 y 658.

46. Ralph Larson, en su libro The Word Was Made Flesh, ofrece mil dólares a quien encuentre una cita de Ellen White declarando que Cristo vino a la Tierra con la naturaleza de Adán antes de la caída (pág. 274).

47. Froom se esforzó por mostrar que ese no era un asunto de decisión "oficial". Movement of Destiny, pág. 492.

48. Ídem, pág. 492.

49. Ídem, págs. 488 a 492.

50. Ídem, pág. 489.

51. Ver la Review and Herald del día 30 de Mayo de 1933.

52. Ver o Seventh-day Adventist Bible Commentary, vol. 5, págs. 1128 e 1129.

53. Ver Questions on DoctrineI, págs. 621, 651 e 652.

54. Ellen G. White, Carta 8 de 1895.

55. Seventh-day Adventist Bible Commentary, vol. 5, pág. 1128.

56. Ídem, pág. 1128-1129; Questions on Doctrine, pág. 652 e 651.

57. Robert J. Spangler, en El Ministerio, Abril de 1978, pág. 23.

Capítulo 11—Las Primeras Reacciones al libro Cuestiones Sobre Doctrinas

Como era de esperarse, las nuevas interpretaciones de las declaraciones de Ellen White sobre la cuestión de la naturaleza humana de Cristo provocaron enérgicas reacciones. Los más francos y directos denunciaban lo que veían como errores de interpretación, mientras otros calmamente confirmaban la enseñanza de la iglesia desde su origen. Esas reacciones al libro Cuestiones Sobre Doctrina merecen nuestra más dedicada atención.

La Cristología Tradicional Auténtica—Por "The Seventh-day Adventist Bible Commentary"

Entre 1953 y 1957, mientras encuentros no-oficiales entre tres o cuatro adventistas y dos o tres evangélicos estaban teniendo lugar, cerca de 40 teólogos bajo el liderazgo de Francis D. Nichol estaban trabajando en The Seventh-day Adventist Bible Commentary (Comentario Bíblico Adventista del Séptimo Día). Desconocemos la posición individual que los diversos comentaristas tenían sobre la naturaleza humana de Cristo. Pero sabemos que las dos epístolas neotestamentarias que tratan más directamente de la Cristología, fueron designadas a teólogos que eran ardientes defensores de la posición tradicional: M. L. Andreasen (Hebreos) y A. G. Maxwell (Romanos).

Aun cuando los siete volúmenes del comentario hayan sido publicados en 1957, en el mismo año del Cuestiones Sobre Doctrina, ningún trazo de la nueva teología fue en ellos encontrado. Contrariamente, muchas de las declaraciones suplementarias encontradas al final de cada volumen tienden a confirmar la posición histórica. He aquí a seguir muchos ejemplos típicos:

(Génesis 3:15): "¡El Rey de la gloria se dispuso a humillarse a Sí mismo hasta la caída humanidad! Él pondría Sus pies en las pisadas de Adán. Él tomaría la naturaleza caída del hombre y contendería con el fuerte adversario que triunfara sobre Adán".[1]

(Isaías 53:2-3): "Piense sobre la humillación de Cristo. Él tomó sobre Sí la caída y sufridora naturaleza humana, degradada y corrompida por el pecado... Él soportó todas las tentaciones con las cuales el hombre es asediado... 'El Verbo Se hizo carne y habitó entre nosotros', pues haciendo así Él podría asociarse con los pecaminosos y sufridos hijos e hijas de Adán".[2]

(Mateos 4:1-4): "El Redentor, en quien estaban unidos lo humano y lo divino, permaneció en lugar de Adán y soportó un terrible ayuno de casi seis semanas. La extensión de ese ayuno es la más fuerte evidencia de la pecaminosidad y del poder del apetito depravado sobre la familia humana".[3]

(Mateos 4:1-11): "Aquí Cristo venció en favor del pecador, cuatro mil años después de Adán haber vuelto las espaldas al resplandor de su hogar... Cristo soportó los pecados y las debilidades de la raza como existían cuando Él vino a la Tierra para socorrer al hombre. En pro de la raza, con las debilidades del hombre caído sobre Sí, Él vino para resistir a las tentaciones de Satanás en todos los puntos en los cuales el hombre era asaltado... Y a fin de erguir al hombre caído, Cristo precisaba alcanzarlio donde este estaba. Él tomó la naturaleza humana, cargó sus debilidades y arrostró la degeneración de la raza. Él, que no conociera pecado, se hizo pecado por nosotros".[4]

(Lucas 22:44): "No fue una humanidad ficticia que Cristo tomó sobre Sí. Él asumió la naturaleza humana y en ella vivió... Tomó nuestras enfermedades. Él no solamente Se hizo carne, sino que fue formado en semejanza de carne pecaminosa".[5]

(Juan 1:1-3 y 14): Acerca de esos textos, son citados cinco párrafos de la carta de Ellen White a Baker. Retornaremos a esa carta más tarde porque ella es el principal documento sobre el cual los defensores de la nueva Cristología se apoyan. Fuera de esas, la siguiente declaración es citada: "Él [Cristo] tomó sobre Sí mismo la naturaleza humana, y fue tentado en todos los puntos como la naturaleza humana es tentada. Él podría haber pecado; Él podría haber caído, pero ni por un momento había en El propensión para el mal... Es un inexplicable misterio para los mortales que Cristo pudiese ser tentado en todos los puntos, como nosotros lo somos, y sin embargo ser sin pecado... Él se humilló a Sí mismo cuando estuvo en forma humana, para que pudiese comprender la fuerza de todas las tentaciones con las cuales el hombre es asediado".[6]

(Romanos 5:12-19): "En carne humana Él fue al desierto para ser tentado por el enemigo... Él conoce las debilidades y las enfermedades de la carne. Fue tentado en todos los puntos como nosotros".[7]

(Romanos 8:1-3): "Cristo enfrentó, venció y condenó el pecado en la esfera en que había ejercido previamente su dominio y señorío. La carne, la escena de los anteriores triunfos del pecado, ahora se volvió el escenario de su derrota y expulsión".[8]

(Filipenses 2:5-8): "La humanidad del Hijo de Dios es todo para nosotros. Ella es la cadena dorada que liga nuestras almas a Cristo y, a través de Cristo, a Dios".[9]

(Hebreos 2:14-16): "En Cristo estaban unidos lo divino y lo humano--el Creador y la criatura. La naturaleza de Dios, cuya ley había sido transgredida, y la naturaleza de Adán, el transgresor, se encontraron en Jesús--el Hijo de Dios y el Hijo del hombre".[10]

(Hebreos 4:15) "La victoria y la obediencia de Cristo es la de un ser humano real. En nuestras conclusiones, cometemos muchos errores a causa de nuestros equivocados puntos de vista sobre la naturaleza humana de nuestro Señor. Cuando le conferimos a Su humana naturaleza un poder que no es posible al hombre tener en su conflicto con Satanás, destruimos la entereza de Su humanidad".[11]

"Satanás exhibió su conocimiento de los puntos débiles del corazón humano, y aplicó su máximo poder para obtener ventaja de la debilidad de la humanidad que Cristo había asumido, para vencer sus tentaciones en pro del hombre".[12]

"No debemos colocar la obediencia de Cristo en sí misma, como algo para lo cual Él estaba especialmente dotado por Su particular naturaleza divina, porque Él permaneció delante de Dios como representante del hombre y fue tentado como substituto y señor del hombre. Si Cristo poseyese un poder especial el cual no es privilegio que el hombre tenga, Satanás habría extraído el máximo provecho de esa cuestión".[13]

A respecto de la expresión "sin pecado", Andreasen hizo el siguiente comentario: "En eso yace el inescrutable misterio de la vida perfecta de nuestro Salvador. Por primera vez la naturaleza humana fue conducida a la victoria sobre su natural tendencia para pecar, y a causa de la victoria de Cristo sobre el pecado, nosotros también podemos triunfar sobre él".[14]

Esos pocos ejemplos, entre otros,[15] tienen el mérito de confirmar la enseñanza tradicional en una obra que es generalmente observada como la expresión oficial de la doctrina de la iglesia.

El Patrimonio de Ellen G. White Publica el Libro--Mensajes Selectos

En 1958, el Patrimonio de Ellen G. White publicó dos libros conocidos como Mensajes Selectos. Esas obras contienen algunas de los más claros y significativos pasajes concernientes a la naturaleza humana asumida por Cristo. Artículos sobre la Encarnación, la naturaleza de Cristo y las tentaciones de Jesús ocupan un lugar prominente en el primer volumen.[16] Hay una declaración que no podría expresar la noción más claramente: "Al tomar sobre Sí la naturaleza del hombre en su caída condición, Cristo no participó en lo mínimo que fuese de su pecado".[17] Y nuevamente: "Cristo no hizo creer que tomó la naturaleza humana; Él verdaderamente de ella Se revistió. Cristo, en realidad, posee una naturaleza humana... Él era el hijo de María, la simiente de David de acuerdo con la descendencia humana".[18]

En el segundo volumen encontramos el texto completo del discurso de Ellen White, en ocasión del encerramiento de la sesión de la Conferencia General en 1901, donde ella condenó el movimiento de la carne santa,[19] cuya posición teológica, de acuerdo con Haskell, era que "Cristo tomó la naturaleza de Adán antes de su caída".[20] Ellen White describe la ruidosa confusión y sensualidad asociados al movimiento, y advierte sobre "teorías y métodos errados", e "infelices invenciones de teorías humanas, preparadas por el padre de la mentira".[21] La doctrina y las prácticas de ese movimiento fueron consideradas tan peligrosas para el futuro de la iglesia, que incurrieron en condenación por los delegados de la sesión de la Conferencia General de 1901, y sus promotores desligados del ministerio pastoral.

M. L. Andreasen y Sus "Cartas a las Iglesias"

La primera y más vigorosa reacción contra el libro Questions on Doctrine partió de M. L. Andreasen. Eminente teólogo y profesor en diversos establecimientos de enseñanza superior en los Estados Unidos, Andreasen encerró su carrera magisterial en el Seminário Teológico de Washington, D. C. (1938-1949). Autor de numerosos artículos y muchos libros, él disfrutaba de indisputada autoridad.[22]

Ya en 1948, Andreasen claramente afirmaba su convicción sobre el asunto de la naturaleza humana de Cristo en El Libro de Hebreos.[23] El segundo capítulo es enteramente dedicado a la humanidad de Jesús.[24] Su comentario sobre esa misma epístola, en el Seventh-day Adventist Bible Commentary,[25] sigue la Cristología adventista tradicional. Su enérgica reacción puede, consecuentemente, ser entendida cuando el Questions on Doctrine promovió una interpretación de la Cristología de Ellen White, que difería radicalmente de la enseñanza tradicional de la iglesia.

Algunos alegaron que Andreasen se ofendió por no haber sido convidado a participar de las discusiones que acontecieron con Walter Martin y Donald G. Barnhouse. Andreasen gozaba, entonces, de su jubilación. Tal vez esa haya sido una de las razones de no haber sido convidado. Pero, la razón fundamental fue, probablemente, su bien conocida posición con respecto a la Persona y obra de Jesucristo.

Andreasen publicó su sistemática y vehemente crítica en Cartas a las Iglesias[26], que tuvo amplia circulación en el medio adventista. Un grupo de disidentes en Francia se aprovechó de la oportunidad para traducirlos y acusar la iglesia de apostasía, de modo similar al movimiento de Brinsmead.[27]

Él inició posicionando la cuestión fundamental: ¿Estaba Cristo 'exento de las pasiones heredadas y contaminaciones que corrompen a los descendientes naturales de Adán"?[28] Él mismo replicó citando (Hebreos 2:10 y 2:17): "Es correcto y justo para Dios hacer Cristo 'perfecto a través del sufrimiento' y "por esa razón es necesario para Cristo, en todas las cosas, hacerse semejante a Sus hermanos"[29] "Es la participación de Cristo en las aflicciones y debilidades, que Lo capacita para ser el compadecido Salvador que Él es".[30]

"Si Cristo estaba exento de las pasiones de la humanidad, Él era diferente de los otros hombres, ninguno de los cuales tuvo esa condición. Tal enseñanza es trágica y completamente opuesta a lo que los adventistas del séptimo día han enseñado y creído. Cristo vino como hombre entre hombres, no solicitando favores y ni recibiendo cualquier consideración especial. De acuerdo con los términos del pacto, Él no debería recibir cualquier ayuda de Dios que no estuviese disponible a los otros hombres. Esa sería una condición necesaria si Su demostración debiese ser de algún valor y Su obra aceptable. El menor desvío de esa ley invalidaría la experiencia, nulificando el contrato, vaciando el pacto y efectivamente destruyendo toda la esperanza del hombre".[31]

Con respecto a (Romanos 8:3), Andreasen declaró que Dios no envió a Su propio Hijo, en semejanza de carne pecaminosa, para disculpar el pecado en la carne, sino para condenarlo.[32] En apoyo a sus afirmaciones, él citó varios pasajes de Ellen White afirmando inequívocamente que "el enemigo fue vencido por Cristo en Su naturaleza humana", "apoyándose en Dios para recibimiento de poder".[33] "Si Él no fuese un participante de nuestra naturaleza, no podría haber sido tentado como el hombre lo es. Si no Le fuese posible ceder a las tentaciones, Él no podría ser nuestro ayudador".[34]

Algunas veces Andreasen hiperbolizaba el caso. Con referencia a lo que él veía como peligrosa herejía, concluyó: "Un Salvador que nunca fue tentado, nunca combatió las pasiones, que nunca ofreció 'con gran clamor y lágrimas, oraciones y súplicas al que Lo podía librar de la muerte', que aun siendo 'Hijo, aprendió la obediencia por medio de aquello que sufrió', sino que estaba 'exento' de las cosas que un verdadero salvador precisa experimentar, tal salvador es lo que esa nueva teología nos ofrece. Esa no es la especie de Salvador que yo necesito, ni el mundo. Alguien que nunca luchó con pasiones no puede tener ninguna comprensión de su poder, ni jamás experimentó el gozo de vencerlas. Si Dios le concedió favores especiales y excepciones a Cristo, en el mismo acto Él Lo descalificó para Su obra. No puede haber herejía más dañina que esa aquí discutida. Ella anula al Salvador que yo conozco y Lo substituye por una personalidad débil, no considerada por Dios como capaz de resistir y conquistar las pasiones que Él le pide a los hombres que venzan".[35]

"De hecho, está patente a todos que nadie puede afirmar creer en los Testimonios y aun creer en la nueva teología de que Cristo estaba exento de las pasiones humanas. O es una cosa u otra. La denominación es ahora convocada a decidir. Aceptar la enseñanza de Questions on Doctrine significa abandonar la fe en el Don que Dios le dio a Su pueblo".[36]

Andreasen le explicó a sus lectores como esa nueva doctrina penetró en la iglesia. Él se espantaba con lo que "es ciertamente anómalo cuando un ministro de otra denominación tiene suficiente influencia con nuestros líderes para hacerlos corregir nuestra teología, realizando un cambio en la enseñanza de la denominación sobre la más vital doctrina de la iglesia.[37]

Él no podía entender por qué nunca fue publicado un relatorio sobre las reuniones. "No sabemos y no estamos suponiendo saber, justamente quien escribió Questions on Doctrine... Aun en la propia sesión de la Conferencia General del último año (1958), el asunto no fue discutido".[38] Fuera de eso, él especifica: "Esa es una nueva doctrina que jamás apareció en cualquier Declaración de Creencias de la denominación Adventista del Séptimo Día, y se encuentra en conflicto directo con nuestras precedentes afirmaciones doctrinarias. Ella no fue 'adoptada por la Conferencia General en su sesión cuadrienal, cuando autorizados delegados de todo el mundo estaban presentes', como

Questions on Doctrine dice haber sido hecho para que ella sea oficializada. Ver página 9. Ella, por lo tanto, no es una doctrina aprobada o aceptada.[39]

En una de sus últimas cartas, Andreasen volvió al problema de las pasiones hereditarias. Él continuó a refutar las declaraciones encontradas en la pág. 383 de Questions on Doctrine, de que Cristo "estaba exento de pasiones heredadas y contaminaciones que corrompen los descendientes naturales de Adán.[40] En primer lugar, escribió él, "esa no es una cita del Espíritu de Profecía".[41] También pasión y contaminación "son dos conceptos enteramente diferentes", y no deberían ser puestos juntos como están en Questions on Doctrine. "Pasión puede generalmente ser equiparada a la tentación, y eso no es pecado. Un pensamiento impuro puede ocurrir espontáneamente aun en una ocasión sagrada, pero él no contamina; no es pecado a menos que sea tolerado y nutrido. Un deseo profano puede repentinamente entrar en la mente bajo instigación de Satanás, pero él no es pecado si no es acariciado... La ley de la hereditariedad se aplica a las pasiones y no a las contaminaciones. Si pasión es hereditaria, entonces Cristo se habría contaminado cuando vino a este mundo, y no podría ser llamado de "Ser santo".(Lucas 1:35) Aun los hijos de un padre no creyente son llamados santos--una declaración que debería servir de conforto a las esposas de tales hombres.(1 Corintios 7:14). Como adventistas, por lo tanto, no creemos en el pecado original".[42]

Finalmente, en los dos pasajes citados en los Testimonios,[43] "como probando que Cristo estaba exento de pasiones heredadas", "ambas declaraciones mencionan pasiones, pero ninguna contaminaciones. La palabra exento no es encontrada".[44] Entonces Andreasen levantó la cuestión: "¿La declaración de la Sra. White de que Cristo no tuvo o poseyó pasiones significaría que Él estaba exento de ellas? No, pues no tener pasiones no es equivalente a estar exento de ellas. Esos son dos conceptos enteramente diferentes... La Sra. White no dice que Cristo estaba exento de las pasiones. Dice sí que Él no tenía pasiones, no poseía pasiones y no que Él era inmune a ellas... Quedo aun intrigado sobre cómo puede alguien hacer con que la Sra. White diga que Jesús era exento, cuando ella de hecho declara justamente lo contrario y no hace uso de la palabra exento".[45]

Después de citar copiosamente Ellen White, Andreasen pregunta: "En vista de esas y muchas otras declaraciones, ¿cómo puede alguien decir que Él era exento? Lejos de estar exento o reluctantemente sometido a esas condiciones, Él las aceptó. Por dos veces eso es dicho en las citas aquí hechas. Él aceptó los resultados de la operación de la gran ley de la hereditariedad, y con 'tal hereditariedad Él vino a compartir de nuestras tristezas y tentaciones'".[46]

"La opción del adventista devoto está, por lo tanto, entre Questions on Doctrine y El Deseado de Todas las Gentes, entre la falsedad y la verdad... La gran ley de la hereditariedad fue decretada por Dios para hacer la salvación posible, y es una de las leyes elementales que nunca fue abrogada. Anúlese esa ley y no tendremos un Salvador que pueda servir de ayuda o ejemplo para nosotros. Graciosamente Jesús aceptó esa ley y así hizo posible la salvación. Enseñar que Cristo estaba exento de esa ley niega el cristianismo y hace la Encarnación un juguete piadoso. Que Dios pueda librar a los adventistas del séptimo día de tales enseñanzas y enseñadores".[47]

La protesta de Andreasen no quedó sin efecto. Un coro de voces se irguió casi que en todos los lugares contra el libro Questions on Doctrine. No apenas a causa de su enseñanza sobre la naturaleza humana de Cristo, sino también por su falta de convergencia con otros puntos doctrinales. Es bueno mencionar que varias propuestas pidiendo una revisión del libro fueron enviadas a la mesa de la Conferencia General.

Propuestas Para Revisión del Libro Questions on Doctrine

En una carta dirigida a la mesa de la Conferencia General, redactada con el objetivo de apoyar la reacción de Andreasen, A. L. Hudson acusó a los autores de Questions on Doctrine de falta de honestidad intelectual, a causa de la manera con que el editor de Ministry presentó las citas de Ellen White en el número de Septiembre de 1956, reproducidas en el apéndice B de Questions on Doctrine.

Por un lado, observó Hudson, muchos pasajes importantes tratando de la caída naturaleza humana asumida por Jesús no fueron citadas;[48] por otro, muchos no fueron citados en su integralidad. Por ejemplo, Hudson menciona una cita extraída de la Review and Herald del 28 de Julio de 1874, en la cual la parte esencial había sido omitida, una porción especificando que "Cristo tomó sobre Sí los pecados y las debilidades de la raza así como existían cuando Él vino a la Tierra para ayudar al hombre. En favor de la raza, con la debilidad del hombre caído sobre Sí, Él enfrentó las tentaciones de Satanás en todos los puntos en los cuales el hombre es asaltado".[49]

Hudson, consecuentemente, propuso que los delegados a la sesión de la Conferencia

General de 1958 autorizasen la revisión de Questions on Doctrine.[50] Sin embargo, como Andreasen observó, el asunto ni siquiera fue tocado.

Al mismo tiempo, un grupo de miembros de la iglesia de Loma Linda, California, formó una comisión encargada de revisar ese libro. Su relatorio presentado a la mesa de la Conferencia General, alega que el libro deturpa "ciertos dogmas fundamentales y compromete otros principios de nuestra fe".[51] "Es evidente que determinadas declaraciones y enseñanzas del libro nunca serán aceptadas por un considerable número de miembros de nuestra iglesia. De hecho, estamos convencidos de que, desde el tiempo de la controversia panteística de J. H. Kellogg, más de medio siglo atrás, no surgió tal inquietud, disensión y desunión entre nuestro pueblo como aquellas oriundas de la publicación de ese libro".[52]

A despecho de las citas de Ellen White publicadas por los Depositarios White, y a pesar de las numerosas críticas contra la enseñanza contenida en El Ministerio y Question on Doctrine, los postulados de la nueva teología tuvieron aceptación creciente por parte de algunos teólogos, profesores y pastores de iglesia.

Una Votación Aclaradora

En 1962, Robert Lee Hancock emprendió un estudio sobre la enseñanza de la iglesia concerniente a la naturaleza humana de Cristo. En verdad, el propósito de su trabajo era determinar cuál posición era más popular, "si aquella en que Cristo tomó la naturaleza de Adán como originalmente creado, o si Él tenía la carne 'pecaminosa' con las inherentes debilidades que cada hijo hereda naturalmente de sus padres".[53]

He aquí a seguir las conclusiones a que llegó Hancock: Primera, "desde sus primeros días, la Iglesia Adventista del Séptimo Día ha enseñado que cuando Dios participó de la humanidad, Él tomó no la perfecta e inmaculada naturaleza del hombre antes de la caída, sino la caída, pecaminosa, transgresora y degenerada naturaleza del hombre como ella se encontraba cuando Él vino a la Tierra para ayudar al hombre".

Segunda, "que durante los quince años que mediaron entre 1940 y 1955, las palabras 'pecaminosa' y 'caída', con referencia a la naturaleza humana de Cristo, fueron muy o completamente eliminadas de los materiales denominacionales publicados". Tercera, "que desde 1952, frases tales como 'naturaleza humana impecable', 'naturaleza de Adán antes de la caída', y 'naturaleza humana inmaculada' han tomado el lugar de la terminología inicial".[54]

El resultado final de ese estudio llevó a Hancock a concluir: "Los descubrimientos de ese estudio garantizan la conclusión de que lo que los adventistas del séptimo día enseñan con respecto a la naturaleza humana de Cristo cambió, y que esos cambios envuelven conceptos no meramente semánticos".[55]

De hecho, durante 1970 muchas publicaciones sirvieron para popularizar esos nuevos dogmas. Ellos fueron más prontamente aceptados dentro de la iglesia porque eran proclamados como representando la posición oficial de la Conferencia General.

Publicación del Volumen 7-A del The Seventh-day Adventist Bible Commentary.

El volumen 7-A del The Seventh-day Adventist Bible Commentary es una compilación de todas las citas de Ellen White anteriormente publicadas al final de cada uno de los siete volúmenes de la serie. Como ya puede ser notado, esos comentarios incluyen algunas de sus más vigorosas declaraciones a favor de la caída naturaleza humana asumida por Cristo.[56]

La nueva teología fue presentada en ese volumen en tres apéndices, los cuales fueron retirados del Question on Doctrine. El apéndice B, en particular, muestra una visión radicalmente nada tradicional sobre la naturaleza humana de Cristo. Los subtítulos añadidos por el editor tienden a contradecir algunas de las declaraciones de Ellen White que aparecen en el volumen. Por un lado, Ellen White es citada como diciendo que "Él [Cristo] tomó sobre Sí mismo la caída y sufridora naturaleza humana, degradada y maculada por el pecado"[57] "la naturaleza de Adán, el transgresor"[58], lo que equivale a decir, la naturaleza de Adán después de la caída. Por otro lado, un subtítulo indica que Cristo "tomó la impecable naturaleza humana"[59], o, la naturaleza de Adán antes de la caída, que es algo que la Sra. White nunca escribió.

El problema no escapó a la observación de algunos miembros de la Comisión de Investigación Bíblica de la Conferencia General, que reaccionaron recomendando una seria revisión del apéndice B.[60]

Roy Allan Anderson, El Dios-Hombre, Su Naturaleza y Obra

En el mismo año (1970), Roy Allan Anderson publicó el libro The God-Man, His Nature and Work.[61] El título de la primera página dice "Una Presentación Escriturística en el Área de la Cristología".[62] Anderson era, en ese tiempo, editor de Ministry, una revista para pastores adventistas. Él tomó parte activa en las reuniones con los evangélicos y fue uno de los autores del libro Questions on Doctrine.

En el prólogo de su libro, Anderson enfatizó que la obra era necesaria para edificar sobre "la Inabalable Roca del Dios Hombre", sobre la cual "el cristiano precisa asentar su vida en Dios"[63] "Para mejor comprender lo que Cristo hizo, tenemos necesidad de una clara definición de quien Él es."[64] El libro explica el plan de la salvación como un todo y muestra con simplicidad cómo él se realiza en Jesucristo.

Hasta donde la Cristología se encuentra envuelta, el libro no contiene ningún material controvertido en el trato con el delicado problema de la naturaleza humana de Cristo. "Al venir al mundo", declara Anderson, "Cristo se hizo lo que nosotros somos, para hacernos lo que Él es. Irineo se expresa bellamente cuando dice: 'Él Se hizo lo que nosotros somos, para que pudiese hacernos como Él mismo es'".[65]

En el capítulo "La Encarnación--la Suprema Revelación de Dios"[66], Anderson afirma: "La humanidad de Cristo y Su deidad son las dos verdades gemelas. Precisamos guardarnos de hacer Jesucristo meramente un hombre divino, o pensar en El como un Dios humano. Él no es ninguno de los dos. Él fue, y es, Dios-Hombre. En Jesucristo está la absoluta humanidad y la absoluta divinidad".[67] Por Su encarnación, "Él no Se despojó de Su divina naturaleza, sino que aceptó la naturaleza humana... Él Se impuso las limitaciones y restricciones de nuestra naturaleza humana. Y nada de lo que es humano quedó alienado de El".[68]

En seguida, Anderson exploró la cuestión sobre lo que distinguía la naturaleza humana de Cristo de nuestra naturaleza. "Él 'se vació' y 'tomó sobre Sí la forma de siervo'. Él la tomó; esa no Le fue transmitida, como acontece en nuestra naturaleza. Cuando nacemos, nadie nos consultó sobre nuestra venida al mundo. Fuera de eso, nuestros progenitores nos legaron la única naturaleza que poseían, la cual es caída y pecaminosa. Heredamos de todas las generaciones pasadas tendencias para pecar. Verdaderamente, fuimos "formados en iniquidad". Pero desde Su primera inspiración, nuestro Señor era impecable. Él estaba en la semejanza de carne pecaminosa, pero Él fue impecable en Su naturaleza y vida.[69]

Descubrimos aquí un concepto básico de la nueva Cristología. Por un lado Anderson afirma "la absoluta humanidad" de Cristo, mientras que por otro él rechaza la verdadera esencia de la naturaleza humana en su estado caído, subserviente al poder del pecado. El hecho de que el Señor "sea sin pecado..." en Su vida, nadie lo disputa. Pero, ¿cómo armonizar eso con la declaración de Pablo de que Él era 'en semejanza de carne pecaminosa'"?

Anderson fue aparentemente reluctante en polemizar en un libro hecho propositalmente para el público en general.[70] Tal no es el caso de la monumental obra de LeRoy E. Froom" Movement of Destiny. Publicada en el mismo año del volumen 7-A de The Seventh-day Adventist Bible Commentary, y del libro de Anderson The God-Man, His Nature and Work, la obra de Froom fue instrumental en alimentar los principios de la nueva teología, y merece una atención muy especial.

LeRoy Edwin Froom Aprueba la Nueva Teología

Hasta que LeRoy Edwin Froom publicase el Movement of Destiny, en 1970, él consiguió un indisputable reconocimiento como investigador, erudito e historiador. Su colección de cuatro volúmenes titulada The Prophetic Faith of Our Fathers (La Fe Profética de Nuestros Padres), y los dos volúmenes de la Conditionalist Faith of Our Fathers (La Fe Condicionalista de Nuestros Padres), contribuyeron grandemente para su reputación.[71] No sorprende que su Movement of Destiny haya recibido endoso oficial.

El proyecto tuvo aprobación en los más altos niveles de la iglesia. El propio Froom declaró que "sesenta de los más competentes eruditos denominacionales, de una docena de especialidades", aprobaron los contenidos.[72]

En Movement of Destiny, Froom presenta las principales doctrinas adventistas en el marco de su desarrollo histórico. Queda evidente que el tópico sobre persona y obra de Cristo era muy caro a su corazón. Además, él deseaba restablecer la verdad sobre la naturaleza humana de Cristo, la cual, de acuerdo con él, una "minoría" había falsamente presentado como la posición adventista. "Como resultado", sustentó Froom, "los adventistas fueron tremendamente censurados por los teólogos no pertenecientes a nuestra fe, por tolerar esa errada posición de la minoría".[73]

El principal objetivo de Froom era "cambiar la debilitada imagen del adventismo".[74]

Primeramente, por medio de discusiones con representantes evangélicos; después, a través de la publicación de Question on Doctrine.[75] Froom concluyó que "por sobre todo, las comprensibles declaraciones de Questions on Doctrine sobre la preexistencia y la completa deidad de Cristo, Su impecable naturaleza y vida durante la Encarnación, y el transcendente acto expiatorio consumado en la cruz, son factores determinantes. Muchos eruditos no adventistas nos dijeron francamente que esos factores hicieron con que fuésemos reconocidos como verdaderos creyentes cristianos".[76]

En la fuerza de expresiones típicas tomadas de las declaraciones de Ellen White, Froom consideraba que él estaba en posición de hacer una "estupenda presentación de la deidad y de la humanidad de Cristo".[77] La demostración fue realizada en 10 puntos, incluyendo los siguientes y tendenciosos subtítulos: Cristo "tomó la impecable naturaleza de Adán antes de la caída"; 'asumió 'los riesgos' de la 'naturaleza humana'; fue "tentado en todos los puntos o principios"; "llevó los pecados imputados y la culpa del mundo"; "sin las 'pasiones' de la naturaleza caída".[78]

Como una materia de hecho, Froom estaba apenas repitiendo los conceptos contenidos en Ministry de Septiembre de 1956, y en el libro Questions on Doctrine. Pero su meta consistía principalmente en colocarlos en su marco histórico[79] recordando las circunstancias que le permitieron corregir lo que él consideraba como la "errada" imagen del adventismo. El libro era bastante polémico. Sobre la divulgación de Movement of Destiny, uno de los críticos de Froom escribió: "El lector precisa siempre estar alerta cuando esté estudiando Froom, preguntándose si él está presentando una explicación completa o si importantes aspectos fueron negligenciados o desfigurados".[80]

Esa es una evaluación grave, pero verdadera con respecto al modo como Froom trató la historia de la doctrina de la Encarnación. Para demostrar que Jesús asumió una naturaleza impecable semejante a la de Adán antes de la caída, él a propósito omitió todo lo que contrariaba su tesis. Algunas veces referencias fueron presentadas fuera de su contexto o bajo títulos que distorsionaban el significado de las declaraciones hechas por el autor.

No disponemos de espacio para examinar todos los problemas contenidos en Movement of Destiny. Unos pocos detalles bastarán. Primeramente, ¿por qué Froom sistemáticamente ignora las declaraciones claramente a favor del punto de vista de Cristo habiendo asumido la pecaminosa naturaleza humana? La misión del historiador es reportar los hechos tan objetivamente como sea posible. ¿Por qué, entonces, él descartó todas las inequívocas declaraciones de Ellen White sobre la "naturaleza pecaminosa"?

Otras omisiones por parte del historiador son justamente tan inexplicables, que requieren una vuelta a los orígenes del desarrollo de una doctrina crucial como la justificación por la fe, en el contexto de los pioneros que la proclamaron. Froom casi no hizo mención de A. T. Jones, que fue el principal exponente de esa doctrina, excepto para recordar que Jones finalmente apostató. El movimiento de la "carne santa" fue pasado por alto, en completo silencio--con una buena razón, naturalmente, pues sus defensores enseñaban que Cristo poseía carne santa, y eso los llevó a cometer extravagancias que atra-yeron condenación por parte de Ellen White y de los delegados de la sesión de la Conferencia General de 1901.

De todos aquellos que escribieron sobre la persona y la obra de Jesús en el pasado, Prescott fue el único que, de acuerdo con Froom, hizo una contribución apreciable.[81] Su libro, The Doctrine of Christ, publicado en 1920, fue, según Froom, el primero a colocar "la centralidad de Cristo en toda Su 'plenitud' como la esencia del evangelio, y la justicia por la fe en El como la única esperanza del hombre".[82] Froom consideraba el libro tan importante, que resumió sus principales capítulos.[83]

Aun cuando Prescott haya dedicado tres lecciones a la doctrina de la Encarnación, Froom no mencionó una sola palabra con respecto a la enseñanza de Prescott sobre la naturaleza humana de Cristo, porque estaban en oposición a su tesis. Por otro lado, Froom guardó silencio sobre el sermón de Prescott, El Verbo Se Hizo Carne, proferido en Australia y ampliamente divulgado en los periódicos oficiales de la iglesia, aun cuando Ellen White haya entusiásticamente aprobado sus explicaciones.[84]

Cuando, en diversos puntos, Froom no podía más ignorar ciertas declaraciones de Waggoner y Ellen White que se oponían a su tesis, él las interpretó "vicariamente"[85] Froom introdujo en el original el término "vicariamente", como si él procediese de la propia pluma de Waggoner. [Énfasis añadido]. Habiendo citado la expresión "Él Se hizo pecado", de (2 Corintios 5:21) Waggoner concluyó: "Impecable, pero no apenas contado como un transgresor, sino realmente tomando sobre Sí mismo la naturaleza pecaminosa".[86] Froom repitió la declaración, escribiendo: "Más que eso, Él realmente 'Se hizo' -- vicariamente-pecado por nosotros, para que 'pudiésemos ser hechos justicia de Dios en El'. (2 Cor. 5:21)."[87]

A despecho de sus muchas fallas, ese libro ejerció considerable influencia. Froom disfrutaba de elevada reputación de autoridad entre ciertos líderes de la iglesia, muchos de los cuales no comprendían la enseñanza tradicional de la iglesia.[88] De cualquier modo, Movement of Destiny produjo un despertamiento, y una nueva rodada de reacciones por parte de muchas organizaciones oficiales de la iglesia, así como de individuos cuya competencia era incuestionable.

Notas y Referencias

1. The Seventh-day Adventist Bible Commentary, Comentarios de Ellen G. White, vol. 1, pág. 1085 (Review and Herald, 24 de Febrero de 1874).

2. Ídem, vol. 4, pág. 1147 (El Instructor de la Juventude, 20 de Diciembre de 1900).

3. Ídem, vol. 5, pág. 1079 (Review and Herald, 4 de Agosto de 1974).

4. Ídem, pág. 1081 (Review and Herald, 28 de Julio de 1874).

5. Ídem, pág. 1124 (Ellen G. White, Carta 106 de 1896).

6. Ídem, pág. 1128 (Ellen G. White, Carta 8 de 1895).

7. Ídem, vol. 6, pág. 1074 (Ellen G. White, manuscrito 76 de 1903).

8. Ídem, pág. 562 (el comentario es de A. G. Maxwell y no de Ellen G. White).

9. Ídem, vol. 7, pág. 904 (Ellen G. White, manuscrito 67 de 1898).

10. Ídem, pág. 926 (Ellen G. White, manuscrito 141 de 1901).

11. Ídem, pág. 929 (Ellen G. White, manuscrito 1 de 1892).

12. Ídem, pág. 930 (Review and Herald, 1 de Abril de 1875).

13. Ídem, pág. 930 (Ellen G. White, manuscrito 1 de 1892).

14. Ídem, pág. 426.

15. Bruno W. Steinweg refirió las mismas citas en su documento de 1986, titulado La Doctrina de la Naturaleza Humana de Cristo Entre los Adventistas, desde 1950, págs. 5 a 7.

16. E. G. White, Mensajes Selectos, vol. 1, págs. 285-339. Ver nuestro capítulo 2, El Testimonio de los Primeros Adventistas.

17. Ídem, pág. 256.

18. Ídem, pág. 247.

19. Ídem, volumen 2, págs. 31-39. Ver nuestro capítulo 7 El Movimiento de la Carne Santa.

20. S. N. Haskell, carta a Ellen G. White, Septiembre de 1900. Citado por William H. Grotheer, An Interpretative History of the Doctrine of the Incarnation, pág. 50.

21. Ellen G. White, carta 132 de 1900 (Mensajes Selectos, vol. 2, pág. 37).

22. Ver Seventh-day Adventist

Encyclopaedia, pág. 43. Entre los libros de M. L. Andreasen, mencionaríamos en particular El Ritual del Santuario, El Libro de Hebreos; La Fe Por la Cual Yo Vivo; Lo Que Puede el Hombre Creer; Santos y Pecadores.

23. Milian L. Andreasen, El Libro de Hebreos (Washington, D.C.: Review and Herald Pub. Assn., 1948).

24. Ídem, págs. 79-109.

25. The Seventh-day Adventist Bible Commentary, vol. 7, págs. 387-494.

26. M. L. Andreasen, Cartas a las Iglesias (Conway, Mo.: Gems of Truth, n.d.).

27. _____, Lettres aux Eglises (Cartas a las Iglesias) (Roiffieux, Ardeche, France: Association Culturelle Laique Adventiste, n.d.)

28. _____, Letters to the Churches (Cartas a las Iglesias), pág. 4.

29. Ídem, págs. 1-3.

30. Ídem, págs. 3-4.

31. IbÍdem.

32. Ídem, pág. 4.

33. Ídem, pág. 5. Ellen G. White, en El Instrutor de la Juventud, 25 de Abril de 1901.

34. Andreasen, Letters to the Churches (Cartas a las Iglesias), pág. 5. White, Review and Herald, 18 de Febrero de 1890.

35. Andreasen, Letters to the Churches (Cartas a las Iglesias), págs. 5-6.

36. IbÍdem.

37. Ídem, pág. 8.

38. Ídem, pág. 13.

39. Ídem, pág. 53.

40. IbÍdem.

41. IbÍdem.

42. Ídem, pág. 56.

43. E. G. White, Testimonies for the Church, vol. 2, págs. 202, 509.

44. Andreasen, Letters to the Churches, págs. 53-54.

45. Ídem, pág. 54.

46. Ídem, pág. 55.

47. Ídem, págs. 55-56.

48. A. L. Hudson se refiere al manuscrito 21 de 1895, de autoría de E. G. White; a la Carta 121 de 1897, y al manuscrito 1 de 1892.

49. E. G. White, Mensajes Selectos, vol. 1, págs. 267-268.

50. Esa carta de A. L. Hudson es mencionada por Steinweg, págs. 7-8.

51. Detalles apuntados por William H. Grotheer.

52. Ídem, pág. 81.

53. Robert Lee Hancock, La Humanidad de Cristo (monografía presentada al Departamento de Historia de la Iglesia, Andrews University, Julio de 1962). Ver Grotheer, págs. 81-82.

54. Hancock, págs. 26-27. Ver Grotheer, pág. 82.

55. Hancock, pág. 27.

56. Washington, D.C.: Review and Herald Pub. Assn., 1970.

57. The Seventh-day Adventist Bible Commentary, vol. 7-A, pág. 157 (Youth's Instructor, 20 de Diciembre de 1900).

58. Ídem, pág. 370 (Ellen G. White, manuscrito 141 de 1901).

59. Ídem, pág. 446, subtítulo III.

60. Ver nuestro capítulo 12.

61. Roy Allan Anderson, The God-Man, His Nature and Work (Washington, D.C.: Review and Herald Pub. Assn., 1970).

62. Ídem, pág. 3.

63. Ídem, pág. 10.

64. Ídem, pág. 14.

65. Ídem, pág. 35.

66. Ídem, págs. 32-48.

67. Ídem, pág. 40.

68. Ídem, pág. 53.

69. IbÍdem.

70. El libro The God-Man, His Nature and Work, de Roy Allan Anderson, tuvo origen en una serie de sus reuniones públicas.

71. Ver The Seventh-day Adventist Encyclopedia, pág. 484.

72. LeRoy Edwin Froom para William H. Grotheer, 17 de Abril de 1971. Ver Grotheer, pág. 83.

73. Froom, Movement of Destiny, pág. 428. (itálicos suplidos).

74. Ídem, págs. 465-475.

75. Ídem, págs. 476-492.

76. Ídem, pág. 492 (itálicos suplidos).

77. Ídem, pág. 495.

78. Ídem, págs. 495-499.

79. Ídem, págs. 485-486.

80. Ingemar Linden, Apologetics as History (Apologética Como Historia), Espectrum, Otoño de 1971.

81. Froom, pág. 380.

82. Ídem, págs. 380-381.

83. Ver nuestro capítulo 6, dedicado a la Cristología de Prescott.

84. IbÍdem.

85. Ellet J. Waggoner, Christ and His Righteousness, págs. 28-29.

86. IbÍdem.

87. Froom, pág. 197.

88. Fue mi privilegio remontar al origen de la historia de la Cristología adventista, dentro de la Conferecia IV de los Depositarios de E. G. White, en Washington, en Enero de 1987. Es óbvio que muchos en la distinguida audiencia no estaban conscientes de la enseñanza de los pioneros. Uno de ellos destacó, al final de la presentación: "Si eso es así, precisamos cambiar nuestra posición sobre el asunto"

Capítulo 12—Reacciones a la Nueva Cristología (1970 a 1979)

La influencia de la nueva teología fue creciente. Aun cuando los defensores de la Cristología tradicional quedasen, inicialmente, un tanto aturdidos con la rapidez del cambio, comenzaron a reaccionar enérgicamente, principalmente a través de los canales oficiales de comunicación de la iglesia. Al comienzo, ellos se hicieron oír en artículos publicados en la Review and Herald, y entonces por medio del Instituto de Investigaciones Bíblicas, a nivel de la Conferencia General. Más tarde, mediante las lecciones de la Escuela Sabática y en muchos libros. En seguida a la publicación de Movement of Destiny, el año 1970 marcó el inicio de un despertamiento del interés en las enseñanzas históricas de los pioneros de la iglesia.

A Reacción de la Review and Herald

Después de la muerte de F. D. Nichol, en 1966, Kenneth H. Wood, su asociado, se volvió editor-jefe de la Review and Herald. Bajo su liderazgo, de 1966 a 1982, la Review nunca cesó de recordar la enseñanza histórica. Como presidente del Patrimonio de Ellen G. White y también de la junta de sus depositarios, desde 1980, Wood hizo todo lo que podía para incentivar la publicación de artículos sustentando la posición tradicional.

Para ese fin, Wood llamó dos editores-asociados: Thomas A. Davis, en 1970, y Herbert E. Douglass, en 1971. Ambos se revelaron fuertes defensores de la tradicional Cristología adventista. Por medio de artículos, libros y ocasionales participaciones en las lecciones de la Escuela Sabática, ellos sistemáticamente se opusieron a la enseñanza presentada en Questions on Doctrine y en Movement of Destiny.

Aun antes de ser llamado a la Review, Thomas A. Davis había publicado en 1966 un libro de meditaciones diarias, que apoyaba la posición histórica. Davis escribió: "El Poderoso Creador que había colocado el átomo del mundo girando en el espacio, Él mismo Se hizo participante de la carne y de la sangre del hombre pecaminoso, y edificó Su casa sobre el minúsculo planeta que hiciera. ¡Qué espantosa condescendencia! Hubiese Él tomado sobre Sí la forma impecable de Adán, y ya habría hecho un sacrificio infinito. Pero Él fue mucho más allá cuando Se encontró en la forma de hombre degradado por milenios de pecado".[1] En 1971, Davis repitió sus convicciones en el libro Romans for the Everyday Man (Romanos Para el Hombre de Cada Día).[2]

Herbert E. Douglass también asumió una firme defensa contra los nuevos puntos de vista del Adventismo. Él era conocido como un teólogo equilibrado y respetado profesor de Biblia, habiendo servido como presidente del Colegio Unión del Atlántico. Llamado para unirse al staff de la Review and Herald como editor-asociado, se volvió conocido como uno de los más ardientes defensores de la posición histórica póst-lapsariana.[3]

Al llegar a la Review, él publicó una serie de artículos y editoriales exponiendo un aspecto de la cuestión muy caro a su corazón: "En aquella primera Pascua, los jubilosos ángeles sabían que el dramático momento había llegado. Su amado Señor había entrado personalmente en la batalla... Él probaría que lo que Él requiriera del hombre caído, sería realizado".[4]

En el segundo editorial, Douglass explicó por qué Cristo tenía que tomar sobre Sí mismo la naturaleza caída del hombre. "Todos los otros pasos en el plan de la salvación, incluyendo la resurrección de los fieles durante los tiempos del Antiguo Testamento, dependían totalmente del éxito que Jesús tendría como co-participante en la arena de la tentación. Pues si Cristo, ante el expectante Universo, no venciese bajo las mismas condiciones que todo hombre precisa enfrentar, entonces ningún hombre podría esperar vencer".[5]

En el último artículo de la serie, Douglas mostró que el hombre puede vencer la tentación conforme el ejemplo de Jesús. "Como substituto del hombre, Él probó que se podía vivir sin pecar. 'Nosotros también podemos vencer como Cristo venció.'(El Deseado de Todas las Gentes:389). Jesús no Se valió de ninguna ventaja que no esté disponible para cada ser humano. Únicamente Su fe se constituye en el secreto de Su triunfo sobre el pecado. 'La victoria y la obediencia de Cristo es la de un ser humano... Cuando le conferimos a Su naturaleza humana un poder que no le es posible al hombre poseer en sus conflictos con Satanás, destruimos la integralidad de Su humanidad' (Seventh-day Adventist Bible Commentary, Comentarios de Ellen G. White, vol. 7, pág. 929)".[6]

Uno de los conceptos que Douglass desarrolló en sus editoriales le era especialmente caro. Ese tenía que ver con la última generación viviente al tiempo del retorno de Cristo.

"La fe de Jesús produce el carácter de Jesús; esa es la meta de todos aquellos que desean tomar parte en aquella extraordinaria demostración de un vivir semejante al de Cristo en la última generación de adventistas".[7] "La última generación de los que 'guardan los mandamientos de Dios y la fe de Jesús' disipará para siempre todas las dudas remanentes sobre si la voluntad del hombre, unida al poder de Dios, puede alejar todas las tentaciones de servir al yo y al pecado".[8]

Por varios años, entre 1971 y 1974, Douglass publicó un editorial nata lino que llamaba la atención para la naturaleza humana caída de Cristo, y para la razón por qué Él tuvo que tomar la humanidad sobre Sí.[9] Cuando le preguntaron por qué él escribía esos editoriales, Douglass respondió: "Obviamente, eso se volvió un punto de encuentro o bandera para muchos que pensaban nunca más poder ver la verdad impresa... Yo simplemente quería dar un soporte más rico al punto de vista que fue prominente en la historia de nuestra iglesia, y aún lo es en la vida y pensamiento de muchos hermanos de la Conferencia General, con quien convivo en el día-a-día".[10]

La Reacción del Instituto de Investigación Bíblica

Poco después del lanzamiento del Volumen 7-A del Seventh-day Adventist Bible Commentary, en 1970, los miembros del Instituto de Investigación Bíblica de la Conferencia General fueron convocados para revisar uno de los apéndices. Eso fue hecho a través de un suplemento especial de Ministry, en Febrero de 1972,[11] con la siguiente introducción:

"Con la publicación de Question on Doctrine... se despertó considerable interés con respecto a la naturaleza de Cristo durante la Encarnación, y la relación de esa naturaleza con la naturaleza del hombre, especialmente en la guerra del hombre contra la tentación y el pecado.

"Como el estudio se siguió a la publicación de Questions on Doctrine, fue hecha la sugestión de que el Apéndice B, titulado La Naturaleza de Cristo Durante la Encarnación' podría ser más útil si los elementos de posible interpretación -- énfasis por italización, interpretación por título, etc. --, fuesen minimizados para que las declaraciones pudiesen ser puestas delante del lector en su propia fuerza, hablándole a la mente.

"El material en su presente formato fue considerado por la Comisión de Investigación

Bíblica de la Conferencia General, y aprobado como la más provechosa forma para una futura presentación... Sus lectores son estimulados a considerar en esas declaraciones, el equilibrio entre la divinidad y la humanidad de Cristo, y los peligros inherentes en hacerlo tan exclusivamente divino o tan completamente humano. El elemento de misterio en la Encarnación pide constante reconocimiento".[12]

El Instituto de Investigación Bíblica eliminó los itálicos, reorganizó el texto y suprimió algunas citas. Y lo más importante: reescribió muchos de los títulos y subtítulos para hacerlos menos tendenciosos teológicamente. Así, por ejemplo, el título III, que dice que Jesús "asumió la naturaleza humana exenta de pecado"[13], fue sustituido por otro más de acuerdo con el contenido de las citas: "Tomando la naturaleza humana, Cristo no participó de su pecado o propensión para el mal".[14] De esa manera, sin entrar en polémica con los autores del apéndice B, los miembros del Instituto de Investigación Bíblica presentaron un texto neutro, dejando que los lectores sacasen sus propias conclusiones.

En su relatorio público, Gordon Hyde, entonces director del Instituto de Investigación Bíblica de la Conferencia General, notó con pesar la creciente influencia de la nueva Cristología. Escribió él: "Es generalmente sabido que no todos quedaron felices con el énfasis dado en Question on Doctrine, y de hecho, uno o dos estudiosos entre nosotros, así como líderes de algunos grupos discordantes, tomaron una actitud negativa ante el énfasis dado y disputaron enfáticamente por la posición póstlapsariana. En general, sin embargo, la posición de Question on Doctrine pareció prevalecer y fue mantenida por el liderazgo de la iglesia como siendo correcta... Pero, en los últimos tres o cuatro años, hubo un resurgimiento de los asuntos por parte de ciertos editores de la Review en sus editoriales, y en algunas publicaciones de los grupos divergentes".[15]

Herbert E. Douglass Reacciona a Través de las Lecciones de la Escuela Sabática

En esa ocasión, mientras Herbert Douglass publicaba sus editoriales en la Review and Herald, le fue solicitado preparar las lecciones de la Escuela Sabática sobre "Cristo, Nuestra Justicia", para el primer trimestre de 1974.[16]

El problema de la naturaleza humana de Jesús es tratado bajo el título "El Justo Jesús"[17]. El verso básico es (Romanos 8:3), y la introducción del tópico presenta esta cita de Ellen White: "Cristo soportó los pecados y debilidades de la raza humana tales como existían cuando Él vino a la Tierra para ayudar al hombre. En favor de la raza, teniendo sobre Sí las debilidades del hombre caído, debía Él resistir a las tentaciones de Satanás en todos los puntos en que el hombre era tentado".[18]

Habiendo desarrollado el tema de la divinidad de Cristo en la primeras dos secciones de la lección, Douglass abordó Su humanidad en las otras cuatro, bajo los siguientes títulos "Jesús Fue Hombre" (Fil. 2:5-7); "Comprensión Mútua" (Heb. 2:17); "Jesús Fue Tentado" (Heb. 4:15; 12:3-4); "Una Vida Sin Pecado" (Rom. 8:3; Juan 16:33). Los comentarios de cada texto fueron extraídos principalmente de los escritos de Ellen White. Considerando que la nueva interpretación estaba supuestamente basada en las citas de Ellen White, se encontró apropiado refutar esa explicación con apoyo en sus escritos. Por esa razón, he ahí esta clásica cita en conexión con (Filipenses 2:5-7 y Juan 1:14): "Cristo no fingió asumir la naturaleza humana; Él de hecho la tomó sobre Sí... (Heb. 2:14). Él era el hijo de María; era de la simiente de David según la descendencia humana. Es declarado ser Él hombre, el Hombre Cristo Jesús".[19] Y otra aun: "Por cuatro mil años estuvo la raza a decrecer en fuerzas físicas, vigor mental y moral; y Cristo tomó sobre Sí las debilidades de la humanidad degenerada. Únicamente así podía salvar al hombre de las profundidades de su degradación".[20]

Jesús era inmaculado no porque poseyese carne impecable, sino porque Él vivió sin pecar en una 'carne en semejanza de pecado'. Así Douglass concluyó que Jesús había demostrado ser posible "vivir sin pecar, en obediencia a la ley del Cielo, a quien quiera que se lance enteramente en las manos de Dios".[21]

Como veremos más tarde, Douglass es específico en enfatizar la razón de Jesús haber venido en carne pecaminosa. Para él existía una relación de causa y efecto entre Cristología y Soteriología. Realmente, él sintió ser precisamente esa toda la controversia habida.

En una tentativa de resolver las divergencias sobre el asunto de la justificación por la fe, los líderes de la Conferencia General entendieron que debería ser escogida una comisión especial. Obviamente, esa comisión no podría considerar el problema sin también examinar la naturaleza humana de Cristo.

Investigaremos los relatoríos de esa comisión para comparar sus conclusiones con respecto a la Cristología.

La Cristología de la Comisión de la Justificación Por la Fe.

Esa comisión fue específicamente creada para examinar el manuscrito de Robert J. Wieland y Donald K. Short. Por esa razón, ella fue inicialmente conocida como "La Comisión Revisora del Manuscrito Wieland y Short". Ya en 1950, esos dos misioneros, al retornar de África, fueron los primeros a advertir a la Conferencia General sobre las nuevas interpretaciones a respecto de la Persona y obra de Cristo, que estaban amenazando la iglesia. Subsecuentemente, ellos fueron solicitados a presentar sus preocupaciones por escrito, lo que hicieron en forma de un compendio dactilografiado titulado 1888 Reexaminado.[22]

Para facilitar el trabajo de la comisión, tres subcomisiones fueron creadas para reunir la documentación necesaria. La propia comisión se reunió el 25 de Octubre de 1974, y una segunda vez del 17 al 19 de Febrero de 1975. Un tercer y final encuentro, del 23 al 30 de Abril de 1976, en Palmdale, California, que incluyó una importante delegación proveniente de Australia.[23]

Es interesante notar como el relatorio de la reunión del 17 de Febrero de 1975 resumió el acuerdo habido con los hermanos Wieland y Short. Primeramente, ellos reconocieron la contribución sin paralelo de Jones y Waggoner en su mensaje sobre la justificación por la fe, y la relación existente entre la naturaleza humana de Jesús y la justicia por la fe. La comisión concluyó, sin embargo, que Ellen White no habría aprobado todas las declaraciones hechas por Jones y Waggoner.[24] Además, ella se rehusó a entrar en la controversia sobre el asunto de la naturaleza humana de Cristo.

En esencia, esos puntos fueron abordados en el relatorio de la comisión de Palmdale sobre justificación por la fe.[25] Entretanto, algunos teólogos adventistas de Australia desafiaron la interpretación tradicional de la justificación por la fe, afirmando que de acuerdo con la Biblia, la expresión dice respecto apenas a la justificación, sin incluir santificación. Una delegación de 19 líderes de la iglesia australiana, incluyendo Desmond Ford y Alwyn Salom, fue convidada a discutir la materia en la conferencia de Palmdale. Esos hombres tuvieron la oportunidad de presentar sus puntos de vista sobre justificación por la fe y la naturaleza humana de Cristo. Quedó claro que nadie dudaba de la relación directa entre ambas.

En la sesión que trató de la humanidad de Cristo, el relatorio sintetizó las conclusiones de la comisión conforme estos términos:

"1. Que Cristo era, y aun es, el Dios-Hombre -- la unión de la verdadera Divinidad y de la verdadera humanidad.

"2. Que Cristo experimentó toda la extensión de las tentaciones, con riesgo de fracaso y pérdida eterna.

"3. Que Cristo venció la tentación, apropiándose únicamente de aquellas provisiones que Dios dispone para la familia humana.

"4. Que Cristo vivió en perfecta obediencia a los mandamientos de Dios y que Él era sin pecado.

"5. Que por Su vida y muerte expiatoria hizo posible que los pecadores fuesen justificados por la fe y, por lo tanto, considerados justos a la vista de Dios.

"6. Que por la fe en el acto redentor de Cristo, no apenas la posición de la persona delante de Dios puede ser cambiada, sino también su carácter, mientras crece en la gracia y obtiene la victoria tanto sobre las tendencias hereditarias como sobre las cultivadas para el mal. Esa experiencia de justificación y santificación prosigue hasta la glorificación".[26]

El relatorio cita las declaraciones de Ellen White más favorables a la posición tradicional, enfatizando la participación de Cristo en la naturaleza caída del hombre y Su vida inmaculada. Pero, naturalmente, los participantes de esa conferencia no eran unánimes con respecto a las interpretaciones de esas declaraciones. En realidad, tanto estaban presentes allí muchos defensores de la posición póst-lapsariana como de la pré-lapsariana. Así, el relatorio de la conferencia no tomó posición sobre ese tema, pero finalizó con un apelo por la unidad y ánimo para el proseguimiento de ese estudio en un espíritu de tolerancia de ambas partes.

En efecto, eso ya no era más una cuestión de decidir cuál de las dos interpretaciones estaba correcta, sino simplemente reconocer que los dos diferentes puntos de vista existían. Esos desvíos de las doctrinas fundamentales como justificación por la fe y la naturaleza humana de Cristo, fueron considerados por algunos como evidencia de una aguda crisis teológica en el seno de la Iglesia Adventista. La obra de Geoffrey J. Paxton, The Shaking of Adventism (El Abalo del Adventismo), representa claramente la opinión de aquellos que acompañaron las discusiones de la conferencia de Palmdale del lado de afuera.[27]

Vistas del lado de adentro, Arthur Leroy Moore, un teólogo adventista, llegó a la misma conclusión en su tesis doctoral publicada en 1980, bajo el título The Theology Crisis (La Crisis de la Teología)[28] Moore refuta sistemáticamente las nuevas interpretaciones de los "reformistas" -- como él los llamó sobre la justificación por la fe y la naturaleza humana de Cristo, basadas en las presentaciones de Ford en la Conferencia de Palmdale.[29]

Las Disertaciones de Ford en la Conferencia de Palmdale

Entre los delegados australianos a la Conferencia de Palmdale, en Abril de 1976, estaba un influyente teólogo por nombre Desmond Ford, que enseña en el Colegio Adventista de Avondale, en su país natal. Por años Ford había propagado sus ideas sobre la doctrina de la justificación por la fe, declarando que la iglesia había anulado esa enseñanza al rechazar la doctrina del pecado original. Ford escribió: "Eso... dio origen a tres herejías relacionadas: a) que el evangelio incluye santificación así como justificación; b) que Cristo tomó la caída naturaleza de Adán; y c) que la 'última generación' debe desarrollar caracteres perfectos antes de la vuelta de Cristo".[30]

Como esas ideas se habían dispersado ampliamente por los Estados Unidos, era deseable que Ford las presentase a la Comisión de la Justificación Por la Fe, para llegar, si fuese posible, a una declaración oficial. Así le fue dada a Ford la oportunidad de presentar tres documentos en la conferencia de Palmdale. El primero era "El Alcance y los Límites de la Expresión Paulina 'Justicia Por la Fe'"; el segundo, 'La Relación Entre la Encarnación y la Justicia Por la Fe'; y el tercero, 'Ellen G. White y la Justicia Por la Fe'.[31]

Ford asumió posición semejante a la encontrada en Question on Doctrine,[32] pero su colocación era bien más definida: "Cristo tomó la naturaleza impecable de Adán, pero no su fuerza. Él asumió nuestra debilidad pero no nuestra pecaminosidad. Él podría haber pecado, pero no lo hizo".[33]

A partir de esa Cristología, Ford desarrolló su doctrina de la justificación por la fe, en el sentido de una transacción puramente legal, limitada a la justicia imputada. Y escribió: "Para colocarla aun de otra forma, justificación, y no santificación, es la justicia por la fe del Nuevo Testamento, y tal justicia es el don del encarnado, crucificado y resurrecto Señor".[34]

Esa enseñanza de una justicia puramente legal llevó a Ford y a sus seguidores a una forma de adventismo evangélico,[35] que tendía a subestimar la importancia de la obediencia como condición de salvación, ofreciendo una remisión sin temor de un juzgamiento por venir, y negaba todo el significado profético del evento de 1844.[36] Esas conclusiones extremadas están en armonía lógica con sus suposiciones, pero en radical oposición a la Cristología Adventista tradicional y al mensaje de la justificación por la fe proclamada en 1888. No admira que la reacción a esas opiniones fuese inmediata.

Herbert E. Douglass Reafirma la Cristología Tradicional

Después de la impresión de su primera lección de la Escuela Sabática para el primero trimestre de 1974, Douglas fue requisitado a preparar los originales para el segundo trimestrede 1977. Él llamó ese trabajo Jesús, el Hombre-Modelo. Esa fue una secuencia lógica a las precedentes lecciones sobre El Justo Jesús.

Los originales de las lecciones siempre son sometidos a examen por una comisión mundial responsable por la mantención del contenido doctrinario, en armonía con los principios de la iglesia. El segundo original encontró alguna oposición, pero el Departamento de la Escuela Sabática de la Conferencia General aprobó su publicación, a despecho de las críticas.[37]

El tema dominante de esas lecciones puede ser sintetizado por esta declaración de Ellen White, citada en la introducción general: "Debemos mirar para el hombre Cristo Jesús, que es completo en la perfección de la justicia y santidad. Él es el Autor y Consumador de nuestra fe. Él es el hombre-modelo. Su experiencia es la medida de la experiencia que tenemos que obtener. Su carácter es nuestro modelo... Mientras Lo contemplamos y meditamos en El, Él será formado interiormente".[38]

Fiel al concepto básico de la Cristología adventista tradicional, Douglass repitió que "Jesús, el Carpintero de Nazaret, vino a este mundo y aceptó 'los resultados de la operación de la gran ley de la hereditariedad". Él estaba 'sujeto a la debilidad de la humanidad... para herir la batalla en que cada ser humano precisa empeñarse, con riesgo de fracaso y pérdida eterna'".[39] Apoyándose constantemente en la enseñanza de Ellen White, Douglass se gratificaba en afirmar que la victoria de Cristo sobre el pecado puede ser también la nuestra. "Como uno de nosotros, Él tenía que dar un ejemplo de obediencia... Cristo soportó cada prueba a la que estamos sujetos, y no ejerció en Su propio favor ningún poder que no nos sea libremente ofrecido... Su vida testifica de que es posible también a nosotros obedecer la ley de Dios".[40]

"Si Dios hubiese venido a la Tierra apenas pareciendo ser un hombre, Su desempeño no habría respondido a las acusaciones de Satanás; la cuestión no era lo que Dios podría hacer, sino si el hombre podría guardar la ley y resistir al pecado".[41] En apoyo a sus convicciones, él citó la declaración de Ellen White de que 'la victoria y la obediencia de Cristo son aquellas de un verdadero ser humano. En nuestras conclusiones, cometemos muchos equívocos a causa de nuestros erróneos puntos de vista sobre la naturaleza humana del Señor. Cuando le conferimos a Su naturaleza humana un poder que no le es posible al hombre disponer en sus conflictos con Satanás, destruimos la perfección de Su humanidad".[42]

Fuera de las lecciones de la Escuela Sabática, Douglas también publicó una especie de comentario sobre las diversas lecciones, en conjunto con Leo Van Dolson: Jesús -- El Punto de Referencia de la Humanidad.[43] Para Douglass, Jesús fue no apenas el "Hombre-Modelo", sino también "El Punto de Referencia de la Humanidad". En otras palabras, la medida de lo que podemos volvernos por la gracia de Dios en Jesucristo.

Douglass ya había desarrollado ese tema en un capítulo del libro Perfección, La Imposibilidad Posible, publicado en 1975.[44] Bajo el título El Muestrario de la Gracia de Dios, Douglass reafirmó la enseñanza de los pioneros y de Ellen White, cuyos escritos citó profusamente. Él se alegraba también al reconocer que proeminentes teólogos como Karl Barth y Emil Brunner, los cuales, como él, habían demostrado que la participación de Jesús en el estado de la caída naturaleza humana, era no apenas una verdad cristológica, sino una realidad soteriológica de gran importancia. En la óptica de Douglass, la perfección cristiana es posible apenas en la extensión del reconocimiento de que Jesucristo mismo participó de la naturaleza del hombre pecaminoso.

Él es explícito: "De ningún modo Ellen White menospreciaría el triunfo de Jesús y le emprestaría soporte a la gran herejía de que la naturaleza humana del Señor era la de Adán antes de la caída-exenta de los riesgos y de la degeneración del pecado".[45]

Naturalmente, Douglass no estaba solo al recordar cual era el fundamento de la Cristología adventista desde el comienzo del movimiento. Otras voces también fueron oídas,[46] tales como la de Kenneth H. Wood, editor-jefe del órgano oficial de la iglesia, la Review and Herald.

Kenneth H. Wood Confirma la Cristología Tradicional

Kenneth H. Wood, actualmente presidente de los Depositarios de Ellen G. White, fue editor de la Review and Herald de 1966 a 1982. Él no expresó directamente sus puntos de vista sobre el problema de la naturaleza humana de Cristo hasta 1977, cuando publicó tres editoriales paralelamente a las lecciones de la Escuela Sabática del segundo trimestre, tratando de Jesús, el Hombre--Modelo.

El primero surgió el 5 de Mayo de 1977, sincronizado para coincidir con el estudio de las lecciones preparadas por Herbert Douglass. Wood consideraba esas lecciones como "siendo de excepcional valor". "Esas lecciones de la Escuela Sabática enfatizaban que Jesús satisfizo plenamente cada calificación necesaria para la misión de salvar la humanidad perdida. Exceptuándose Su absoluta pureza, Jesús se identificó completamente con la raza humana (Ver Ellen G. White, Carta 17, de 1878)".[47]

"Más ahí", observó Woods, "no todos los cristianos -- aun los adventistas del séptimo día -- concuerdan con la interpretación de esas y otras inspiradas declaraciones".[48] Eso quedó demostrado en la Conferencia de Palmdale donde, de acuerdo con el relatorio, los participantes quedaron divididos entre aquellos que sostenían el punto de vista acerca de la naturaleza perteneciente a la pecaminosa humanidad, como heredada por Cristo, y aquellos que creían que Su naturaleza había sido la de la humanidad impecable".[49]

Wood creía que los adventistas habían sido comisionados por Dios para exaltar a Cristo. "¿Están ellos haciendo eso? No tan plenamente como debieran. Y tal vez una razón para eso sea que por años muchos miembros y ministros han recelado analizar la humanidad de Cristo, por miedo de parecer irreverentes y hacer a Jesús totalmente humano (lo que Él no fue; nuestro Señor también era divino). Ellos quedaban transformados cuando algunos miembros de la iglesia y líderes predicaban el Cristo del adventismo histórico, el Cristo que vivió como nosotros tenemos que vivir, que fue tentado como nosotros lo somos, que venció como nosotros tenemos que vencer, y que prometió vivir en nosotros por Su Santo Espíritu (uniendo nuestra naturaleza humana con Su naturaleza divina)".[50]

Wood expresó su satisfacción en estos términos: "Así, estamos felices porque el Departamento de la Escuela Sabática de la Conferencia General, a través de las lecciones trimestrales, está llevando al mundo a contemplar demorada y firmemente a Jesús.

Creemos que como resultado de esas lecciones sobre la vida y ministerio de Jesús, habrá mayor provecho para cada creyente, y entendemos que fue creado un clima de apertura en el cual el estudio puede propiciar aspectos de la Encarnación que precisan ser comprendidos integralmente, antes que el mensaje del tercer ángel pueda dilatarse hasta el alto clamor".[51]

En los meses que se siguieron a esos editoriales, fue publicado el libro de Edward Heppenstall, El Hombre Que Es Dios, y cuyo subtítulo decía: "Un Estudio Sobre la Persona y la Naturaleza de Jesús, Hijo de Dios e Hijo del Hombre."[52] Hablaremos más tarde sobre su contenido, pero queremos destacar aquí que las dos editoriales salidas de la pluma de Kenneth Wood al final del año, tenían relación con la publicación de ese libro.

En respuesta a los argumentos de Heppenstall, Wood reafirmó su posición el 22 de Diciembre de 1977, en un editorial titulado "El Don Supremo". Wood primeramente expresó su gratitud a Dios por ese don que excede todo entendimiento. "El aspecto espantoso de la historia de Belén es que el infinito Dios vendría a este mundo y se uniría a la raza humana".[53]

"¡Pero, más admirable aun que el hecho de Dios Hijo venir a habitar con la humanidad, es la verdad de que Él vino a morar con la humanidad pecadora! 'Habría sido una casi infinita humillación para el Hijo de Dios, revestirse de la naturaleza humana aun cuando Adán permanecía en su estado de inocencia, en el Edén. Pero Jesús aceptó la humanidad cuando la raza había sido debilitada por cuatro mil años de pecado. Como cualquier hijo de Adán, aceptó los resultados de la operación de la gran ley de la hereditariedad. Lo que estos resultados fueron, se manifiesta en la historia de Sus ancestrales terrestres. Vino con esa hereditariedad para compartir nuestros dolores y tentaciones, y darnos el ejemplo de una vida impecable.(El Deseado de Todas las Gentes:49)'".[54]

En su segundo editorial, Wood explicó cómo Jesús pudo vivir sin pecar mientras estaba en carne humana pecaminosa. Ciertamente, señaló él, eso "desafía la fe y la razón, pero no osamos rechazar la verdad meramente porque no podemos comprenderla o explicarla".[55] Otros aspectos de la Encarnación son también un misterio, sin embargo, nosotros los aceptamos -- tales "como la naturaleza divina y la naturaleza humana podrían combinarse en una Persona".[56]

Wood advirtió contra dos peligrosas conclusiones que algunos extraían de la declaración de que Cristo tomó la naturaleza pecaminosa del hombre. Primera: "que eso hizo a Cristo apenas humano y no divino." Segunda: "que Jesús fue a causa de eso maculado por el pecado o tuviese inclinación para él".[57] Wood citó Ellen White contra esos puntos de vista: "Nunca, de modo alguno, dejen la más leve impresión sobre mentes humanas de que había en Cristo una mancha o inclinación para la corrupción, o que Él, de alguna forma, cedió a la tentación'. (The SDA Bible Commentary, Comentarios de Ellen G. White, vol. 5, pág. 1128)."[58]

De hecho, Wood declaró: "1) Tomar la naturaleza pecaminosa del hombre no contaminó o manchó a Cristo. 2) Jesús fue totalmente leal a Su Padre y contrario a la rebelión, que es la verdadera esencia del pecado".[59]

Wood justificó la primera declaración con la siguiente explicación: "Noten lo que acontecía cuando Jesús tocaba los leprosos. ¿Fue Él contaminado por tocarlos?... No, en lugar de eso, los leprosos es que fueron purificados". "Cuando la Divinidad toca la humanidad, Ella no es contaminada; en vez de eso, la humanidad es bendecida, curada y purificada". Cristo nació del Espíritu, y cuando Él Se unió a la pecaminosa naturaleza humana, "por el hecho de haberla tomado, la purificó de toda su inherente depravación".[60]

Cuanto a la segunda declaración, Wood explicó que ningún trazo de rebelión fue encontrado en Jesús. "Él siempre estaba en completa armonía con la voluntad y la ley de Su Padre... Jesús dijo de Sí mismo: 'Viene ahí el príncipe de este mundo; y él nada tiene en Mí' (Juan 14:30). Y también: '... no procuro Mi propia voluntad, y, si, la de aquel que Me envió' (cap. 5:30). Jesús poseía Su propia voluntad -- como todo ser humano -- pero la sometió a Su Padre -- como debería ser con la voluntad de todo aquel que nace del Espíritu".[61]

"Cuando se escribe que Jesús fue tentado en todos los puntos como nosotros, sin cometer pecado (Heb. 4:15), ¿a quién describe ese "nosotros"?", pregunta Woods. "Él no se refiere a los paganos, sino al pueblo de Dios... Tal vez se refiera primariamente a los nacidos del Espíritu (cf. Juan 3:3-8), a personas no más dirigidas por la carne y 'en la carne', pero espiritualmente conducidas y 'en el espíritu' (ver Rom. 8:4-9)."[62] Consecuentemente, 'aquellos que son nacidos del Espíritu pueden, a través del poder de Cristo, resistir con éxito cada tentación y ser victoriosos en su lucha contra el enemigo de sus almas".[63]

Al vivir victoriosamente en la naturaleza humana caída, "Jesús dio un ejemplo de lo que Sus seguidores pueden valerse en su batalla contra el pecado."[64] Encerrando, Wood exclama: "¡Que maravilloso Dios nosotros servimos! ¡Qué maravilloso Salvador nosotros tenemos! ¡Qué maravilloso poder está disponible para capacitarnos para vivir una vida victoriosa!"[65]

La Cristología de Edward Heppenstall

Edward Heppenstall fue un proeminente profesor de filosofía cristiana, para quien la teología no era verdaderamente útil, a menos que condujese a un relacionamiento con Dios a través de Jesucristo. Nacido en Inglaterra, Heppenstall enseñó en varias universidades americanas y en el Seminario Teológico Adventista del Séptimo Día en Washington, D.C., a partir de 1955. En la Universidad Andrews, en Berrien Springs, Michigan, él tenía a su cargo las cátedras de teología sistemática y filosofía cristiana. En 1967, él aceptó el llamado para la Universidad de Loma Linda, California, para enseñar en el Departamento de Religión, donde se quedó hasta su jubilación en 1970.[66]

A través de los años, Heppenstall fue un fiel colaborador de varios periódicos adventistas, en particular de Ministry, Signs of the Times y These Times. El comentario de la segunda epístola a los Corintios, en el SDA Bible Commentary, procede de su pluma. Muchos de los libros escritos durante su jubilación, son dignos de crédito: Our High Priest (Nuestro Sumo Sacerdote), 1972; Salvation Unlimited (Salvación Ilimitada), 1974, In Touch With God (En Contacto Con Dios), 1975, The Man Who Is God (El Hombre Que es Dios), 1977, todos publicados en Washington, D.C., por la Review and Herald Publishing Association.

Hasta donde nuestro tema está envuelto, Heppenstall detalló su Cristología en el libro The Man Who Is God. Esa es tal vez el más sistemático abordaje hecho por un teólogo adventista sobre "la persona y la naturaleza de Jesús, el Hijo de Dios e Hijo del Hombre" (el subtítulo del libro). En él son tratados todos los aspectos de la Cristología: Cristo en la historia humana, la Encarnación, el nacimiento de Jesús, la doctrina de la kenosis (la abdicación de la forma divina por Jesús al hacerse hombre y sufrir la muerte), el centro de la consciencia de Cristo, Cristo y el pecado, la impecabilidad de Jesús, la tentación de Cristo y la singularidad de Cristo.

Para Heppenstall, la Encarnación constituye el mayor milagro de todos los tiempos y de la eternidad. Ella es verdaderamente el hecho central del Cristianismo. "Si alguien no cree en la Encarnación, entonces es imposible comprender lo que la fe cristiana representa",[67] porque, "la substancia de nuestra fe yace en lo que Cristo fue e hizo, y no meramente en lo que Él enseñó".[68] "La unión de lo divino y de lo humano resultó en dos naturalezas en una persona, Jesucristo. De ahí el término usado para Jesús -- el Dios-Hombre".[69] Habiendo enfatizado el milagroso nacimiento de Jesús, Heppenstall prosigue afirmando la perfecta divinidad de Cristo y Su perfecta humanidad; plenamente Dios y totalmente hombre.

Heppenstall creía que la humanidad de Jesús no era la impecable humanidad de Adán antes de la caída. "Cristo vino en la humilde forma de un siervo en Su encarnación, representando servidumbre, sujeción, subordinación. Él asumió la debilitada naturaleza humana y no la perfecta naturaleza que Adán poseía antes de pecar. Jesús no vino a la Tierra como un nuevo ser humano, creado nuevamente en poder y esplendor... En lugar de comandar y reinar en poder y majestad, ocupando un lugar de honra y preeminencia entre los hombres, Él se humilló a Sí mismo. Anduvo la senda de la humillación que culminó en Su muerte sobre la cruz".[70]

Mientras Heppenstall difería de aquellos que afirmaban que Jesús tomó la naturaleza de Adán antes de la caída, también divergía de los que le atribuían a Jesús la naturaleza de Adán después de la caída. Él veía una diferencia entre tener una naturaleza pecaminosa y una naturaleza que portaba simplemente los resultados del pecado. Obviamente, "si la transmisión del pecado es por propagación natural, entonces Jesús debe haber heredado de María lo que todos nosotros heredamos de nuestros padres, a menos que admitamos alguna forma de doctrina de inmaculada concepción".[71]

Para Heppenstall, el pecado no es algo genético. Lo que los seres humanos heredaron de Adán por el nacimiento fue un estado de pecado que separa de Dios, esto es, "pecado original". "El pecado es un hecho espiritual causado por la alienación total de Dios por parte del ser humano. No podemos aplicar esa condición alienada a Cristo. Él no nació como nosotros, separado de Dios. Él era el propio Dios. Él podría heredar de María apenas aquello que sería transmitido genéticamente. Eso significa que Él heredó la constitución física debilitada, los resultados del pecado sobre el cuerpo, que todos nosotros heredamos. Con referencia a los demás hombres, ellos nacen sin Dios. Todos los hombres necesitan de regeneración. Cristo no. Aquí yace la gran diferencia entre Cristo y nosotros".[72]

Por qué distinguió el pecado original del proceso genético, Heppenstall pudo afirmar que Cristo no tuvo una naturaleza pecaminosa como el resto de la humanidad. Fuera de eso, destacó él: "Esa Escritura [Rom. 8:3] no dice que Dios envió a Su Hijo 'en carne pecaminosa', sino apenas 'en semejanza' de ella... Si Cristo hubiese nacido exactamente como nosotros, Pablo no habría escrito 'en semejanza', sino 'en carne pecaminosa'. El apóstol es muy cuidadoso en dejar clara la impecabilidad de la naturaleza de Cristo".[73] "Cristo no nació exento de deterioración física. Él la heredó totalmente de María... Él estaba físicamente sujeto al declino de la raza; pero una vez que el pecado no es transmitido genéticamente, sino como resultado de la separación del hombre de Dios, Cristo nació sin pecado".[74]

Al lidiar con el problema de la tentación, Heppenstall consideró que 'la posibilidad de ser tentado es la misma para un ser sin pecado como para uno pecaminoso. Adán fue tentado cuando era un ser impecable. Él enfrentó la tentación en la plena fuerza de un sistema físico y mental perfecto. Pero Cristo no Se hizo carne en el perfecto estado en que Adán fue creado. Para Cristo, el poder de la tentación fue enormemente aumentado en virtud de Su herencia de una constitución física debilitada por 4000 años de creciente degeneración de la raza. La posibilidad de ser vencido era mucho mayor que la de Adán a causa de eso".[75]

En razón de Su confianza en Su Padre celestial y por el poder del Santo Espíritu, Cristo triunfó sobre el pecado. "En eso Él es nuestro Padrón perfecto. Nuestra unión con Dios es por la fe y no por nuestros propios esfuerzos. Cristo escogió vivir como un ser humano, en total dependencia de Dios. Nada podría cambiar eso. Él anduvo con Dios por la fe, así como tenemos que hacerlo".[76]

En conclusión, alguien puede apreciar el esfuerzo de síntesis intentado por Heppenstall entre la Cristología tradicional y aquella enseñada por los autores del libro Questions on Doctrine. Más de una vez, él declaró que Cristo había tomado sobre Sí, no la naturaleza de Adán antes de la caída, sino la naturaleza humana después de 4000 años de degeneración de la raza. Sin embargo, si afirmamos que el pecado es meramente un hecho espiritual aparentado con la naturaleza religiosa, y no transmitido genéticamente, somos dejados con un Cristo que realmente no "condenó el pecado en la carne", la verdadera misión por la cual Él fue enviado por Dios para cumplir "en semejanza de carne pecaminosa" (Rom. 8:3).

El argumento de Heppenstall tiende a ser más filosófico que bíblico, y él no da ninguna cita de Ellen White.

Está evidente porque, después de la publicación de The Man Who Is God, Kenneth Wood sintió la responsabilidad de reafirmar la Cristología adventista histórica en su editorial publicado en la Pascua 1977. Lejos de aclarar el problema de la naturaleza humana de Cristo, Heppenstall la hizo más hipotética. Recientes descubrimientos genéticos parecen contradecir esa hipótesis. De acuerdo con la antropología bíblica, los seres humanos son un todo; y si los efectos del pecado son transferibles, ciertamente lo mismo debería ser verdadero cuanto al pecado como un poder.

La Posición de J. R. Spangler Sobre Cristología, Mientras era Editor de Ministry.

Acordémonos del papel desempeñado por el editor-jefe de Ministry, Roy Allan Anderson, cuando "el nuevo marco histórico del adventismo" fue publicado en 1956. J. R. Spangler lo sucedió en 1966, pero él encontró mejor ponerse al margen de la controversia que fue creciendo en intensidad a través de los años. Ella alcanzó tal punto que muchos encontraron extraño que el editor de Ministry no se envolviese en el asunto.

La cuestión le fue colocada: "¿Por qué los editores de Ministry no tienen algo a decir sobre la presente discusión a respecto de la naturaleza de Cristo y de la justicia por la fe? ¿Cuál es su posición sobre esos temas?"[77]

La réplica de Spangler fue franca, directa y clara. Durante sus 36 años de ministerio, su opinión sobre esos puntos había cambiado. Él escribió: "Aun ahora, dudo en responder a tales cuestiones por miedo de dejar impresiones erróneas sobre la naturaleza del Señor".[78] Pero desde el momento en que no había ninguna declaración de fe votada por la Conferencia General sobre ese asunto, él se sintió libre para expresar su punto de vista.

"Antes de la publicación de Questions on Doctrine y de ciertos artículos en Ministry, yo no le dediqué mucha atención sobre la exacta naturaleza de Cristo. Simplemente creía que Él era Dios-Hombre y Lo presentaba como tal en las campañas evangelísticas. Durante los primeros años de mi ministerio, yo apoyaba firmemente el punto de vista de que Cristo tenía tendencias y propensiones para el mal, justamente como nosotros. Yo creía que Cristo poseía una naturaleza exactamente igual a la mía, excepto que Él nunca cediera a la tentación. Sin embargo, en los años 50, mientras la iglesia focalizaba la naturaleza de Cristo, mi posición cambió. Ahora era a favor de la idea de que Cristo fue genuinamente hombre, sujeto a las tentaciones y al fracaso, pero con una naturaleza humana impecable, totalmente libre de cualquier tendencia o predisposición para el mal".[79]

Habiendo examinado lo que la Biblia enseñaba sobre la naturaleza humana de Cristo, Spangler se hizo preguntas como estas: "¿Nació Jesús con una naturaleza corrompida como la mía? ¿Fue Él 'apartado del útero'? ¿Era Él, por naturaleza, hijo de la ira? ¿Recibió injustos trazos de carácter por el nacimiento? ¿Tuvo Él que batallar contra las fuertes tendencias para el mal con las cuales nació? Si así es, ¿qué tendencias y perversiones hereditarias poseía? ¿O Su naturaleza tenía toda variedad, aun cuando nunca hubiese cedido a ellas?"[80] Algunos elementos contenidos en la carta de Ellen White al Pastor Baker, hechos públicos en Question on Doctrine, definieron su posición, particularmente la declaración "ni por un momento hubo en El cualquier propensión para el mal".[81]

¿Fue Jesús realmente como nosotros? Spangler no estaba solo en su deseo de saber sobre esa fundamental cuestión. Thomas A. Davis, editor-asociado de la Review and Herald, se ocupó del problema y trató de darle una respuesta a través del libro Was Jesús Really Like Us? (¿Era Jesús Realmente Como Nosotros?), publicado en 1979.[82]

Thomas A. Davis: ¿Fue Jesús Realmente Como Nosotros?

Si el libro de Heppenstall tuvo la distinción de ser el más completo estudio entre aquellos que sustentaban que Jesús tenía una naturaleza impecable, el libro de Davis ofrecía una interesante alternativa. Gracias a sus primeras publicaciones, la posición de Davis era bien conocida. Su objetivo en ese punto no era repetir su primera postura. En ¿Era Jesús Realmente Como Nosotros?, el autor trató, en vez de eso, definir quién era el "nosotros" a quien se suponía que Jesús Se asemejaba. Ese fue el punto central de ese estudio.

Davis convida sus lectores a leer atentamente (Hebreos 2:11-17). El verso 11 dice: "Pues tanto lo que santifica como los que son santificados, todos vienen de uno sólo. Por eso es que Él no Se avergüenza de llamarlos hermanos". El verso 12 se refiere más una vez a los 'hermanos'; en el verso 13, "los hijos que Dios Me dio; en el verso 14, "los hijos tienen participación común de carne y sangre". El verso 16 dice que Jesús vino para socorrer los descendientes de Abraham. He aquí porque el verso 17 especifica que Jesús 'en todas las cosas Se hiciese semejante a los hermanos'.[83]

El autor concluye que "aquellos que son santificados -- puestos a parte como hijos de Dios -- son hombres y mujeres que, en resumen, nacieron de nuevo".[84] Y añade: "Latente en el término hermanos está, tal vez, una de las más vitales claves de toda la Biblia para la comprensión de la naturaleza humana de Jesús. El modo por el cual el término es usado en (Hebreos 2:11-17) abre un vasto campo de exploración tanto en las Escrituras como en los escritos del Espíritu de Profecía".[85]

A partir de (Hebreos 2:17), Davis concluye que "Jesús no Se encarnó en la naturaleza común de todos los hombres. Él no vino a este mundo semejante al hombre en todos los aspectos. La naturaleza humana que Él adoptó no era semejante a aquella de los pecadores no regenerados. Su naturaleza humana era común apenas con la de aquellos que habían experimentado un renacimiento espiritual. Entonces, cuando leemos que Jesús era, en todos los aspectos, semejante a Sus hermanos, comprendemos que Él poseía una naturaleza semejante a la de las personas renacidas"[86]

Esa posición ya había sido mantenida por otros teólogos adventistas del pasado. Davis se refiere, entre otros, a W. W. Prescott, que había escrito en uno de sus editoriales que "Jesús nació nuevamente por el Espíritu Santo... Cuando alguien se entrega a Dios y se somete al nuevo nacimiento del Espíritu, entra en una nueva etapa de la existencia, justamente como Jesús lo hizo".[87] Ese concepto fue también mencionado por Kenneth Wood en su editorial del 29 de Diciembre de 1977.[88]

Eso no significa que Jesús tuviese que pasar por un nuevo nacimiento, aclara Davis. "Jesús siempre fue lleno del Espíritu, puro, impecable, totalmente incontaminado por el pecado. De esa forma, Él nunca necesitó de la experiencia transformadora. Entonces, cuando usamos el término con referencia a Él, lo hacemos en el sentido acomodativo, por no poseeremos un vocablo mejor".[89]

"Cuando describimos la naturaleza espiritual y moral de Jesús como 'nacida de nuevo', no queremos transferir la idea de que ella sea exactamente como la naturaleza moral y espiritual de una persona regenerada. Jesús es el Hombre ideal, el Absoluto en perfección de carácter en todos los aspectos. Una persona regenerada es aun alguien fallo, de quien Jesús está removiendo los defectos".[90]

Davis interpretaba (Romanos 8:3) significando "que hay íntima similariedad entre la humanidad de Cristo y la nuestra, pero ellas no son idénticas. Hay una singularidad en Él que no podría ser encontrada en nadie más".[91]

En el capítulo 6, después de examinar algunas declaraciones de Ellen White particularmente difíciles que alguien las acepte, Davis llega al "punto central" de su argumento. "Debemos tener delante de nosotros el concepto alrededor del cual toda nuestra investigación gira: que Jesús poseía una naturaleza semejante a la de una persona renacida. Él fue 'hecho en todo semejante a Sus hermanos', 'pero, sin pecado' (Hebreos 2:17; 4:15). Tengamos en mente que Su naturaleza humana era 'idéntica a la nuestra', [92] que Él 'asumió los riesgos de la naturaleza humana, para ser probado y tentado',[93] que tomó 'sobre Sí mismo nuestra caída naturaleza'.[94], [95]

"Si eso es verdad, si concordaremos que Jesús no estaba fingiendo cuando Se hizo hombre, entonces precisamos aceptar el concepto de que Él encontró dificultades con Su naturaleza humana caída, justamente como el ser humano -- un ser humano renacido -- las tendría. Insistir que la naturaleza humana de Jesús era menos que la de una persona regenerada, que ella era como la de alguien no convertido, es algo imponderable. ... Por otro lado, creer que Su naturaleza era superior a aquella de una persona convertida, es realmente colocarlo sobre la propia humanidad, lo que es algo igualmente inadmisible. Eso es reivindicar para Él ventajas que ningún ser humano puede tener, pues el nuevo nacimiento es la más alta etapa espiritual a la cual la humanidad puede alcanzar en su presente estado".[96]

Para Davis, Jesús fue realmente el Dios-Hombre. "Él era un hombre con una 'naturaleza humana caída, que fue 'degradada y contaminada por el pecado', en una 'deteriorada condición' con las mismas 'susceptibilidades' mentales y físicas que el hombre pecaminoso tiene, estando sujeto a la 'debilidad de la humanidad', sin todavía Él mismo ser pecaminoso, y por lo tanto, sin culpa. Él era impecable, inculpable; Su voluntad estaba constantemente en concordancia con la de Su Padre".[97]

El Punto de Vista de William G. Jonson

William G. Johnsson fue indicado para el cargo de editor-jefe de la Adventist Review el 2 de Diciembre de 1982. Es importante para nosotros comprender su punto de vista con respecto a la controversia sobre la naturaleza humana de Cristo.[98]

Él no se envolvió directamente en el debate. Sin embargo, expresó sus ideas en un libro sobre la epístola a los Hebreos, publicado en 1979. In Absolute Confidence: The Book of Hebrews Speaks to Our Days (En Confianza Absoluta: El Libro de Hebreos Habla Para Nuestros Días). [99] El prefacio explica que el libro no pretende ser un comentario. "El propósito de la obra es básico: explicar claramente el 'mensaje' de Hebreos y mostrar su significado para los cristianos hoy".[100]

Nadie puede explicar Hebreos sin hablar de Cristología, una vez que los primeros dos capítulos afirman tanto la divinidad como la humanidad de Jesucristo. Johnsson consideraba que Jesús era plenamente Dios y plenamente hombre. Sobre Su naturaleza humana, "el apóstol quiere que estemos totalmente convencidos de ella [que Cristo Se hizo nuestro hermano]. Realmente, todo su argumento con respecto a Jesús como Sumo Sacerdote celestial se romperá en ruinas, si él no puede mostrárselo a la humanidad. Así, aun cuando él discuta más extensamente el punto en (Hebreos 2:5-18), retorna a él más y más veces".[101]

Pero aun cuando Jesús "Se identifique con nosotros", eso se hace "en la base de lazos sanguíneos familiares". Él es nuestro hermano de sangre, 'no por adopción, sino por nacimiento. Y aun cuando Sus orígenes Lo coloquen muy distante de nuestros límites, Él no Se avergüenza de nosotros, sino que le proclama al Universo reunido que nosotros somos Sus hermanos".[102]

En el capítulo 3, Johnsson vio los sufrimientos y las tentaciones de Cristo como garantizando "la genuinidad de la plena humanidad de Jesucristo".[103] Pero él creía que la epístola a los Hebreos no responde a las modernas cuestiones del ámago del debate sobre la naturaleza de Jesús. "El problema es que los escritores del Nuevo Testamento no estaban conscientes de la distinción entre naturaleza "pecaminosa" e "impecable", y así no la mencionan. Podemos quedar perturbados cuanto a eso, pero no ellos. Para ellos fue suficiente afirmar la realidad de la humanidad del Hijo y Sus pruebas, la certeza de Su impecabilidad a través de todas las tentaciones, y Su capacidad de ayudar al cristiano a vencer en la hora de su prueba".[104]

En una nota explicativa, Johnsson declaró: "Apenas dos versos del Nuevo Testamento focalizan directamente el tema de la 'naturaleza' de Cristo: (Romanos 8:3 y Filipenses 2:7). Cada verso, sin embargo, es ambiguo; así, los proponentes de ambos lados los usan en los debates".[105]

Aun cuando Johnsson no se inclinase explícitamente para ninguno de los lados de la cuestión en su libro, sus palabras sugieren que él favorecía el concepto de la naturaleza humana sin pecado, como la de Adán antes de la caída, conforme sus declaraciones posteriores también sugieren.[106]

Edward W. H. Vick: Jesús, el Hombre

En 1979, surgió otro libro notable en muchos aspectos: Jesús, el Hombre, de autoría de Edward W. H. Vick. Vick era conocido en los medios adventistas a causa de muchos de sus libros, como "Déjeme Garantizarle."[107]

Con diplomas de las Universidades de Londres y Oxford, y un Ph. D. de la Vanderbilt University, Vick dirigía el Departamento de Estudios Religiosos del Forest Fields College, en Nottingham, Inglaterra, en la ocasión en que surgió Jesús, el Hombre, en una serie de estudios sobre teología adventista. A su propio estilo, Vick buscó responder a las numerosas cuestiones que los teólogos habían levantado sobre el tema de la persona de Jesús: "¿Quién el pueblo dice que Soy?"

Bien naturalmente el problema de la naturaleza humana de Jesús fue ejerciendo presión sobre Vick. Él lo aborda en el capítulo 6: "Realmente, Un Hombre Verdadero". Entonces, habiendo listado muchas expresiones similares que yacen en la raíz de la fe cristiana, Vick destacó: "Note que esas declaraciones no alegan que Jesús, en todo el alcance de Su persona, es idéntico a nosotros. Ellas meramente afirman que con respecto a Su humanidad, Él es semejante a nosotros y que eso es esencial. ¿Esencial a qué? Una respuesta eficaz sugiere que la identidad es necesaria para la salvación del hombre. Fue dicho que el que no es alcanzado no puede ser salvo. Para salvar un ser humano es preciso ser instrumental, útil".[108]

Vick concluyó: "Él es la agencia de la redención humana, por virtud de Su humanidad".[109]

Fuera de eso, "la humanidad de Jesús es una confesión de fe. Ella fue la presuposición de fe para los creyentes primitivos y vino a ser una declaración explícita como la ocasión lo exigía, cuando, por ejemplo, la amenaza del docetismo la cuestionaba".[110] Pero, obviamente, no es fácil hablar acertadamente sobre Jesucristo, que es Dios y Hombre, "verdaderamente Dios y verdaderamente Hombre", como el Concilio de Calcedonia Lo definió. Pero Vick preguntaba: "Cuando alguien dice que en Jesucristo, Dios y el hombre son uno, ¿qué especie de unidad eso quiere significar?"[111]

Para comprender esa unidad, de acuerdo con Vick, el problema de Jesucristo precisa ser considerado bajo dos puntos de vista: uno histórico y otro experimental. Mediante esos dos abordajes, Vick entonces buscó definir la Encarnación en estos términos: "La

Encarnación significa que Dios toma parte de la humanidad. Significa que, aun cuando Jesús haya participado de las estructuras de una existencia humana pecaminosa, como formada por el hombre, Él no fue vencido por tal participación... A través de El, que Se entregó, Dios recibe el mundo para Sí mismo. Tal es el misterio de la gracia de Dios -- un misterio experimentado por el creyente cuando él encuentra la fe en Dios, y participa de la renovación de la fe día-a-día. Cuando el hombre pecador abandona a Dios, Él descubre un medio de revelarse al hombre".[112]

Vick insistía que en Cristo "Dios y el hombre están unidos. El término 'encarnación' expresa una realidad objetiva. En Jesús la humanidad está comprendida, y Él Se volvió las primicias, el paradigma, el ejemplo, el modelo capaz, el mediador -- pero ningún símbolo es adecuado... El lenguaje que no permite que Jesús sea realmente Dios y realmente Hombre es totalmente inaceptable". "Nada debe comprometer la real humanidad de Jesús. No podemos permitir hibridación de cualquier especie".[113]

Ese era el punto de vista de Vick sobre la humanidad de Jesús. En cierto sentido, él retorna a la definición de Ellen White: "La integralidad de Su humanidad, la perfección de Su divinidad, forman para nosotros un seguro terreno sobre el cual podemos ser llevados a la reconciliación con Dios".[114]

Con el testimonio de Vick, la década de 1970 se encerró. Durante ese período, la Cristología de los pioneros fue confirmada de muchos modos, por las autorizadas publicaciones de la iglesia. Confrontados con esa revigorada enseñanza tradicional, aquellos que se le oponían trataron varias fórmulas concesivas envolviendo una posición intermediaria, como la clave de la naturaleza humana de Cristo, o simplemente decidieron convivir con ambas posiciones. Esa tendencia culminó en Junio de 1985, con la simultanea publicación en Ministry de las dos interpretaciones opuestas.

Notas y Referencias

1. Thomas A. Davis, Preludes to Prayer (Prelúdios à Oración) (Washington, D.C.: Review and Herald Pub. Assn., 1906), pág. 346.

2. _____, Romans for the Every-Day Man (Romanos Para el Hombre de Cada Día) () (Washington, D.C.: Review and Herald Pub. Assn., 1971).

3. Eric Claude Webster, en Crosscurrents in Adventist Christology, hizo un pormenorizado estudio de la Cristología de Herbert E. Douglass (págs. 347-428).

4. Herbert E. Douglass, The Humanity of the Son of God Is Everything to Us, Review and Herald, 23 de Diciembre de 1971.

5. _____, Jesús Showed Us the Possible, Review and Herald, 30 de Diciembre de 1971.

6. _____, The Demonstration That Settles Everything, Review and Herald, 6 de Enero de 1972.

7. IbÍdem.

8. IbÍdem.

9. Ver Why the Angels Sang, Review and Herald, 21 de Diciembre de 1972; Emmanuel, God With Us, 20 de Diciembre de 1973; The Mistery of Manger, 19 de Diciembre de 1974.

10. Herbert E. Douglass para Bruno W. Steinweg, Enero de 1986, en The Doctrine of the Human Nature of Christ Among Adventists Since 1950, pág. 12.

11. _____, en Ministry, Febrero de 1972.

12. IbÍdem.

13. Question on Doctrine, pág. 650.

14. Ministry, Supplement, Febrero de 1972, pág. 5.

15. Gordon H. Hyde, en la Review and Herald, 20 de Agosto de 1974.

16. Lecciones de Adultos de la Escuela Sabática (Grantham, Eng.: Stanborough Press Ltd., 1973), primer trimestre de 1974, pág. 3. Las referencias de las cinco siguientes notas de pie de página fueron reimpresas en esa fuente.

17. IbÍdem.

18. E. G. White, Mensajes Selectos, vol. 1, págs. 267, 268.

19. Ídem, pág. 247.

20. _____, El Deseado de Todas las Gentes, pág. 117.

21. _____, Review and Herald, 27 de Septiembre de 1906.

22. Ver Minutes of the Righteousness by Faith Committee, Febrero de 1975.

23. Robert J. Wieland and Donald K. Short, 1888 Re-Examinado, revised and updated (Leominster, Mass.: Eusey Press, Inc., 1987).

24. Wieland, Ellen G. White, Endorsements of the 1888 Message, as Brought By Jones and Waggoner (St. Maries, Idaho: LMN Publishing).

25. Review and Herald, 27 de Mayo de 1976.

26. bÍdem.

27. Geoffrey J. Paxton, The Shaking of Adventism (Wilmington, Del.: Zenith Publishers, Inc., 1977). Ver Fritz Guy en Spectrum, Julio de 1978, págs. 28 a 60. Ver también David P. Duffie, Theological Issues Facing the Adventist Church (Grand Terrace, Calif.: 1975).

28. Arthur Leroy Moore, Theology in Crisis: A Study of Righteousness by Faith (Amarillo, Tex.: Southwestern Pub. Co., 1980).

29. Con respecto a la naturaleza humana de Cristo, ver Moore, págs. 242-292.

30. Ídem, pág. 23, nota 1.

31. Jack D. Walker, Documents From the Palmdale Conference on Righteousness by Faith (Goodlessville, Tenn.: 1976).

32. Ídem, págs. 36-41; Questions on Doctrine, págs. 647-660.

33. Desmond Ford, citadoen Gillian Ford, The Human Nature of Christin Salvation, págs.8-9.

34. DesmondFord, Documents From the Palma le Conference on Righteousness by Faith, pág. 36.

35. El periódico Evangélico, publicado por los estudiantes de la Andrews University seguidores de Ford, es un ejemplo. Él sistematicamente colocaba en oposición "el adventismo evangélico contra el adventismo tradicional".

36. Ver el documento de Desmond Ford presentado en la Conferencia de Glacier View, Colorado, en Agosto de 1980.

37. Steinweg (pág. 12) menciona los nombres de aquellos que aprobaron la publicación del manuscrito por Douglass: Prs. Pierson, Rampton, Nigri, Eva, Hyde, Lesher y Dower. Esa no fue una aprobación de la tesis de Douglass con respecto a la naturaleza humana caída asumida por Cristo, sino una aceptación de su publicación en las lecciones de la Escuela Sabática, en armonía con el espíritu de la Conferencia de Palmdale. La opinión contraria fue presentada en las lecciones del primer trimestre de 1983. Ver nuestro capítulo 13, págs. 175-176.

38. The Seventh-day Adventist Bible Commentary, Ellen G. White Comments, vol. 7, pág. 970. Citado por Herbert Douglass, Jesús, el Hombre-Modelo, Lecciones de Adultos de la Escuela Sabática, segundo trimestre de 1977, pág. 3.

39. E. G. White, El Deseado de Todas las Gentes, pág. 24. Citado en Douglass, Trimensario.

40. _____, El Deseado de Todas las Gentes, pág. 24. Citado en Douglass, Trimensario.

41. Douglass, Jesús, el Hombre-Modelo, lección 2, sección 6.

42. The Seventh-day Adventist Bible Commentary, Ellen G. White Comments, vol. 7, pág. 929. Citado en Douglass, Jesús, Hombre-Modelo.

43. Herbert E. Douglass, Jesús, el Punto de Referencia de la Humanidad (Nashville: Southern Pub. Assn., 1977).

44. Herbert E. Douglass, Edward Heppenstall, Hans K. LaRondelle, C. Merwyn Maxwell, Perfección, La Imposibilidad Posible (Nashville: Southern Pub. Assn., 1977). Ver págs. 35-45.

45. Ídem, pág. 42.

46. A. John Clifford y Russell R. Standish, Conceptos Conflictivos sobre la Justificación Por la Fe (Rapidan, Va.: Hartland Institute Publications, 1976); Robert J. Wieland, ¿Cómo Podría Cristo Ser Inocente Como un Bebé? Y Algunas Cuestiones Con Respecto a la Naturaleza de Cristo, segunda edición (Chula Vista, Calif.: 1977); Albert H. Olesen, Pensando Correctamente Sobre la Encarnación (Platina, Calif.: Unwalled Village Publishers, 1977).

47. Kenneth H. Wood, Jesús, el Dios-Hombre, Review and Herald, 5 de Mayo de 1977.

48. Ídem, pág. 12.

49. Registros de la Comisión de Palmdale Sobre la Justicia Por la Fe, pág. 1. Ver Review and Herald, 5 de Mayo de 1977.

50. Wood.

51. Ibídem.

52. Edward Heppenstall, El Hombre Que es Dios (Washington, D.C.: Review and Herald, 27 de Mayo de 1976.

53. Wood, en la Review and Herald, 22 de Diciembre de 1977.

54. Ibídem.

55. _____, en Review and Herald, 29 de Diciembre de 1977.

56. Ibídem.

57. Ibídem.

58. Ibídem.

59. Ibídem.

60. Ibídem.

61. Ibídem.

62. Ibídem.

63. Ibídem.

64. Ibídem.

65. Ibídem.

66. Ver Webster, págs. 248-346.

67. Heppenstall, pág. 21

68. Ídem, pág. 25.

69. Ídem, pág. 22.

70. Ídem, pág. 74.

71. Ídem, pág. 126.

72. Ibídem.

73. Ídem, págs. 136-137.

74. Ídem, pág. 138.

75. Ídem, pág. 154.

76. Ídem, pág. 162.

77. J. R. Spangler, en Ministry, Abril de 1978.

78. Ibídem.

79. Ibídem.

80. Ídem, pág. 23.

81. Ibídem.

82. Thomas A. Davis, ¿Fue Jesús, Realmente, Como Nosotros? (Washington, D.C.: Review and Herald Pub. Assn., 1979).

83. Ídem, pág. 22 (itálicos suplidos).

84. Ídem, pág. 24 (itálicos suplidos).

85. Ídem, pág. 25.

86. Ídem, págs. 30-31.

87. Ídem, pág. 32.

88. Wood, en Review and Herald, 29 de Diciembre de 1977. Ver nuestro capítulo 12.

89. Davis, ¿Fue Jesús, Realmente, Como Nosotros?, pág. 35.

90. Ídem, pág. 37.

91. Ídem, pág. 46.

92. Ellen G. White, Manuscrito 94, 1893.

93. Ellen G. White, Signs of the Times, 2 de

Agosto de 1905.

94. _____, El Deseado de Todas las Gentes, pág. 112.

95. Davis, ¿Fue Jesús, Realmente, Como Nosotros?, pág. 53.

96. IbÍdem.

97. Ídem, pág. 97.

98. Después del día 5 de Enero de 1978, la Review and Herald pasó a denominarse Adventist Review.

99. William G. Johnsson, En Absoluta Confianza: El Libro de Hebreos Habla Para Nuestros Días (Nashville: Southern Pub. Assn., 1979).

100. Ídem, pág. 11.

101. Ídem, pág. 55.

102. Ídem, pág. 57-58.

103. Ídem, pág. 61.

104. Ídem, pág. 63-64.

105. Ídem, pág. 73, nota 11.

106. Ver nuestro capítulo 14.

107. Edward W. H. Vick, Déjeme Garantizarle (Mountain View, Calif.: Pacific Press Publ Assn., 1968); Jesús, el Hombre (Nashville: Southern Pub. Assn., 1979).

108. _____, Jesús, el Hombre, pág. 53.

109. Ídem, pág. 54.

110. Ídem, pág. 57.

111. Ídem, pág. 93.

112. Ídem, pág. 94.

113. Ídem, págs. 94-95.

114. Ellen G. White, Carta 35, de 1894. Citada en The Seventh-day Adventist Bible Commentary, Comentarios de Ellen G. White, vol. 7-A, pág. 487.

Capítulo 13—El Auge de la Controversia

Después de más de 25 años de controversia sobre la naturaleza humana de Cristo, era de esperarse un período de distensión. Pero, al contrario, la intensidad de la discusión se fue elevando en cendo en el período comprendido entre 1980 y 1985.

Mientras la Cristología tradicional estaba ganando popularidad, la nueva teología parecía estar perdiendo fuerza y sus proponentes procurando nuevos argumentos. Enfrentando hasta las críticas más contundentes, los defensores de la nueva teología se esforzaron por armonizar ambas posiciones contrarias, como si ellas fuesen de igual valor y mérito.

Un Celoso Defensor de la Cristología Tradicional

Como ya mostrado, Wieland y Short fueron los primeros a alertar la iglesia sobre las nuevas interpretaciones concernientes a la persona y obra de Cristo.[1] Para estudiar el asunto, la Conferencia General escogió una comisión especial cuyas conclusiones fueron publicadas en el relatorio de la Conferencia de Palmdale, después de muchas reuniones. Totalmente insatisfecho con los resultados, Wieland procuró aclarar el asunto a través de la publicación, en 1977, de un libro titulado ¿Cómo Pudo Cristo Ser Inocente Como un Bebé?[2] En 1979, él escribió nuevamente para responder cuestiones complementares relacionadas a la Cristología tradicional.[3]

Habiendo sido un misionero, Wieland era bien versado en asuntos africanos. Él fue convidado a volver a África con el específico propósito de preparar allí una variedad de libros para suplir las necesidades espirituales de los cristianos de la región subsahariana. Ya en África, él publicó en 1981, entre otros libros, un estudio de la naturaleza humana de Cristo denominado El Elo Roto.[4] En el prefacio, Wieland declaró que el propósito de su libro era "tratar de aclarar las aparentes o supuestas contradicciones sobre la cuestión de la humanidad de Cristo. La total divinidad de Cristo es fundamental y se espera que sea comprendida. Nuestro único problema en discusión aquí es qué especie de humanidad Cristo tomó o asumió en Su encarnación. Que Él retuviera Su plena divinidad en la encarnación no es ni mínimamente cuestionado".[5]

Wieland reconoció que parecía haber algunas contradicciones en muchas declaraciones de Ellen White sobre la naturaleza de Cristo. "Pero cuando sus declaraciones son estudiadas dentro del contexto, los paradojos demostraron que ella llevó muy en serio sus consejos sobre 'ser cuidadoso, extremamente cuidadoso, cuando tratar de la naturaleza humana de Cristo'. Ella no se omite sobre el asunto y ni nosotros deberíamos hacerlo; y porque él significa 'todo para nosotros', 'la corriente dorada que liga nuestras almas a Cristo, y a través de Cristo a Dios', no puede haber ningún eslabón roto en esa corriente".[6]

Para Wieland "probablemente la más clara y más bella presentación de Cristo como 'Dios con nosotros', desde los tiempos apostólicos, es encontrada en el mensaje de 1888 sobre la justicia de Cristo." Pero ese mensaje contenía piedra de tropiezo para muchos que temían que la inocencia de Cristo pudiese ser violada. Wieland declara: "Los mensajeros de 1888 sustentaban que la justicia de Cristo fue por Él vivida en una naturaleza humana idéntica a la nuestra, y que cuando el pueblo de Dios verdaderamente comprenda y reciba esa 'justicia por la fe', serán capaces de vencer como Cristo venció".[7]

Wieland presentó 32 cuestiones y las respondió con la Escritura y las declaraciones de Ellen White. Primeramente, Wieland mostró que no hay ninguna contradicción en la Biblia con referencia a la naturaleza humana de Cristo.[8] Entonces demostró que Ellen White nunca se opuso a la enseñanza de Waggoner o Jones sobre ese asunto.[9] Prosiguió entonces mostrando que la carta escrita a Baker en 1895 no tenía la intención de desacreditar los puntos de vista de esos predicadores.[10] Su análisis de algunas declaraciones contenidas en la carta Baker reveló que ellas no eran contrarias a las enseñanzas de Ellen White.[11]

Wieland respondió a algunas series de preguntas de personas que, comprensiblemente, no aceptaban la noción de que Jesús podría haber vivido una vida exenta de pecado en una naturaleza humana caída. Él no apenas colocó en su debido contexto algunas citas contenidas en Questions on Doctrine, sino también refutó ciertas declaraciones equivocadas tales como la de que "Jesús asumió una naturaleza humana impecable", destacando que "la propia Ellen White nunca jamás escribió tales palabras; ellas fueron únicamente suposiciones de los editores".[12] En resumen, ese estudio contenía respuestas detalladas a muchas de las cuestiones básicas que pueden ser levantadas sobre la naturaleza humana de Cristo.

En 1983, la Pacific Press publicó el libro Oro Probado en el Fuego[13] , en el cual Wieland explicó lo "que Cristo necesitaba para ser nuestro substituto", esto es, "oro probado en el fuego", como el título sugiere. De hecho, según Wieland, "Cristo no puede ser nuestro Substituto a menos que haya enfrentado nuestras tentaciones como tenemos que hacerlo nosotros. Él precisaba enfrentar nuestro enemigo en su propio terreno, en su propio esconderijo, y eliminarlo".[14]

Posteriormente, al comentar (Romanos 8:3), Wieland escribió: "La palabra semejanza usada por Pablo no puede significar diferencia, pues sería un monstruoso fraude para Cristo profesar que condenó el pecado en la carne, la carne en la cual Pablo dice que fuimos 'vendidos bajo pecado', donde "la ley del pecado" opera, si Él presentase una engaño de Su encarnación por tomar simplemente lo que parecía ser nuestra carne pecaminosa, pero que no era de hecho algo real ... Pablo usa la palabra semejanza (con buena razón) para denotar la realidad de la plena identificación de Cristo con nosotros, sin embargo, dejando claro que Él, de ningún modo, participó de nuestro pecado. La gloriosa victoria de Cristo yace en el hecho que Él fue 'tentado en todo, como nosotros lo somos, pero, sin pecado' (Heb. 4:15)".[15]

Extrayendo de esa "victoria" la conclusión obvia, Wieland anima a sus lectores a vencer la tentación como Cristo lo hizo: "No importa quien usted sea o donde esté, tenga la certeza de que Alguien ya estuvo exactamente en su lugar, 'pero sin pecado'. Mirarlo, 'verlo', con todas las nubes del engaño disipadas por la verdad de Su justicia, 'en semejanza de carne pecaminosa'. Creer que el pecado que lo atrae fue 'condenado en la carne'. Usted puede vencer a través de la fe en El".[16]

La Nueva Cristología en las Lecciones de la Escuela Sabática

Como ya declarado, las lecciones de la escuela sabática preparadas por Herbert E. Douglass en 1977, enseñaban que Cristo asumió la naturaleza humana de Adán después de la caída. En contraposición, las lecciones preparadas por Norman R. Gulley, profesor de Biblia del Southern Missionary College, para el primer trimestre de 1983, enseñaban que la naturaleza espiritual de Cristo fue pré-caída, pero Su naturaleza física fue póst-caída. Realmente, Gulley trató de probar que los dos modos de comprender la naturaleza humana de Cristo se realzaban mutuamente.

Para lograr su intento, Gulley explicó detalladamente esa teoría en el libro Cristo, Nuestro Substituto.[17] "Los adventistas del séptimo día creen que Jesucristo era plenamente Dios y plenamente hombre. Pero podemos entender la frase plenamente hombre' de dos modos. Jesús poseía (1) la naturaleza humana impecable, tal como Adán la tenía antes de la caída, o la naturaleza humana caída. ¿Cuál es la correcta? Él asumió ambas. Pues Cristo tenía la naturaleza espiritual del hombre antes de la caída, y su naturaleza física después de la caída".[18]

Gulley hizo una síntesis de ambas interpretaciones y reivindicó el apoyo de Ellen White. "Si ella estuviese defendiendo Su impecabilidad, entonces la naturaleza pré-caída está apoyada. Si ella estuviese defendiendo Su limitada humanidad, entonces la naturaleza póst-caída es apoyada", escribió él.[19]

La explicación, en principio, puede parecer atrayente. Por lo menos ella tiene el mérito de soportar el ímpetu de la oposición entre ambas ideas. Pero algunos pueden discutir el hecho de crear más confusión al atribuir a Cristo dos naturalezas humanas en añadidura a Su divina naturaleza. En vista de eso, prorrumpieron comentarios y objeciones a través de las cartas de los lectores de la sección de la Adventist Review. Lo que se sigue es de autoría de Donald K. Short:

"Ellen White no dice una simple palabra sobre 'la naturaleza pré-caída' de Cristo, y sugerir eso es poner palabras en su boca y promover la confusión. No hay un lugar donde ella coloque Jesús a parte de Su pueblo y trate de equilibrar las naturalezas pré-lapsariana y póst-lapsariana. ¿Cómo puede ese tipo de confusión ser promovido en nombre de la 'unidad dentro de nuestra iglesia'?"[20]

Herbert Douglass envió dos artículos al editor de la Adventist Review, para ser ambos publicados en la Pascua de 1983, bajo el significativo título "Por Que los Ángeles Cantaron en Belém".[21] Sin reparos al punto de vista general de Douglass, mencionamos a seguir su lista de expresiones distintivas emprestadas de Ellen White y de eminentes teólogos con relación a la naturaleza humana de Cristo:

"Si Jesús... [hubiese] tomado 'nuestra naturaleza caída' 'el lugar del caído Adán', 'la naturaleza humana... a semejanza de carne pecaminosa, y hubiese sido tentado por Satanás como todos los hijos son tentados', la 'naturaleza de Adán, el transgresor', 'la ofensiva naturaleza del hombre', y muchas otras expresiones similares, esos eruditos y Ellen White son claros en decir que el material humano caído, degradado, no Lo forzó a pecar, ya sea en pensamiento, o en actos. Él Se mantuvo inmaculado y puro, aun cuando haya sido tentado por dentro y por fuera".[22]

Otros protestos fueron hechos directamente a H. F. Rampton, director del Departamento de Escuela Sabática de la Conferencia General. Uno de ellos, fechado el 19 de Enero de 1983, fue enviado por los líderes de la iglesia de Anderson, en California. Ellos expresaban su preocupación con los "graves errores doctrinarios" presentados "sutilmente" por medio de las lecciones de la Escuela Sabática. "Sentimos que esas lecciones representan un deliberado esfuerzo para 'persuadir' la masa de lectores y preparar los miembros de la Escuela Sabática para recibir nuevos conceptos teológicos, totalmente contrarios a las creencias adventistas tradicionales, creencias fundamentadas en sanos principios bíblicos y del Espíritu de Profecía".[23]

"La lección del día 15 de Enero deja confusa la naturaleza humana de Cristo en la Encarnación, pero con decidida tendencia para una 'naturaleza no caída'"[24] El modo de escoger las citas de Ellen White fue criticado. "La doctrina de la 'naturaleza no caída de Cristo' es vital al nuevo concepto teológico. Satanás ha trabajado diligentemente para introducir las ideas de la 'nueva teología' en la Iglesia Adventista. En los años cincuenta, Satanás operó a través de un grupo de destacados teólogos para promover su "Cristología", pero la iglesia no la recibió. ¿Estará él nuevamente usando la Escuela Sabática para realizar su propósito?"[25]

El periódico La Voz de la Verdad Presente, aun cuando no siendo una publicación denominacional, imprimió cartas de grupos y miembros escandalizados con la presentación de la 'nueva teología' en la iglesia, por medio de las lecciones de la Escuela Sabática. Con la misión de "representar los principios fundamentales del Movimiento Adventista"[26], ese periódico dedicó enteramente la edición de Marzo a la reafirmación de la enseñanza tradicional sobre el tema de la naturaleza humana de Cristo. A fin de cumplir ese objetivo, fueron solicitados artículos de autores como Herbert E. Douglas y Dennis E. Priebe.

La Voz de la Verdad Presente

El artículo de Herbert Douglass trajo su título estampado en letras garrafales en la parte superior de la primera página: "El Hombre Modelo". De hecho, nada hubo en ese artículo que Douglass no hubiese dicho previamente. El objetivo no era presentar nuevas verdades, sino recordar las antiguas.

Douglass escribió: "Dios no vino por la mitad a la Tierra en Su tentativa de redimir hombres y mujeres. Él no vino como un simpático ángel, o aun como un súper-hombre inexpugnable a todos los problemas y debilidades de la humanidad. La escala del Cielo a la Tierra alcanzó plenamente el punto donde los pecadores estaban. Si ella hubiese dejado de tocar la Tierra por un simple peldaño, estaríamos perdidos. Pero Cristo vino hasta nosotros donde estábamos. Él tomó nuestra naturaleza y venció, para que tomando Su naturaleza podamos vencer" (El Deseado de Todas las Gentes, págs. 311-312)".[27]

Naturalmente, el blanco del artículo de Douglas era mostrar que "Jesús entró para la familia humana tomando la misma naturaleza de todos los otros 'descendientes de Abraham'... Jesús era un hombre real, excepto por no haber pecado".[28] Sin embargo, Él fue tentado como nosotros lo somos en todas las cosas. Para destacar ese punto, Douglass citó las más impresionantes declaraciones de Ellen White sobre el asunto.

Entre muchas, Douglass recordó la respuesta de Ellen White a aquellos que suponían que si Jesús hubiese realmente poseído la misma naturaleza de todos los seres humanos, Él habría sucumbido a la tentación. "Si Él no tuviese la naturaleza del hombre, no podría ser nuestro ejemplo. Si él no fuese participante de nuestra naturaleza, no podría ser tentado como el hombre lo es. Si no Le fuese posible ceder a la tentación, no podría ser nuestro auxiliador. Es una solemne realidad que Cristo vino para herir las batallas como hombre, en favor del hombre. Su tentación y victoria nos enseñan que la humanidad tiene que copiar el Modelo; el hombre precisa hacerse participante de la naturaleza divina (Mensajes Selectos, vol. 1, pág. 408)".[29]

El artículo de Denis E. Priebe, entonces profesor de Biblia en el Pacific Union College, en California, también merece nuestra atención. Para él "la principal doctrina, o tema que determina el rumbo de ambos sistemas de creencia, el fundamento y la premisa de toda la controversia, es la cuestión '¿Qué es Pecado?' El evangelio es todo sobre cómo somos salvos del pecado. Es el pecado que nos hace perdidos y el evangelio son las buenas nuevas de cómo Dios nos redime del pecado. La mayoría de nosotros supone que sabemos lo que es pecado, sin tomar tiempo para definirlo".[30]

Primeramente, Priebe condujo la cuestión al pecado original. De acuerdo con los reformadores, "el pecado original es simplemente la creencia de que somos culpados a causa de nuestro nacimiento como hijos e hijas de Adán. Esa doctrina enseña que somos culpados por naturaleza, antes que cualquier cosa entre el bien o el mal entre en escena".[31] Priebe observó con propiedad: "Bajo ese punto de vista, debilidad, imperfección y tendencias son pecado. Es un enfoque interesante y significativo que los reformadores hayan edificado su doctrina del pecado original sobre la premisa de la predestinación... Es un poco extraño que mientras la predestinación haya sido rechazada por la mayoría de los cristianos hoy, el pecado original está aún visto como el fundamento de la correcta enseñanza evangélica".[32]

"Obviamente, Él [Cristo] tiene que poseer una naturaleza impecable, totalmente diferente de la naturaleza que usted y yo heredamos por nacimiento... A causa de la creencia de que la naturaleza pecaminosa envuelve culpa a la vista de Dios, es absolutamente imperativo que Cristo no tenga ligación con nuestra naturaleza caída".[33]

La visión de Priebe sobre la naturaleza del pecado era totalmente diferente. Para él, "el pecado no es básicamente lo que un hombre es, sino lo que él escoje ser. El pecado ocurre cuando la mente consiente con aquello que parece deseable y así rompe su relacionamiento con Dios. Hablar de culpa en términos de naturaleza heredada es pasar por alto la importante categoría de la responsabilidad. Hasta haber unido nuestra voluntad a la rebelión humana contra Dios, hasta que nos oponemos a Su voluntad, la culpa no es cabible. El pecado está envuelto en la vida del hombre, en su rebelión contra Dios, en su voluntariosa desobediencia, y con el trastornado relacionamiento con Dios que de eso resulta. Si la responsabilidade por el pecado debe tener algún significado, no se puede afirmar que la naturaleza humana caída hace al hombre inevitablemente culpado de pecado. Inevitabilidad y responsabilidad son conceptos mutuamente excluyentes en la esfera moral. Así, el pecado es definido como voluntarioso deseo de escoger rebelarse contra Dios en pensamiento, palabra o acción. En ese evangelio, el pecado es escoger en forma intencional para ejercitar nuestra caída naturaleza en oposición a la voluntad de Dios".[34]

Priebe aplicó su definición de pecado a la naturaleza de Cristo: "Si el pecado no es natural, sino que escoger, entonces Cristo podría heredar nuestra caída naturaleza sin, por medio de eso, volverse pecador. Él permaneció siempre impoluto porque Su conscienciosa manera de escoger siempre fue la obediencia a Dios, nunca permitiendo que Su naturaleza caída Le controlase las opciones. Su herencia era la misma que la nuestra, sin necesidad de recurrir a una especial intervención divina para evitar que Jesús recibiese la plenitud humana de María. Cristo aceptó espontáneamente la humillación de descender no apenas al nivel del hombre sin pecado, sino al nivel que el hombre había caído a través del pecado de Adán y de los pecados de las sucesivas generaciones. El hombre no estaba en el estado de Adán antes de la caída, así, algo mucho más drástico era necesario si los efectos de la caída de Adán debiesen ser suplantados. Cristo precisaba bajar a las profundidades a las cuales la humanidad había descendido, y en Su propia Persona erguirla de sus bajezas a un nuevo nivel de vida. Jesús descendió desde las alturas hasta las profundidades para erguirnos, para ser nuestro Salvador".[35]

En seguida Priebe consideró lo que habría acontecido "si Jesús Se hubiese revestido de la naturaleza humana perfecta", o la naturaleza de Adán antes de la caída. Él habría sido 'intocado por la caída', 'y no estaría lado a lado con el hombre en sus necesidades', 'habría un gran abismo entre Jesús y aquellos a quien Él representaba delante de Dios... Si Jesús asumiese la perfecta naturaleza humana, habría atravesado el abismo entre Dios y el hombre, pero esa vorágine entre el hombre caído y el hombre no-caído aun precisaría ser cruzada".[36]

"Si, sin embargo", añadió Priebe, "Cristo compartió de nuestra naturaleza humana caída, entonces Su obra mediatora cruzó todo el abismo desde el hombre caído, en su triste necesidad, hasta Dios. Tan solamente por haber entrado en nuestra situación, en el más profundo y plenísimo sentido, e identificándose totalmente con nosotros, fue Él capaz de ser nuestro Salvador. Cualesquier otras condiciones, excepto en una carne caída, podrían haber sido desafiadas de una vez por el enemigo e influenciado el pensamiento de su universo".[37]

Priebe escribió que ese modo de comprender la naturaleza humana de Cristo fue también proclamado por Waggoner y Jones en 1888, y claramente apoyado por Ellen White. "De hecho, esa comprensión de la vida de Cristo fue el poder dinámico del mensaje -- el Señor Jesucristo, que fue leal a Dios en carne pecaminosa".[38]

Considerando la aplicación práctica del mensaje de la justificación, Priebe la abordó en dos frentes. "De aquí el mensaje del evangelio viene hasta nuestra situación. El evangelio son las buenas nuevas sobre el carácter de Dios -- de que Él perdona y restaura. El evangelio es la declaración de Dios de que somos justos en los méritos de Cristo y de la renovación de nuestras vidas pecaminosas, para que, gradualmente, podamos ser restaurados a Su imagen. El evangelio es un veredicto legal y un poder transformador. La unión con Cristo es la clave de la fe, a través de la cual la justificación debe ocurrir. El evangelio incluye justificación, una ligación con Cristo por la fe en la base de la cual somos declarados justos, y santificación, una siempre creciente semejanza con Cristo mediante el ejercicio diario de una progresiva fe, en la base de la cual somos hechos justos".[39]

En 1985, Priebe desarrolló detalladamente cada uno de sus argumentos en un libro publicado por la Pacific Press, titulado Face to Face With the Real Gospel (Cara a Cara con el Evangelio Real).[40] Citaremos apenas una observación que consideramos apropiada: "Como iglesia, nunca definimos formalmente nuestras creencias en estas tres áreas críticas -- pecado, Cristo y perfección. Y a causa de nuestra falta de claridad y puntos de vista divergentes acerca de ellas, hemos peregrinado en un desierto teológico de incerteza y frustración a través de 40 años. Fuera de ello, porque hemos tenido contradictorios puntos de vista en esas áreas, fuimos incapaces de definir claramente nuestro mensaje y misión".[41]

El contraste entre las diferentes Cristologías encontró clarificación en una excelente tesis doctoral de Eric Claude Webster, defendida en la facultad de teología de la Stellenbosch University, Provincia del Cabo, en África del Sur, y publicada en 1984 bajo el título Crosscurrents in Adventist Christology (Corrientes Conflictivas en la Cristología Adventista).[42]

Corrientes Conflictivas en la Cristología Adventista

Como un hábil cirujano, Eric Claude Webster[43] expuso el verdadero cierne de la Cristología adventista en su voluminosa obra sobre el asunto. En el primer capítulo, Webster abordó el problema de la Cristología en sus variados marcos históricos. En los capítulos sucesivos él analizó las Cristologías de cuatro eminentes escritores y teólogos adventistas: Ellen G. White, Ellet J. Waggoner, Edward A. Heppenstall y Herbert E. Douglass, dos de ellos representando la generación de los pioneros y dos contemporáneos. En el capítulo final, Webster resumió sus pensamientos con respecto a esas cuatro Cristologías, las cuales son realmente representativas de las diferentes corrientes y contra-corrientes en la Cristología adventista.

Ya examinamos la posición de cada uno de esos autores y, por consiguiente, evitaremos repetirlas aquí. De especial interés son los notables puntos de vista personales con respecto a la controversia sobre la naturaleza humana de Cristo. Por ejemplo, él clasificó las Cristologías de Ellen White y Heppenstall como ontológicas; la de Waggoner como especulativa y la de Douglas como funcional. Webster también citó lo que él consideraba ser el factor dominante de cada Cristología. Para Ellen White,

Waggoner y Heppenstall, fue la persona de Jesús, mientras que para Douglass, la obra de Cristo. Como objetivo propuesto de cada uno, él afirmó que Ellen White focalizó la manifestación del carácter de Dios, mientras Waggoner destacó la entereza de la santidad en el hombre; Heppenstall se detuvo sobre el objetivo de la salvación, y Douglas enfatizó la semejanza con Cristo.

Cuanto a la naturaleza humana de Jesús, Webster confirmó el análisis que hasta aquí hicimos a respecto de cada uno de esos autores. Sin embargo, sus conclusiones acerca de Ellen White diferían en importantes puntos: "En relación al pecado, creemos que Ellen White entiende la venida de Cristo a la Tierra en naturaleza póst-caída, con todas las 'simples enfermedades y debilidades del hombre', juntamente con los pecados imputados y la culpa del mundo, soportando así vicariamente la culpa y la punición de todo pecado; y aun en una naturaleza que era impecable y sin perversión, contaminación, corrupción, propensiones pecaminosas y tendencias o mancha de pecado".[44]

Webster entonces reafirmó la posición póst-lapsariana de Ellen White. Sin embargo, él alude a las 'simples enfermedades' en citas sueltas, como si esa expresión fuese de Ellen White. Como previamente declarado, esa expresión nunca fue usada por Ellen White; cuanto al término 'vicariamente', ella nunca lo utilizó en todos sus escritos.

En la presentación de su punto de vista, Webster concordó esencialmente con Heppenstall.[45] Él escribió: "Durante la Encarnación, Jesucristo manifestó Su divinidad de forma a ser plenamente Dios, y ... Su humanidad de forma a ser plenamente hombre." Pero por sobre todo, "Jesucristo vino a este mundo en la humanidad de Adán después de la caída y no antes de ella. Él asumió la humanidad afectada por las leyes de la hereditariedad y sujeta a la debilidad, enfermedades y tentaciones".[46] Webster añade: "Sin embargo, Jesucristo, aun viniendo en naturaleza humana caída, no fue infectado por el pecado original y nació sin cualesquier propensiones para el pecado; así, no precisamos tener dudas con respecto a Su absoluta impecabilidad".[47] Sin embargo, "Jesucristo escogió libremente asumir no apenas una naturaleza como la nuestra en todos los respetos, exceptuándose el pecado, como también la situación común de sufrimiento, alineación y pérdida, viniendo en carne mortal, aceptando vicariamente nuestra culpa, punición y separación sobre Sí mismo".[48]

El estudio de Webster es una mina de oro para aquellos que desean mejor comprensión del problema actual, en el centro de la controversia en la Iglesia

Adventista. Su posición en favor de la naturaleza póst-caída de Cristo constituye un voto a favor de la Cristología tradicional. No obstante, algunos ven contradicción en las posiciones de Webster. Por un lado, él afirma que "Jesús Se revistió de la humanidad afectada por la ley de la hereditariedad", mientras que por otro, él garantiza que Cristo "no fue infectado por el pecado original y nació sin cualesquier tendencias y propensiones para pecar". Nuestras objeciones con relación a aquellos que declaran que Cristo no poseía tendencia para pecar y que Él heredó apenas "simples debilidades", se aplican también a Webster. De hecho, esas declaraciones no son bíblicas ni están en armonía con la enseñanza de Ellen White.

Ambas Cristologías Cara a Cara

En respuesta a la polémica, J. Robert Spangler, editor de Ministry, solicitó que dos teólogos, cada uno especializado en el asunto, presentasen sus puntos de vista para los pastores adventistas. En el editorial de Junio de 1985, él escribió: "Por muchos años hemos intencionalmente evitado publicar en nuestro periódico cualquier artículo tratando de la naturaleza de Cristo. Mi editorial de Abril de 1978 en Ministry testificó de mi propia lucha sobre ese tema. Destaqué que yo había sido oprimido con sentimientos de insuficiencia propia en la tentativa de expresar mis convicciones".[49]

"Entretanto, en vista del hecho de que hay aquellos que sinceramente creen que la iglesia caerá o se erguirá según su comprensión sobre Cristo y Su naturaleza, y en vista de las reimpresiones y de la discusión sobre el asunto, creí que ambos lados de la cuestión deberían ser reexaminados. Por lo tanto, estamos publicando dos extensos artículos de dos eruditos adventistas".[50]

Spangler se esforzó para darle énfasis a las líneas comunes en ambas interpretaciones. "Ambos lados creen que nuestro Señor era plenamente humano y plenamente divino; que Él fue tentado en todos los puntos, como nosotros lo somos; que Él podría haver caído en pecado, abortando así todo el plan de salvación, pero que nunca cometió pecado. (Parece que en alto grado la diferencia de puntos de vista puede ser atribuida a la variación de comprensión de lo que constituye la naturaleza pecaminosa. Puede haber mucho menos de lo que parece separando los dos lados en su debate)".[51]

Después de revisar los puntos concordantes, el editor ponderó unas pocas cuestiones fundamentales de las cuales el debate dependía. "En Su naturaleza humana, ¿comenzó nuestro Señor donde todos los otros hijos comienzan? ¿Cristo asumió la naturaleza humana pré o póst-caída? Si la raza humana fue afectada por la caída de Adán y Eva, ¿fue Cristo también alcanzado o Él estaba inmune a eso? Si Cristo aceptó la naturaleza humana impecable, ¿tenía Él alguna ventaja sobre nosotros? ¿Tomó Él vicariamente la naturaleza humana caída? Si Él asumió la naturaleza humana caída, ¿ese elemento 'caído' decía respecto apenas a Su físico y no a Su carácter moral? ¿Es posible resolver el asunto de la naturaleza de Cristo, con lo cual la iglesia cristiana viene debatiéndose por dos mil años? ¿Nos es necesario tener una definitiva y precisa comprensión de la naturaleza de Cristo para ser salvos? ¿Precisaba Cristo tener nuestra naturaleza caída (sin pecado, es claro), a fin de que los cristianos pudieran vivir la vida inmaculada que Él vivió?"[52]

Esas fueron las preguntas a las cuales los dos teólogos indicados deberían responder. Para evitar influenciar los lectores, las dos presentaciones fueron publicadas bajo pseudónimos. En un artículo posterior, los dos nombres fueron revelados: Norman R. Gulley y Herbert E. Douglas.

1. Gulley: La Naturaleza Humana Antes de la Caída

Gulley defendía la posición pré-lapsariana. Pero contrariamente a la práctica de aquellos que compartían ese punto de vista, él no estableció su posición con base a las declaraciones de Ellen White. Su exposición se apoyava en el estudio exegético de versos bíblicos cristológicos.[53] Él creía que toda verdad doctrinaria debería estar fundamentada en terreno escriturístico. Él procedió a un estudio lingüístico y teológico para definir el significado de las palabras griegas sarx, hamartia, isos, homoioma, monogenes y prototokos, y el significado de las expresiones "descendientes de Abraham" (Heb. 2:16) y "descendiente de David" (Rom. 1:3). Su premisa principal: "A través de la investigación, documentaremos la abrumadora evidencia de que Jesús, de hecho, tomó la naturaleza humana sin pecado en Su nacimiento (espiritualmente), aun cuando poseyendo naturaleza física similar a los otros de Su tiempo".[54]

Un sólo texto, sustentaba él, hacía referencia directa a la carne y pecado: "El pecado habita en mi" (Rom. 7:17). "Por lo tanto, sarx no significa necesariamente 'pecaminoso'... En (1 Tim. 3:16) no aparece soma, sino sarx. Eso significa simplemente 'encarnado', no 'pecaminoso'."[55]

Entonces Gulley pasó a discutir el significado de la palabra 'semejanza' como citada en (Romanos 8:3, Filipenses 2:7 y Hebreos 2:17), para concluir que "Jesús era apenas semejante a otros seres humanos, teniendo un cuerpo humano físico afectado por el pecado, pero no el mismo de otros seres humanos, pues solamente fue impecable en Su relacionamiento espiritual con Dios".[56]

Tratando del pecado, Gulley consideraba que él no podría ser definido apenas como un "acto". "Esa es una definición muy superficial. Aun cuando el pecado incluya escogimientos errados y, por lo tanto, actos, y aun pensamientos (ver Mateos 5:28), él también incluye naturaleza. Si no hubiésemos nacido pecadores, entonces no tendríamos la necesidad de un Salvador hasta un primer acto o pensamiento pecaminoso. Tal idea presta un terrible mal servicio a las trágicas consecuencias del pecado y a la misión de Cristo, como el único Salvador de cada ser humano (Juan 14:6; Hechos 4:12). Eso también significa que si Jesús vino con una naturaleza pecaminosa, pero resistió, entonces tal vez alguien más pueda hacer lo mismo, y que esa persona no necesita de Jesús para ser salva".[57]

Citando Salmo (51:7; 22:10; 139:3) y otros, Gulley argumentaba que todos son pecadores, con excepción de Cristo. El hecho de Jesús ser impecable no justifica la inmaculada concepción. "Pero si Dios pudo realizar tal acto salvífico por un humano, ¿por qué no por todos? Eso habría ahorrado Cristo de todas las angustias de hacerse humano. Fuera de eso, si María se volvió inmaculada sin Cristo, eso coloca la misión de Cristo en cuestión".[58]

De acuerdo con declaraciones bíblicas, Jesús era "único", monogenes; "el primogénito", prototokos. Ciertamente esas expresiones no deberían ser interpretadas literalmente, especificaba Gulley. "Ellas implican que Él era el único de una especie. Su misión era hacerse el nuevo Adán, el nuevo primogénito, o cabeza, de una raza. Eso Lo calificaba para ser nuestro representante, sumo sacerdote e intercesor en el gran conflicto. Jesús es nuestro ejemplo en Su vida, pero no en nacimiento... Él nació sin pecado para atender nuestra primera necesidad de El cómo Salvador, mientras que nosotros nacemos pecadores".[59]

De acuerdo con Gulley, los versos que declaran que Jesús es "descendiente" de Abraham y de David, "no están llevando en cuenta la naturaleza, sino la misión de Cristo. Ellos no dicen respecto al tipo de carne con la cual Él nació (impecable o pecaminosa) ... El contexto se refiere a la misión y no a la naturaleza."[60] "Aquel que no 'conoció pecado', se hizo 'pecado por nosotros' en Su muerte (2 Cor. 5:21). Nunca antes de aquel momento el pecado Lo separara de Su Padre y Lo llevara a clamar 'Dios

Mío, Dios Mío, ¿por qué Me desamparaste?' (Mat. 27:46). El hombre Jesús se hizo pecado por nosotros en misión para la muerte y no en naturaleza por nacimiento".[61]

En su "doxología", Gulley afirmaba enérgicamente que "la Cristología es el centro y el corazón de la teología, pues Jesucristo es la mayor revelación de Dios al hombre. Él es también la mejor revelación del auténtico hombre para el hombre. Jesucristo es único no solamente como Dios con nosotros, sino como Hombre con nosotros. Él era la divinidad inmaculada unida a la carne humana debilitada por el pecado, pero era igualmente impecable en ambas naturalezas".[62]

Gulley explicaba que la verdadera Cristología no es completa con adoración, obediencia y oración apenas. Al contemplar a Cristo nos volvemos como Él (2 Cor. 3:18). Gulley también concluyó que "la Cristología culmina en la declaración: 'Vivo, no más yo, sino Cristo vive en mi' (Gal. 2:20). Tan solamente en esa dependiente unión puede Jesús ser nuestro hombre -- modelo, nunca en Su naturaleza de nacimiento".[63]

Nadie censuraría Gulley por basar su demostración únicamente en las Escrituras, mientras que sus predecesores habían fundamentado las suyas principalmente sobre los escritos de Ellen White.[64] Pero su exegésis es similar a aquella encontrada en la mayoría de los teólogos protestantes ortodoxos, lo que lo coloca en oposición a los pioneros y a Ellen White.

2. Douglass: la Naturaleza Humana Después de la Caída

Herbert Douglass estaba correctísimo cuando le dijo a sus lectores que si ellos hubiesen vivido antes de 1950, estarían completamente desatentos con respecto a la presente controversia. Pues "hasta el tercer cuarto del siglo veinte, los porta -- voces adventistas afirmaban consistentemente que Jesús asumió nuestra naturaleza caída".[65]

Douglas volvió a focalizar la atención de sus lectores en la cuestión del "por qué" antes que del "cómo". De acuerdo con él, "el tema de la salvación no es primariamente como Dios Se hizo hombre, pero porque... Sin la cuestión, el misterio envuelve la Encarnación. Pero el misterio es concerniente a como Dios y el hombre se combinaron, no por qué".[66]

De hecho, "el asunto parece estancado hasta que nos preguntamos por qué Él vino del modo como lo hizo. Si no encaramos la cuestión correctamente, cada tema bíblico parecerá distorsionado".[67] Por otro lado, el plan de la salvación aparece en su simplicidad cuando es formulada la pregunta: "¿Por qué Jesús, como todo bebé de dos mil años atrás, asumió la condición de la humanidad caída, y no la de Adán 'en su inocencia en el Edén'?"[68]

Muchos teólogos no-adventistas han desafiado el punto de vista tradicional que afirma que Cristo tomó la naturaleza de Adán antes de la caída, y asumen la posición póst-lapsariana. Douglass listó cerca de 15 de ellos.[69] Él escribió: "Ninguno de esos hombres creía que Cristo pecó, ya fuese en pensamiento o acto, y que a causa de haber Él asumido la pecaminosa carne caída necesitaba de un salvador. Genéricamente hablando, el término carne pecaminosa significa la condición humana en todos sus aspectos, como alcanzada por la caída de Adán y Eva. Tal naturaleza es susceptible tanto a la tentación de dentro como de fuera. Contrariamente al dualismo griego, que inicialmente impregnó mucho del cristianismo ortodoxo, la carne no es mála ni peca por sí misma. Aun cuando la carne sea amoral, ella provee el equipamiento, la ocasión y el sitio para el pecado, si la voluntad humana no fuese constantemente asistida por el Espíritu Santo. Pero la persona nacida con carne pecaminosa no necesita ser un pecador".[70]

¿Cuáles son las implicaciones de enseñar que Jesús poseía la naturaleza impecable? "Sugerir que Él naciera libre de los riesgos de la hereditariedad es andar el mismo camino que el catolicismo romano tomó cuando confundió pecado con substancia física... Ninguna evidencia bíblica sugiere que la corriente de la hereditariedad humana quedó rota entre María y Jesús".[71]

Nada demuestra mejor la solidaridad de Jesús con la raza humana que la manera de presentarse bajo el nombre de Hijo del hombre (Mat. 8:20; 24:27, etc.), y la analogía que Pablo establece entre Cristo y Adán (Rom. 5:1; 1 Cor. 15). "Muchos consideran (Romanos 5:12) como evidencia de que hombres y mujeres nacen pecadores, pero ese no es el argumento de Pablo. Él está simplemente declarando un hecho obvio: el camino de la muerte comenzó con Adán".

"Pero todos los descendientes de Adán mueren 'porque todos los hombres pecaron'... La suposición de que Jesús tomó la naturaleza de Adán antes de la caída destruye la fuerza del paralelo de Pablo y su principio de solidaridad. La analogía paulina Adán -- Cristo se vuelve relevante para la humanidad y e el contexto del gran conflicto, solamente si Jesús Se incorporó a la naturaleza humana caída; solaente si Él enfrentó el pecado en la arena donde todos los hombres están -- 'en Adán' --, y venció cada apelo para servirse a Sí mismo, ya sea de adentro o de afuera. Jesús deseaba que aquellos que estuviesen en El se uniesen corporativamente a los resultados de Su obra salvadora. Pero para cumplir eso, Él precisaba primero haber estado corporativamente ligado a la humanidad en su condición decadente".[72]

Douglass observó entonces que Pablo fue muy cuidadoso en escoger sus palabras en (Romanos 8:3). Porque él dijo, en ese caso, 'en homoiomati sarkos hamartias' (en semejanza de carne pecaminosa), antes que simplemente 'en sarki hamartias' (en carne pecaminosa)?[73] Douglas citó C. E. B. Cranfield, profesor de teología de la Universidad de Durham: "La intención no es, de modo alguno, atraer la atención para el hecho de que, aun cuando el Hijo de Dios haya verdaderamente asumido sarx hamartias, Él nunca Se hizo sarx hamartias y nada más, ni aun sarx hamartias habitada por el Espíritu Santo". "Entendemos... que el pensamiento de Pablo (concerniente a su uso de homoioma aquí), sea de que el Hijo de Dios asumió idéntica naturaleza caída a la nuestra, pero que en Su caso esa naturaleza humana caída nunca fue integral en El -- Él nunca cesó de ser el eterno Hijo de Dios".[74]

Analizando los versos cristológicos de la epístola a los Hebreos (2:11-18; 4:15; 5:7-9), Douglass demostró la necesidad de que el sumo sacerdote fuese solidario con la humanidad. "Una de las principales líneas de argumento en Hebreos es que la eficacia del sumo sacerdote depende de cuan íntimamente él se identifica con aquellos por quien media. Jesús es un perfecto sumo sacerdote por causa de Su real identificación con los predicamentos humanos, ya sea del espíritu (tentaciones), o del cuerpo (privaciones y muerte)".[75]

"Porque no tenemos un Sumo Sacerdote que no pueda compadecerse de nuestras debilidades, antes fue Él tentado en todas las cosas, a nuestra semejanza, pero sin pecado. Alleguémonos, por lo tanto, confiadamente... (Heb. 4:15-16)"[76] "Jesús fue victorioso bajo los mismos riesgos y desventajas comunes a toda la humanidad; consecuentemente, hombres y mujeres también pueden vencer recibiendo el mismo auxilio del cual Él dependía, si se 'aproximan' en tiempos de necesidad".[77]

Para Cristo ser un perfecto sumo sacerdote, la epístola a los Hebreos exige que Él "sea uno con el hombre en cada aspecto del material humano (principio de la solidaridad), pero no uno con él como pecador, esto es, del punto de vista del desempeño humano (principio de la disimilaridad)... En la Encarnación, el Salvador se hizo un hombre en cada aspecto esencial; Él estaba cercado de todas las desventajas humanas... Al tomar la naturaleza del hombre en el estado en que se encontraba cuando Él se encarnó, Jesús cruzó el abismo entre el Cielo y la Tierra, entre Dios y el hombre. Al hacer eso, Cristo se hizo la escala puesta en el Cielo y apoyada sólidamente en la Tierra, Alguien en quien los hombres y mujeres podrían confiar".[78]

Para Douglass no había sombra de duda: "Hasta el tercer cuarto del siglo veinte los predicadores adventistas consistentemente presentaron a Jesús como alguien que asumió nuestra naturaleza caída. Como muchos eruditos no-adventistas, ellos habrían sido intimidados por la falsa conclusión de que al creer que por Jesús haber tomado la naturaleza humana caída, necesitasen también creer que Él tuviese que ser un pecador. O que Él tuviese necesidad de un salvador".[79] "De ningún modo una mancha de pecado estuvo sobre Jesús, porque Él nunca fue un pecador. Cristo nunca tuvo una 'mala propensión' porque jamás pecó. Tentaciones genuinas, seducciones reales para satisfacer deseos legítimos de modos egoístas, incuestionablemente nuestro Señor las experimentó y con toda la posibilidad de ceder a ellas. Pero, 'ni por un momento' Jesús permitió tentaciones que concibiesen y diesen a luz el pecado. Él también trabó cruentas batallas con el yo y las tendencias potencialmente hereditarias, pero nunca permitió que una inclinación se volviese pecaminosa (ver Santiago 1:14-15). Cristo Se mantenía diciendo '¡no!', mientras todos los otros seres humanos decían '¡sí!'".[80]

Concluyendo, Douglass una vez más colocó la cuestión que debería dirigir todas las investigaciones sobre la naturaleza humana de Cristo: "¿Por qué Jesús vino a la Tierra?" "La razón de Su venida determinó el modo por el cual vino, o jamás ella habría cumplido su propósito. Él triunfó gloriosamente sobre el mal; Él Se volvió el substituto adecuado, el hombre pionero, el modelo de la humanidad. Y realizó todas las cosas en medio a las peores circunstancias, sin excepción de nada, con la misma hereditariedad compartida por todos los hombres y mujeres a los cuales vino a salvar".[81]

Es interesante notar que la presentación de Douglass, como la de Gulley, está apoyada enteramente en versos del Nuevo Testamento. Sin embargo, para probar que sus conclusiones estaban en armonía con la enseñanza tradicional de la iglesia, Douglass fue cauteloso, en una nota, al listar 27 autores adventistas con sus apoyadoras declaraciones, juntamente con afirmaciones de Ellen White.[82]

Revisión Recíproca de Tesis y Antítesis

Posteriormente, el editor de Ministry pidió que los dos autores criticasen cada uno los artículos del otro, en la edición de Agosto de 1985.[83]

Douglass fue el primero y destacó que las opiniones de Gulley surgieron en el escenario de la Iglesia Adventista apenas en la década de 50. "Las consecuencias de esos cambios tuvieron mucho que ver con el trauma y las divisiones teológicas que la iglesia experimentó en los últimos treinta años".[84]

Douglass mostró que Gulley no había "hecho diferencia entre bagaje humana heredada y desempeño dentro de la humanidad degenerada por las consecuencias del pecado".[85] De hecho, lo que Gulley anticipó como naturaleza humana de Jesús correspondía a la herejía de la carne santa, que afirmaba "que Jesús tomó la naturaleza pré-caída de Adán. Los adeptos de aquel movimiento creían que Jesús recibió de María una naturaleza física debilitada por el pecado. Pero ellos también creían que Él recibió del Espíritu Santo la naturaleza espiritual de Adán antes de la caída, y así fue evitado el pleno impacto de la ley de la hereditariedad".[86] Ahora, "una errada comprensión de la Encarnación tiene resultados prácticos infelices, especialmente, cuando alguien trata de armonizar el error y la verdad".[87]

Con respecto a la teoría de la salvación, Douglass consideraba que Gulley había sido fuertemente influenciado por su propia Cristología. "Por qué Jesús Se volvió hombre, me parece, puede ser comprendido apenas del punto de vista del gran conflicto una perspectiva acentuadamente perdida en el 'protestantismo ortodoxo, así como en el catolicismo. Jesús no vino para satisfacer un Dios ofendido que requería sangre antes de poder perdonar, o para probar que Dios podría observar las leyes divinas, o aun que Adán podría haber permanecido obediente".[88]

Gulley, a su vez, atacó el argumento de Douglass de que "Jesús no era un pecador por nacimiento, porque todos los hombres son impecables en el nacimiento. Pues, alguien 'nacido con carne pecaminosa no necesita ser un pecador'".[89]

De acuerdo con Gulley, la Biblia contesta tal idea. "Ella indica que todos los hombres 'se hicieron pecadores por la transgresión de Adán, de modo similar a aquel por el cual se hicieron justos por la obediencia de Cristo. Douglass pasó por alto ese paralelo en (Romanos 5). Somos pecadores por el nacimiento y justos en Cristo. Apenas los dos

Adanes entraran sin pecado en el planeta Tierra. Todos los otros nacieron pecadores".[90]

Cristo no vino a este mundo "como un pródigo, sino como Dios-hombre... Consecuentemente, como el segundo Adán, Él vino no a la imagen del hombre, sino en la exacta imagen de Dios (Col. 1:15; Heb. 1:1-3)."[91] Además, "El punto de vista de Douglass sobre propensiones es simplemente muy superficial. Por definición, las propensiones están contenidas en la naturaleza caída, antes de cualquier acto pecaminoso. Pero Jesús no las poseía. No sorprende que Satanás no haya encontrado ningún mal en El (Juan 14:30)... La imagen creativa de Dios no tiene nada que ver con la caída. Ese reino está confinado a la imagen del hombre".[92]

Gulley destacó las contradicciones de la argumentación de Douglass con relación al hecho de que "Cristo tomó la naturaleza póst-caída de Adán", mientras admitiese que no hubo ninguna 'mancha de pecado', ningunas 'malas propensiones', o debilidades pecaminosas como las nuestras... Esas excepciones destruyen Su exacta identidad con nosotros".[93]

"Douglas declaró que el porqué de Jesús hacerse humano es más importante que el cómo Él Se hizo humano... Pero todas las seis razones que Douglass dio fueron plenamente satisfechas por la venida de Jesús como espiritualmente inmaculado en una naturaleza humana debilitada por el pecado".[94] "Nunca debemos perder de vista el hecho de que la identidad de Jesús como Dios es más importante que Su solidaridad con la humanidad. Él no es simplemente otro hombre, sino Dios hecho hombre".[95]

En suma, Gulley concordó con Douglass en el hecho de que "Jesús era un hombre real y que Él fue realmente tentado y podría haber fracasado; que Su dependencia de Dios nos proveyó un ejemplo. Concordamos que Él Se mantuvo inmaculado... ¿El Jesús de Douglass no es muy humano? Reconoció él apropiada y adecuadamente Su divinidad?"[96]

La respuesta recíproca nada trajo de nuevo. Cada autor mantuvo su posición. Hasta cirto punto esa reserva era una cuestión de semántica: los dos teólogos dieran diferentes significados a términos bíblicos y teológicos básicos.

Críticas y Preguntas de los Lectores de Ministry

Para ampliar el círculo, el periódico Ministry franqueó sus páginas a los lectores. Los más significativos comentarios fueron publicados en las ediciones de Diciembre de 1985 y Junio de 1986. La incisiva crítica presentada por Joe E. Crews merece mención especial.[97] "Él (Gulley) no apenas confunde pecado con efectos del pecado, sino que hace la naturaleza pecaminosa equivalente al propio pecado... Una vez que naturaleza caída es lo mismo que culpa y pecado, cada bebé nacido tiene necesidad de redención antes que pueda pensar, hablar o actuar. Eso significa que Jesús sería culpado ya por haber nacido, a menos que Su naturaleza fuese diferente de todos los otros bebés".[98]

"Del mismo modo que él mezcla pecado con naturaleza pecaminosa, los resultados del pecado con el propio pecado y la separación de Dios con naturaleza corrompida, el autor [Gulley] confunde malas propensiones con propensiones naturales. Él define malas propensiones como 'inclinación para pecar'. Él escribe: 'Malas propensiones (inclinación para pecar) son adquiridas de dos modos: mediante el acto de pecar y a través del nacimiento como pecador. Cristo no participó de ninguna de ellas'".[99]

"Yo no conozco una sola persona que crea que Jesús pecó o nació pecador. Ni conozco alguien que crea que Jesús tenía 'propensiones pecaminosas'. Pero conozco muchos que creen que Él poseía 'propensiones naturales', justamente como todos nosotros, como resultado de haber nacido como nosotros, con una naturaleza caída. Malas propensiones son aquellos impulsos para el pecado que fueron cultivados y fortalecidos por la indulgencia para con el pecado. Propensiones naturales son aquellas tendencias heredadas. La culpa está contenida en unas pero no en otras. Eso no es pecaminoso a menos que alguien ceda a la propensión".[100]

Otro lector, Anibal Rivera, quedó pasmado de que alguien le diese crédito a la idea de que hay dos puntos de vista posibles en la teología adventista, con relación a la naturaleza humana de Jesús.[101] "Nuestros pioneros y el Espíritu de Profecía no estaban en conflicto con respecto a la cuestión de la naturaleza humana de Jesús. Es como si nosotros, como un pueblo, hubiésemos decidido creer que los guardadores del domingo y los observadores del sábado están justificados a los ojos de Dios. Obviamente, hubo un cambio en nuestra posición histórica".[102]

Algunos lectores quedaron simplemente espantados con que Ministry publicase artículos pro y contra sobre una doctrina bien establecida en la Iglesia Adventista del

Séptimo Día.[103] Por ejemplo, he aquí un enérgico comentario de R. R. D. Marks, un profesor australiano: "Nuestras lecciones de la escuela sabática, por más de un cuarto de siglo antes de la muerte de Ellen G. White, enfatizaban que Cristo asumió nuestra naturaleza caída; y aun cuando ella las haya estudiado, como también aconsejó otros a hacerlo, nunca irguió su voz contra las enfáticas enseñanzas del trimensuario sobre al asunto. Note la lección del segundo trimestre de 1909, pág. 8: 'La simiente divina podría manifestar la gloria de Dios en carne pecaminosa, e igualmente obtener una absoluta y perfecta victoria sobre cualquier tendencia de la carne'".[104]

Una lectora californiana, Ethel Wildes, presentó un único argumento: "Si Cristo hubiese venido con la naturaleza de Adán antes de la caída, el hombre habría huido de Su presencia. El pecado robó de Adán su gloria y él percibió que estaba desnudo.

El rostro de Moisés resplandecía con una pequeñísima porción de la pureza y gloria de Dios, y el pueblo temió. Él fue obligado a cubrir su rostro. Cuando Jesús venga en Su gloria, la cual fue velada por la humanidad cuando andaba entre los hombres muchos le clamarán a las rocas y montañas que los escondan de El. Esa gloria destruye a los impíos. Dios habitó en una naturaleza como la mía y resistió a toda tentación. Él puede hacer lo mismo por mí al habitar en mi corazón por Su Espíritu. ¡Bendito sea Su santo nombre!"[105]

El Punto de Vista Alternativo de Thomas A. Davis

También en Ministry, Thomas A. Davis presentó una propuesta alternativa sobre la naturaleza humana de Cristo, como explicada en su libro Was Jesús Really Like Us? (¿Fue Jesús Realmente Como Nosotros?) Él creía que su punto de vista podría servir de puente entre las interpretaciones de Douglass y Gulley, y resolver adecuadamente el problema por ellos levantado.

Davis escribió: "Leemos en (Hebreos 2:17) que Jesús en todas las cosas Se hizo 'semejante a Sus hermanos [los renacidos y santificados].' Creo que no se hace daño a la sintaxis al hacer esa conexión y, además, estamos naturalmente aplicando la regla de la primera mención. Es simplemente un buen sentido suponer que el significado explícito o implícito dado a una palabra en la primera vez en que ella es usada en un pasaje, sea mantenido a través del pasaje, a menos que sea indicado de otro modo".[106]

A la luz de lo precedente, podemos concluir que hubo algo importante sobre la encarnada naturaleza de Cristo que era semejante a la persona recien nacida, pero desemejante a la persona degenerada. Creo que en esa idea está un concepto que podría unir los dos puntos de vista discutidos en Ministry".[107]

Davis concluyó: "Jesús, entonces, se hizo hombre con una naturaleza humana integral (aun cuando era también plenamente Dios). Así, en la carne, Él tenía la debilidad de la humanidad atacada por la tentación como acontece con nosotros, con la posibilidad de pecar. Pero, en esa condición, Cristo poseía mente, corazón y voluntad impecables; estaba total y continuamente afinado con el Padre y dirigido por el Espíritu Santo. De ese modo, Él era semejante al Adán no caído. Y es en ese punto que, creemos, el regenerado y Jesús se encuentran en terreno común".[108]

Esa interpretación parece atrayente. Sin embargo, en el contexto del segundo capítulo de la epístola a los Hebreos, es cuestionable si la palabra "hermanos" se aplica estrictamente a los regenerados. Fuera de eso, la comparación hecha entre Jesús y "Sus hermanos" no pretende cotejar sus semejanzas espirituales, sino subrayar la semejanza natural de "carne y sangre" compartida con Cristo. "Los hijos" (verso 14) aquí mencionados como viniendo "de uno sólo" (verso 11), son todos aquellos por quien Jesús sufrió la muerte (verso 9). "Por eso es que Él no Se avergüenza de llamarles hermanos" (Verso 11).

Notas y Referencias

1. Ver nuestro capítulo 12.

2. Robert J. Wieland, How Could Christ Be Sinless as a Baby? (Chula Vista, Calif.: 1977).

3. _____, Answers to Some Questions (Chula Vista, Calif.: 1979).

4. _____, The Broken Link (Kendu Bay, Kenya: Africa Herald Publishing House, 1981). Ese libro fue también impreso en Australia por Elija Press. Ese estudio ya había sido asunto de un cuadernillo publicado en 1975, en el tiempo en que la Comisión Sobre Justicia Por la Fe estaba reunida en Palmdale.

5. Ídem, pág. 2.

6. IbÍdem.

7. Ídem, pág. 5.

8. Ídem, págs. 9-11.

9. Ídem, págs. 11-14.

10. Ídem, págs. 14-16.

11. Ídem, págs. 16-19.

12. Ídem, págs. 33-34.

13. _____, Gold Tried in the Fire (Oro Probado en el Fuego) (Mountain View, Calif.: Pacific Press Pub. Assn., 1983).

14. Ídem, pág. 73.

15. Ídem, pág. 75.

16. Ídem, pág. 77.

17. Norman R. Gulley, Christ Our Substitute

(Washington, D.C.: Review and Herald Pub. Assn., 1982).

18. Ídem, pág. 33.

19. _____, en Adventist Review, 29 de Diciembre de 1983.

20. Donald K. Short para William G. Johnsson (editor de la Adventist Review), 4 de Julio de 1983. Citado por Bruno W. Steinweg, The Doctrine of the Human Nature of Christ, pág. 21.

21. Herbert E. Douglass, en la Adventist Review, 22 y 29 de Diciembre de 1983.

22. _____, en la Adventist Review, 29 de Diciembre de 1983.

23. The Voice of Present Truth (La Voz de la Verdad Presente) (Platina, Calif.: revista publicada por Unwalled Village Publishers, 1983), pág. 13.

24. IbÍdem.

25. Ídem, págs. 18-19.

26. Ídem, pág. 1.

27. Herbert E. Douglass, en The Voice of Present Truth, pág. 1.

28. Ídem, págs. 1 e 2 .

29. Ídem, pág. 2 (itálicos suplidos).

30. Dennis E. Priebe, en The Voice of Present Truth, pág. 12.

31. Ídem, pág. 13.

32. IbÍdem.

33. IbÍdem.

34. Ídem, pág. 14.

35. Ídem, págs. 14-15.

36. IbÍdem.

37. Ídem, pág. 15.

38. IbÍdem.

39. IbÍdem.

40. _____, Face to Face With The Real Gospel (Mountain View, Calif.: Pacific Press Pub. Assn., 1985).

41. Ídem, pág. 9.

42. Eric Claude Webster, Crosscurrents in Adventist Christology.

43. Webster nació el 26 de Agosto de 1927 en África del Sur. Después de la conclusión de sus estudios teológicos en Heldelberg College, próximo a la Ciudad del Cabo, él obtuvo el Master en divinidad en la Andrews University. Desde 1948 él trabajó en la iglesia adventista en diversos sectores.

44. _____, Crosscurrents in Adventist Christology, pág. 156. La expresión "simples enfermedades" debe ser atribuída a Henry Melvill. Ver nuestro capítulo 14.

45. Ídem, págs. 450-452. Ver proposiciones presentadas por Webster en su conclusión en las págs. 450-452.

46. Ídem, pág. 451, proposiciones 8 y 9.

47. Ídem, proposição 10.

48. Ídem, proposição 11.

49. Robert J. Spangler, no Ministry, Junio de 1985, pág. 24.

50. IbÍdem

51. IbÍdem.

52. IbÍdem.

53. Norman R. Gulley hizo un estudio de los textos de Ellen G. White en la Adventist Review de 30 de Junio de 1983.

54. _____, en Ministry, Junio de 1985.

55. IbÍdem.

56. Ibídem.

57. Ibídem.

58. Ibídem.

59. Ibídem.

60. Ibídem.

61. Ibídem.

62. Ibídem.

63. Ibídem.

64. Ver Ministry, Abril de 1957; Questions on Doctrine, apéndice B, págs. 647-660.

65. Herbert E. Douglass, en Ministry, Junio de 1985.

66. Ibídem.

67. Ibídem.

68. Ibídem.

69. Ibídem.

70. Ibídem

71. Ibídem.

72. Ibídem.

73. Ibídem.

74. Ídem. Las citas son de C. E. B. Cranfield, The Epistle to the Romans, International Critical Commentary (Edinburgo: T. T. Clark, Ltd., 1980), vol. 1, pág. 379.

75. Ibídem.

76. Ibídem.

77. Ibídem.

78. Ibídem.

79. Ibídem.

80. Ibídem.

81. Ibídem.

82. Ibídem.

83. Ministry, Agosto de 1985.

84. Ibídem.

85. Ibídem.

86. Ibídem.

87. Ibídem.

88. Ibídem.

89. Ibídem.

90. Ibídem.

91. Ibídem.

92. Ibídem.

93. Ibídem.

94. Ibídem.

95. Ibídem.

96. Ibídem.

97. Joe E. Crews, eo Ministry, Diciembre de 1985.

98. Ibídem.

99. Ibídem.

100. Ibídem.

101. Anibal Rivera, eo Ministry, Junio de 1986.

102. Ibídem.

103. Ibídem.

104. R. R. D. Marks, en Ministry, Junio de 1986.

105. Ethel Wildes, en Ministry, Junio de 1986.

106. Ver nuestro capítulo 12.

107. Thomas A. Davis, en Ministry, Junio de 1986.

108. Ibídem.

Capítulo 14—En busca de la Verdad Histórica

Es bastante obvio que no puede haber dos verdades incongruentes sobre la naturaleza humana de Cristo. Sin embargo, algunos tratan de armonizar ambas posiciones como si las diferencias fuesen de poca monta. Otros aun sugieren que los dos puntos de vista realmente se realzan uno al otro.

Independientemente del mérito, eso parece una tentativa de reconciliación con poca chance de éxito. Al contrario, la vigorosa reacción de los miembros de la iglesia y las críticas ya destacadas de algunos teólogos, muestran que la controversia está muy lejos de ser resuelta. Sin embargo, el período comprendido entre 1986 y 1994 marcó un cierto reavivamiento de la Cristología tradicional.

Si es verdad que un gran número de adventistas hoy desconocen la posición histórica de la iglesia sobre el asunto, también es verdad que estudios recientes hechos por investigadores contemporáneos se encuentran ahora disponibles para recordarla.

Un Siglo de Cristología Adventista

El primer estudio, publicado en 1986, fue el de Ralph Larson y tuvo por título The Word Was Made Flesh: One Hundred Years of Adventist Christology (La Palabra Se Hizo Carne: Cien Años de Cristología Adventista).[1] Ese libro es la más completa obra sobre el asunto, del punto de vista esencialmente histórico.

Ralph Larson estudió teología en la Andrews University y obtuvo su doctorado en la Andover-Newton Seminary, en la ciudad de Boston. Por 40 años él sirvió a la Iglesia Adventista como pastor, evangelista, secretario departamental, misionero y profesor de teología. Su último cargo antes de la jubilación fue la presidencia del seminario teológico de las Filipinas.

Por muchos años Larson analizó sistemáticamente la literatura oficial de la iglesia publicada entre 1852 y 1952, coleccionando cuidadosamente las declaraciones sobre Cristología en ella habidas. Así él fue capaz de indexar cerca de 1200 citas, de las cuales más de 400 procedentes de la pluma de Ellen White y colocadas en secuencia cronológica. Con eso Larson esperaba proveer comprobación para lo que había sido la creencia adventista sobre la naturaleza humana de Cristo entre 1852 y 1952.

El objetivo de Larson no era hacer un estudio escriturístico o teológico, sino simplemente "establecer lo que los adventistas habían creído y no porque lo habían creído".[2] Lo más importante era que él deseaba que todos estuviesen consientes de la principal cuestión y asunto de la controversia: "¿El Cristo encarnado vino a la Tierra con la naturaleza humana de Adán en estado de santidad, o con a naturaleza humana del hombre caído?"[3]

Primeramente Larson trató de clarificar las expresiones clave usadas por los pioneros, particularmente aquellas utilizadas por Ellen White, tales como "naturaleza pecaminosa", "naturaleza caída", "naturaleza pecaminosa heredada", etc.,[4] y aclarar los sentidos de las palabras "pasión" y "propensión, dependiendo de ser o no atribuidas a Cristo o a parte de Su naturaleza".[5] Finalmente él trató de colocar ciertas declaraciones contenidas en la carta de Ellen White a W. H. L. Baker en su contextos histórico literario.[6]

Basado en su colección de citas, Larson ve una "era de lucidez" durante la cual "la iglesia habla en unísono" (1852-1952), y después de la cual sigue la "era de confusión" (sección 4), de 1952 en adelante. Las últimas tres secciones son dedicadas a enfatizar la estrecha conexión entre Cristología y Soteriología.[7]

Y prosigue dando a entender que Larson gentilmente discordó de la nueva teología. Él consideraba que su lanzamiento en Ministry, en Questions on Doctrine y en Movement of Destiny había ejercido un incalculable grado de influencia, promoviendo confusión entre los adventistas por el mundo afuera. Ella hizo parecer que Ellen White hablara en términos contradictorios y que el adventismo histórico había estado engañado acerca de la doctrina de la salvación.[8] Larson expresó su creencia de que la "Cristología, la naturaleza de Cristo, la Soteriología y la obra salvífica de Cristo están inseparable e íntimamente ligadas. Cuando hablamos de una, inevitablemente hablamos de la otra. Cuando cambiamos una, inevitablemente cambiamos la otra".[9]

La obra de Larson provee una fuente de informaciones sin precedente. Su análisis crítico histórico ilumina a quien desea estar informado con respecto a la enseñanza unánime de la iglesia desde 1852 a 1952, y sobre el cambio que tuvo lugar en los años cincuenta.

En conclusión, Larson convidó a sus lectores a comprobar los resultados de su investigación, y no meramente aceptarla o rechazarla sin un estudio personal. En caso de errores de interpretación, él creía que la iglesia debería tener la valentía de admitirlos y corregirlos.[10]

El Patrimonio White es Solicitado a Posicionarse

Como miembro de la mesa directiva de los Depositarios de Ellen G. White,[11] yo no podría permanecer indiferente a la creciente controversia, particularmente porque sus orígenes fueron fundamentados en muchas declaraciones de Ellen G. White con respecto a la naturaleza humana de Cristo. Yo creía que el Patrimonio Ellen G. White, comisionado para cuidar de los escritos de Ellen White, debería hablar claramente como lo había hecho en muchas ocasiones.[12]

En Septiembre de 1985, acepté una invitación para dar un curso de Cristología en la facultad adventista de teología, en Francia. Me pareció imperativo concientizar mis alumnos sobre la controversia en el sector de habla inglesa del mundo adventista. Para su beneficio, preparé un manual que fue la primera selección histórica de la Cristología adventista en francés.[13]

Esa era una oportunidad sin igual para evaluar la magnitud del problema y alimentar la esperanza de su solución. Creí que el Patrimonio White debería discutir el asunto y declararse a respecto de la Cristología de Ellen G. White. Le sugerí a su presidente, Kenneth H. Wood, que el ítem fuese puesto en la agenda de la reunión anual.[14]

Mi carta de 9 de Julio de 1986 no fue una sugestión para la tentativa de una nueva exégesis de las declaraciones de Ellen White, o para formular una crítica de una u otra de las tesis en voga. Propuse, antes, que se verificase más detenidamente la posición de Ellen White, así como su evaluación de enseñanza de sus contemporáneos Waggoner, Jones, Prescott y Haskell sobre el asunto, cuyas posiciones ella aprobaba.

En carta de retorno, Kenneth Wood me avisó que él concordaba con mi sugestión, y que el ítem estaría en la agenda de la IV Reunión. Al mismo tiempo, sin embargo, Robert W. Olson, secretario del Patrimonio de Ellen G. White, me informó que esa no era una cuestión que el Patrimonio White debería resolver.

"El Patrimonio White nunca emitió un documento sobre Cristología. Tengo para mí que la única razón para eso es que no concordamos entre nosotros mismos sobre una conclusión definitiva… Considerando el hecho de que hay, por lo menos, dos diferentes escuelas de pensamiento entre nosotros, sentí que no sería prudente para el Patrimonio White tratar de decidir quién está cierto y quien está errado. Una vez hecho eso, nos colocaríamos en una posición confrontativa contra todos aquellos que discuerdan de nosotros".[15]

Sin embargo, aun cuando era favorable a la idea de una discusión en la IV Reunión, Robert Olson deseaba tener los dos puntos de vista representados. Olson sugirió la presentación de un documento en el cual él mismo expresaría su opinión. Sin esperar por una respuesta, él me envió un sumario de sus ideas en dos cartas fechadas en Abril y Septiembre de 1986.

El Punto de Vista de Robert Olson

En su carta del 21 de Abril de 1986, Robert Olson resumió para mi beneficio su comprensión del problema. "Mi opinión personal sobre el aspecto clave de la cuestión es que Cristo no poseía tendencias hereditarias para pecar, sino como mi substituto Él fue capaz de experimentar todos mis sentimientos, para que pudiese entender plenamente la naturaleza de mis tentaciones".[16]

"Personalmente creo que Cristo fue diferente de nosotros en Su nacimiento. (Lucas 1:35) me dice eso. Él era santo cuando nació; por otro lado, yo, al nacer, no lo era. Cristo nunca precisó de conversión, pero nosotros sí. Sé que el tema está lleno de muchos misterios que nos son realmente incomprensibles. Creo, sin embargo, que Él fue capaz de tomar mis pecados sobre Si y experimentar las sensaciones del alma perdida sobre la cruz; que Le fue posible experimentar mi natural inclinación para el mal, sin asumir esa tendencia".[17]

En su segunda carta, fechada el 3 de Septiembre de 1986, Olson más una vez fue al cierne del problema: "Pienso, particularmente, si Jesús heredó tendencias pecaminosas de Su madre. El Pr. Wood cree que Él las tuvo; mi opinión es que no, pero que en ciertas ocasiones de Su existencia terrena Él experimentó vicariamente lo que es poseer tendencias pecaminosas. En otras palabras, creo que Jesús aceptó, a veces, mis tendencias pecaminosas de manera vicaria, del mismo modo que tomó mis culpas. Si yo pudiese explicar una, puedo explicar la otra. Puede ser que estemos aquí hablando sobre algo que sea inexplicable".[18]

Olson publicó sus puntos de vista durante un seminario realizado en la Andrews University, de 14 al 24 de Julio de 1986. Después de dos contradictorios artículos publicados en Ministry, en Junio de 1985, y de la crítica que ellos provocaron, el asunto de la naturaleza humana de Cristo se volvió una cuestión candente. En respuesta, Olson preparó un resumen de tres páginas conteniendo cuestiones respondidas directamente con el uso de textos extraídos del Nuevo Testamento y de los escritos de Ellen White.

En 1989, Olson sacó a público un panfleto muy elaborado bajo el título The Humanity of Christ (La Humanidad de Cristo),[19] en el formato de un programa de estudios. Escribió que, "el propósito de este pequeño libro es presentar un preciso retrato de nuestro Señor en Su humanidad. Visto que Ellen G. White conoció a Jesús tan bien y que ella misma conversó con Él en visión... la hemos citado abundantemente, pero aún muy lejos de hacerlo exhaustivamente, tanto sus escritos como las Santas Escrituras".[20]

Porque esa compilación fue hecha en nombre del Patrimonio de Ellen G. White, su secretario procuró mantenerse lo más posible en el terreno de la neutralidad. Ese trabajo constituye una excelente fuente para quien desea saber las respuestas de Ellen White a las preguntas de Robert Olson. Entretanto, una vez que alguien quiera interpretar a voluntad las citas provistas como respuestas, el problema permanece.

Discusión Sobre Cristología en el Patrimonio White

La IV Reunión tuvo lugar en Williamsburg, Virgínia, del 23 al 25 de Enero de 1987. A causa de una tremenda tempestad de nieve que paralizó todo el tráfico de la costa Oeste de los Estados Unidos, el encuentro fue transferido para Columbia, Maryland. Posteriormente, fue condensado en un sólo día. Toda la sesión fue dedicada al problema de la naturaleza humana de Cristo basada en mi presentación.[21]

Su contenido fue esencialmente aquel expuesto en la segunda parte de este estudio, la cual fue dedicada a la Cristología de los pioneros. Ella también contenía una crítica a la nueva teología, que sería discutida con más detalles en la quinta parte del libro.[22]

Otros documentos fueron preparados pero no pudieron ser presentados por falta de tiempo. De cualquier modo, los textos fueron incluidos en el voluminoso registro de la IV Reunión. Dos de ellos, en especial, tienen relación directa con nuestro tema y merecen consideración.[23]

Tim Poirier y las Fuentes de la Cristología de Ellen White

Tim Poirier, secretario-asociado y archivista del Patrimonio de Ellen G. White, preparó un estudio comparativo entre la Cristología de Ellen White y la de los autores de cuyo lenguaje ella aparentemente se utilizó. De acuerdo con Poirier, esas fuentes son útiles en la aclaración de la Cristología de Ellen White.[24]

Un predicador anglicano, Henry Melvill (1798-1871), fue una de las fuentes de que Ellen White se sirvió para escribir su artículo Christ, Man's Example (Cristo, el Ejemplo del Hombre), publicado en la Review and Herald del 5 de Julio de 1887. El Patrimonio White conserva un ejemplar de los Sermones de Melvill.[25] Poirier encontró el sermón de Melvill denominado The Humiliation of the Man Christ Jesús (La Humillación del Hombre Cristo Jesús), de especial valor para aclarar el significado de algunas expresiones de Ellen White con respecto a la humanidad de Cristo.[26]

De acuerdo con Melvill, la caída de Adán tuvo dos consecuencias fundamentales: (1ª) "simples debilidades" y (2ª) "propensiones pecaminosas". En "simples debilidades", Melvill incluyó hambre, sufrimiento, debilidad y tristeza. Por "propensión pecaminosa" él entendía "tendencia para pecar". Al término de su argumento Melvill concluyó: "Antes de la caída, Adán no poseía 'simples debilidades' ni 'propensiones pecaminosas'; nosotros nacemos con ambas; Cristo asumió las primeras pero no las segundas".[27]

Consecuentemente, "la humanidad de Cristo no fue la adánica, esto es, la humanidad de Adán antes de la caída; ni la humanidad caída en cada aspecto de la humanidad de Adán después de la caída. No fue la adánica porque ella poseía las simples debilidades de la caída. No fue la caída porque la humanidad de Jesús nunca bajó a la impureza moral. Fue, por lo tanto, más literalmente nuestra humanidad, pero sin pecado".[28]

Poirier también comparó el lenguaje de Ellen White con el de Octavius Winslow[29], para mostrar que ambos usaron el término propensión, limitación, y tendencia en el mismo sentido y en armonía con Melvill. Poirier colocó los pasajes de Ellen White al lado de los textos cristológicos de Winslow[30], de los cuales ella había tomado emprestados términos, expresiones y aun conceptos.

¿Pero eso significa que Ellen White tenía idéntico punto de vista? Un examen cuidadoso de las evidencias nos permite llegar a otra conclusión. En su argumento, Winslow llegó a la conclusión de que en la naturaleza humana de Cristo "no había cualquier señal de principios corruptos o propensiones; ni operaban cualesquier deseos y tendencias; pues hasta el momento de Su venida a la Tierra, ningún ángel del Cielo permaneció delante del trono más puro y más inmaculado que Él (The Glory of the Redeemer -- la Gloria del Redentor, pág. 129, 132-134)".[31]

En el extracto comparativo presentado por Poirier, Ellen White empleó esencialmente el mismo lenguaje, pero lo aplicó a Adán antes de la caída y no a Cristo. "No había principios corruptos en el primer Adán, ni corrompidas propensiones y tendencias para el mal. Adán era irreprensible como los ángeles delante del trono de Dios".[32] Y en la cita precedente, también puesta en paralelo con el texto de Winslow, Ellen White escribió sobre Cristo: "Aquí la prueba de Cristo fue mucho mayor que la de Adán y Eva, pues Él asumió nuestra naturaleza, caída pero no corrompida, y que no se pervertiría a menos que Él aceptase las palabras de Satanás en lugar de las palabras de Dios".[33]

Es verdad que Ellen White usó palabras y expresiones de otros teólogos. Pero eso necesariamente no implica que ella las utilizó para decir las mismas cosas. Así, por ejemplo, Winslow afirmó que "la exposición de nuestro Señor a la tentación y Su consecuente capacidad de resistir a sus solicitaciones, tiene el fundamento en Su perfecta humanidad".[34] Ellen White empleó la misma expresión de esta manera: "La perfecta humanidad de Cristo es la misma que el hombre puede poseer a través de la ligación con Él".[35] En otras palabras, mientras Winslow aplica la expresión a la naturaleza humana de Cristo, heredada desde el nacimiento, Ellen White dice que podemos tener la misma "perfecta humanidad" que Él poseía.

Con relación al argumento de Melville de que Cristo tenía apenas "simples debilidades", es importante destacar que una investigación del CD-ROM de Ellen G. White indica que ella nunca empleó tal expresión. Ciertamente EGW hizo múltiples menciones de las "debilidades" que Cristo soportó, pero nunca las calificó como "simples". Contrariamente, ella repetidamente habla que "Cristo tomó sobre sí las debilidades de la humanidad degenerada".[36] O que "Cristo soportó los pecados y debilidades de la raza como ellos existían cuando Él vino a la Tierra para socorrer al hombre".[37] Así, no es suficiente comparar palabras y expresiones; su uso también precisa ser verificado.

D. A. Delafield Confirma la Cristología de Ellen White.

El tercer documento contenido en los registros de la IV Reunión procedió de la pluma de D. A. Delafield, uno de los decanos del Patrimonio White. Como secretario-asociado, él era mundialmente conocido por sus seminarios sobre el Espíritu de Profecía y por los numerosos artículos abordando varios aspectos de los escritos de Ellen White. En Europa, él y su esposa son especialmente recordados en razón del año en que pasaron enseñando sobre el Espíritu de Profecía en las iglesias, y a causa de su libro tratando de las visitas de Ellen White a diferentes países europeos.[38]

El estudio preparado para Williamsburg trajo el siguiente título: The Credentials of the True Prophet (Las Credenciales del Verdadero Profeta). Entre esas credenciales Delafield citó (1 Juan 4:1-3), que él consideraba el sello del testimonio cristiano. De acuerdo con él, Ellen White hizo de la Cristología su tema permanente, conforme es indicado en el Index to the Writings of Ellen G. White (Índice de los Escritos de Ellen G. White). Bajo la palabra Cristo están 87 páginas de referencias, todas dedicadas a Cristo como encarnado e impecable, el cual murió por los pecados de los hombres.[39]

Delafield escribió: "Siempre que estudiamos el asunto de la Encarnación, deberíamos tener en mente el hecho central: Jesús vivió victoriosamente en carne humana real -- carne caída, pero no corrompida".[40] Entonces, apoyándose en una declaración de Ellen White, él especificó: "Nuestro Señor fue tentado como el hombre es tentado. Él era capaz de ceder a la tentación, como lo son los seres humanos... Aquí, la prueba de Cristo fue mucho mayor que la de Adán y Eva, pues Él tomó nuestra naturaleza, caída pero no corrompida, y que no sería corrompida a menos que Él aceptase las palabras de Satanás en lugar de las palabras de Dios".[41]

Delafield subrayó el hecho de que Cristo era "caído pero no corrompido", citando la carta a Baker: "Nunca, de modo alguno, dejad la más leve impresión sobre mentes humanas de que una mancha o inclinación para la corrupción existían en Cristo, o que Él de alguna manera cedió a la corrupción... Que cada ser humano sea advertido sobre hacer Cristo totalmente humano, tal como cualquier uno de nosotros; pues eso no puede ser." (The SDA Bible Commentary, vol. 5, págs. 1128, 1129)".[42]

Para Delafield, "Jesús realizó lo que ningún otro ser humano hizo antes de Él: vivir una vida sin pecado, sin mancha e incorruptible en Su carne humana... Aun Sus enemigos reconocían la inocencia. Pilatos (Lucas 23:14); su esposa (Mat. 27:19) y también los propios demonios (Marcos 1:24) Lo declararon 'el Santo de Dios'".[43]

Delafield concluyó con una cita de Ellen White: "'Él enfrentó todas las tentaciones con que Adán fue asaltado, y las venció porque, en Su humanidad, Se apoyaba en el poder divino... La vida de Cristo es una revelación de lo que los caídos seres humanos pueden volverse a través de la unión y compañerismo con la naturaleza divina' (The Faith I Live By, La Fe Por la Cual Yo Vivo, pág. 219)."[44] Delafield expresó su convicción de que esa era la Cristología de los pioneros de la Iglesia Adventista.

George R. Knight Confirma la Cristología de los Pioneros

De entre las declaraciones sobre la historia de la Cristología Adventista, las de George R. Knight son especialmente valiosas. Profesor de Historia de la Iglesia en la Andrews University, Michigan, Knight es claro en su opinión objetiva sobre la creencia adventista acerca de la naturaleza humana de Cristo, desde el inicio del movimiento. La mayoría de sus obras es dedicada a los diversos aspectos de la historia de la Iglesia Adventista.[45]

Lo que lo llevó a escribir sobre la naturaleza humana de Cristo se originó del caso de A. T. Jones. Un capítulo completo es dedicado a detallado análisis de la enseñanza de Jones cuanto a la naturaleza de Cristo.[46] Son de interés especial, sin embargo, las observaciones de Knight sobre la historia de la Cristología Adventista en general. Él acentuó que "Waggoner, Jones y Prescott... desarrollaron el concepto de que Cristo era exactamente como cualquier otro hijo de Adán -- incluyendo la tendencia para pecar -- en la característica central de su doctrina de la justicia por la fe".[47]

Pero, observó él que "su punto de vista sobre la naturaleza de Cristo no creó controversias en el adventismo de la década de 1890. La opinión era generalmente aceptada como un punto teológico no litigioso. Eso todo cambiaría en la década de 1950, cuando se volvería el tema teológico para muchos adventistas sobre ambos lados de la cuestión".[48]

"M. L. Andreasen, uno de los principales teólogos denominacionales de los años 50, sustentaba que la doctrina de la naturaleza pecaminosa de Cristo es uno de los 'pilares fundamentales' del adventismo. Cambiar esa posición, dijo él, no fue apenas abandonar el adventismo histórico, sino también abjurar la creencia en los testimonios de Ellen White. Muchos han seguido ese camino. Otros, en la iglesia, creen que una fe adecuada en Cristo precisa reconocer que Él fue diferente de los otros seres humanos en sus tendencias para el pecado. Por 30 años el adventismo ha vivido una guerra de palabras sobre el tópico".[49]

"La naturaleza de Cristo no era un punto divisivo en los círculos adventistas hasta los años 50. Hasta ese tiempo los escritores denominacionales habían estado en armonía con Jones, Waggoner y Prescott, acerca de que Cristo vino en carne humana la cual tenía, como la del caído Adán, todas las tendencias de la humanidad para pecar".[50]

De acuerdo con Knight, dos factores motivaron el cambio teológico en los años 50. Uno de ellos fue el descubrimiento, en 1955, de la carta de Ellen White a W. L. H. Baker. Otro fue la sensibilidad de algunos líderes de la iglesia "a la crítica de ciertos evangélicos de que la Cristología de 'tendencias pecaminosas' de los adventistas era inadecuada".[51]

Sin embargo, afirmó Knight, había una profusión de declaraciones de Ellen White afirmando que Cristo "tomó sobre Sí nuestra pecaminosa naturaleza", o "que Él tomó sobre Sí mismo la caída y sufridora naturaleza humana, degradada y contaminada por el pecado". Y añade el autor: "Esas no fueron afirmaciones aisladas". En el mismo año de la carta a Baker, ella escribió que "Cristo asumió la naturaleza humana caída".[52]

Por fin, Knight aseveró: "No hay la más leve duda de que Ellen White creía que Cristo asumió la naturaleza humana caída y pecaminosa en la Encarnación. Lo que quiera que ella consistiese, sin embargo, queda claro que no estaban incluidas las malas propensiones para el pecado --'los cardos y las rosas bravas' del egoísmo, del amor propio y así por delante".[53]

No es fácil averiguar el punto de vista de Knight sobre el asunto. Su análisis objetiva como historiador confirma, sin embargo, lo que los defensores de la Cristología histórica siempre afirmaron. El objetivo de su libro no fue decir lo que él mismo creía, sino atestar lo que los adventistas creen y explicar cómo ocurrió el cambio radical en su Cristología en los años 50.

Una Exposición Bíblica En Esto Creemos

Durante la sesión de la Conferencia General de 1980 fue preparada una nueva declaración de creencias. Muchas veces, desde la primera declaración de fe en 1872, los líderes de la Iglesia Adventista del Séptimo Día comprendieron la necesidad de reafirmar sus creencias fundamentales, de forma a hacerlas cada vez más claras. Para ese fin, la Asociación Ministerial de la Conferencia General tomó la iniciativa de preparar "una exposición bíblica de las 27 doctrinas fundamentales de los adventistas del séptimo día"[54], y ponerlas en un libro que vino a la luz en 1988, y fue traducido y distribuido en muchas de las principales lenguas del mundo.

Varios autores fueron escogidos para redactar los artículos, mientras una comisión de 194 miembros escogidos dentro las 10 divisiones mundiales, fueron comisionados a criticar cada capítulo. Una comisión menor, compuesta de 27 líderes de la iglesia, teólogos y pastores, se reunieron regularmente para supervisionar la preparación de la obra.[55]

Aun cuando el libro pareciese ser una declaración oficial, los editores tomaron el cuidado de enfatizar: "Mientras este volumen no sea oficialmente votado -- y solamente la Conferencia General en sesión mundial puede realizar eso -- él puede ser visto como representante de la 'verdad ... en Jesús' (Efés. 4:21), que los adventistas del séptimo día alrededor del mundo estiman y proclaman".[56]

A causa de las diferencias de opinión, la declaración votada en la sesión de la Conferencia General de 1980 evitó definir la naturaleza humana de Cristo de manera precisa. Ella meramente afirmó que Jesús era "Dios verdadero y eternamente" y "verdaderamente hombre". "Él fue concebido del Espíritu Santo y nacido de la virgen María. Vivió y sufrió tentaciones como un ser humano, pero ejemplificó perfectamente la justicia y el amor de Dios".[57]

La referida sesión destacó, sin embargo, que en el capítulo 4 de En Esto Creemos no faltaron detalles precisos con referencia a los diversos aspectos de la Cristología. En particular, la naturaleza humana de Cristo fue allí desarrollada de manera sistemática a partir de textos bíblicos. Jesús fue presentado como "verdaderamente hombre".[58] "Él podía reivindicar verdadera humanidad a través de Su madre"; "durante Su juventud Él estuvo sujeto a Sus padres (Lucas 2:51)"; "el nombre Hijo del hombre enfatiza Su solidaridad con la raza humana mediante la Encarnación".[59]

La cuestión controvertida fue claramente colocada: "¿En qué extensión Él [Cristo] Se identificó con o se hizo idéntico a la caída humanidad? Un correcto punto de vista sobre la expresión 'a semejanza de carne pecaminosa', o hombre pecaminoso, es crucial. Opiniones inexactas han promovido discusión y contienda a través de la historia de la iglesia cristiana".[60]

El capítulo usa expresiones típicas de la enseñanza tradicional de la Iglesia Adventista: "Él revistió Su divinidad de la humanidad; se hizo en 'semejanza de carne pecaminosa', 'naturaleza humana pecaminosa' o 'naturaleza humana caída' (cf. Rom. 8:3) Eso de ningún modo indica que Jesús fue pecaminoso o participó de actos o pensamientos pecaminosos. Aun cuando en forma o semejanza de carne pecaminosa, Él fue sin pecado y Su inocencia está fuera de cuestión".[61]

La naturaleza humana de Jesús no fue identificada con la de Adán antes de la caída. "Cristo tomó la naturaleza humana que, comparada con la naturaleza no caída de Adán, decreció en fuerza física y mental, aun cuando Él nunca hubiese pecado. Cuando Cristo asumió la naturaleza humana que portaba las consecuencias del pecado, se hizo objeto de debilidades e inclinaciones que todos experimentan. Su naturaleza humana estaba 'asolada por debilidades' o 'cercada de debilidades' (Heb. 5:2; Mat. 8:17; Isa. 53:4)".[62]

Con referencia a las declaraciones del obispo anglicano Henry Melvill, se afirmó: "La humanidad de Cristo no era la adánica, esto es, la humanidad de Adán antes de la caída; ni la humanidad caída, o sea, en cada aspecto de la humanidad de Adán póst-caída. No era la adánica porque ella poseía las simples debilidades de la caída. No era la caída porque ella nunca había descendido a la impureza moral. Ella era, por lo tanto, más literalmente nuestra humanidad, pero sin pecado".[63]

Finalmente, con referencia al problema de la tentación, "el modo como enfrentó la tentación prueba que Él era verdaderamente humano. Que Cristo fuese 'tentado en todos los puntos como nosotros' (Heb. 4:15), muestra que Él era participante de la naturaleza humana. Tentación y la posibilidad de pecar eran reales para Cristo. Si Él no pudiese pecar, no habría sido humano y ni podría ser nuestro ejemplo. Cristo asumió la naturaleza humana con todos sus riesgos, incluyendo la posibilidad de ceder a la tentación".[64]

Para realzar la realidad de las tentaciones a que Cristo estaba sujeto, dos teólogos bien conocidos fueron citados. "Concordamos con Philip Schaff, que dijo: 'Hubiese Él sido dotado desde el inicio de absoluta impecabilidad, o con la imposibilidad de pecar, y no podría haber sido un hombre real, ni nuestro modelo para imitación; Su santidad, en lugar de ser un hecho auto-adquirido o de mérito propio, habría sido accidental o un don exterior, y Sus tentaciones un show fantasioso'. Karl Ullmann acrecenta: 'La historia de la tentación, aun cuando pueda ser explicada, no tendría significado; y la expresión en la epístola a los Hebreos: 'fue tentado en todas los puntos como nosotros', sería sin sentido'".[65]

Según esas declaraciones, alguien sólo puede quedar espantado al leer que "la naturaleza humana de Cristo haya sido retratada como impecable"; que "Jesucristo tomó sobre Sí nuestra naturaleza con todos sus riesgos, pero que Él estaba libre de la corrupción hereditaria o degradación y del pecado". O que "Jesús no poseía malas propensiones o inclinaciones, o aun pasiones pecaminosas".[66]

Ciertamente Cristo nada tuvo de ese tipo. Él nos dio "el ejemplo de una vida sin pecado".[67] Pero eso fue realizado en la "naturaleza humana caída"[68] sujeta a la "operación de la gran ley de la hereditariedad".[69] Aun cuando no tuviese malas inclinaciones, "Él sabía cuán fuertes eran las inclinaciones del corazón natural".[70] ¿Y para qué hablar, como Melvill, de "simples debilidades", cuando Ellen White declara que "Cristo tomó sobre Sí las debilidades de la humanidad degenerada"?[71]

De cualquier modo, en otros aspectos la Cristología presentada En Esto Creemos confirma la posición póst-caída. Por lo tanto, limitando la hereditariedad de Cristo apenas a las consecuencias físicas -- a "simples debilidades"[72] -- los autores se alejaron de la posición tradicional en un punto muy importante. Al hacer eso, el En Esto Creemos estableció una interpretación intermediaria sobre la naturaleza humana de Cristo, la cual Roy Adams trató de divulgar por medio de sus artículos en la Adventist Review y en el libro The Nature of Christ: Help for a Church Divided Over Perfection (La Naturaleza de Cristo: Auxilio a una Iglesia Dividida Sobre la Perfección).

Roy Adams Busca Volver a Encender el Debate

Después de los debates de los años ochenta, la Adventist Review publicó una serie de seis artículos de autoría de Norman R. Gulley bajo títulos como "Model or Substitute, Does it Matter How We See Jesus?" (Modelo o Substituto: ¿Importa Cómo Nosotros Vemos a Jesús?") y "Pressing Together". Esos artículos incluían algunos conceptos propios de Gulley, tales como "Jesús se hizo pecado por nosotros vicariamente"; "Jesús no experimentó tentaciones como las nuestras, porque Su naturaleza era diferente de la nuestra"; y Ellen White "veía la misión de Cristo en dos dimensiones. Ella habla de una dimensión pré y de una dimensión póst-caída".[73]

En la primavera de 1990, Roy Adams, editor-asociado de la Review, volvió a encender el debate al publicar tres editoriales sobre si Cristo era como Adán (antes de la caída) o como los pecadores. Esos artículos tuvieron como título: "¿Cómo Adán o Como Nosotros?"[74] Adams cita Ellen White: "Cuando queramos un profundo problema para estudiar, fijemos nuestras mentes sobre el más maravilloso hecho que tuvo lugar en la Tierra o en el Cielo -- la encarnación del Hijo de Dios".[75] "Esa es la doctrina central de la fe cristiana". Y añade: "Sin ella todo el canon de las Escrituras se vuelve un documento sin significado, un absurdo".[76]

"El problema que enfrentamos aquí es semejante a aquel encarado por nuestros pioneros cristianos en los primeros siglos -- la falta de una definida declaración en la Escritura. Esa es la razón por la cual los adventistas se han apoyado tan macizamente en los escritos de Ellen White sobre esa cuestión".[77]

Adams mostró que Ellen White afirma perentoriamente, por un lado, que Cristo era semejante a nosotros en todas las cosas, y por otro, que Él era, al mismo tiempo, "diferente de nosotros". La dificultad yace en la aparente contradicción: "Si Cristo, de hecho, se hizo humano, ¿cómo fue Él capaz de contornar la infección universal del pecado?"[78]

Para explicar esa paradoja, Adams apeló para Henry Melvill, el ministro anglicano que afirmaba que los dos resultados esenciales de la caída fueron (1) "simples debilidades" y (2) "propensiones pecaminosas" Ahora, concordando con Melvill, "antes de la caída, Adán no poseía 'simples debilidades', ni 'propensiones pecaminosas'. Somos nacidos con ambas, y ... Cristo tomó las primeras, pero no las segundas".[79] Adams concluyó, como Melvill, que "el encarnado Cristo no era ni como Adán antes de la caída, ni como nosotros. Él era sinigual".[80]

Esa es la solución propuesta por Adams en su libro (publicado en 1994) sobre la naturaleza de Cristo.[81] Habiendo criticado la Cristología de algunos "hermanos rebeldes" de la herencia de Jones y Waggoner, así como la enérgica reacción de Andreasen contra la nueva teología,[82] él desarrolló las ideas contenidas en sus editoriales.[83] En particular, Adams recuñó en detalles la explicación de Melvill. E, como Tim Poirier, consideró que Ellen White, por haber usado las mismas expresiones, debe haberles dado el mismo significado.[84]

Como otros antes de él, Adams justificó su punto de vista citando extensivamente la carta de Ellen White a Baker. Posteriormente, reveló que su interpretación corresponde a aquella de sus profesores de teología.[85]

Reconocemos que la interpretación de Roy Adams representa positivamente la postura mantenida por gran parte de los adventistas hoy. Sin embargo, sería errado concluir que ese punto de vista es compartido por la mayoría en la Iglesia Adventista dispersada por el mundo.

La Situación Europea

Como ya lo referimos[86], hasta el inicio de la década de 50 la Cristología adventista en los países de la División Sur-europea estaba en línea con las enseñanzas de la iglesia en general. Desde entonces, a despecho de la importancia dada al problema de la naturaleza humana de Cristo en la literatura de los adventistas de habla inglesa, ninguna controversia había aun emergido de ese lado del Atlántico. Fuera de algunos pocos especialistas, no muchos adventistas se entregaron a la lectura de libros de teología en inglés. Fuera de eso, los especialistas que tomaron interés en las sutilezas del problema en cuestión fueron realmente escasos. En 1969, el editor de la Revue Adventiste, Jean Caseaux, fue el primero a publicar los principios de la nueva teología.[87]

Alfred Valcher, el padre de los teólogos adventistas de habla francesa,[88] también dedicó un artículo sobre "La Doble Naturaleza Divino-Humana de Cristo", en el cual analizó las diversas tendencias del pensamiento en la Iglesia Adventista.[89] La única observación personal expresada en este artículo concernía a la palabra "semejanza", que para él no era "sinónima de identidad". "Y si alguien sustenta que Jesús asumió una naturaleza pecaminosa, eso significa únicamente que Él aceptó la realidad de la tentación y la posibilidad de pecar".[90] La cuestión de saber si Cristo tenía la naturaleza de Adán antes o después de la caída no parece preocupar Vaucher. En su magistral obra, Histoire du Salud (Historia de la Salvación), él se satisfizo en afirmar la simple realidad de Su humanidad y Sus tentaciones.[91]

Es difícil determinar exactamente cuándo la nueva teología se hizo conocida de los pastores y miembros de la iglesia en Europa.[92] En la enseñanza ministrada en el Seminario Adventista de Collonges, donde pastores de muchos países son entrenados,[93] las dos líneas de pensamiento fueron presentadas por profesores como: Raoul Dederen, hasta que él se transfirió para la Andrews University, en 1963; Georges Stéveny, de 1967 a 1980; y yo, de 1960 a 1970, y de 1985 a 1998.

Cuando contactado recientemente, Raoul Dederen me aseguró que sus puntos de vista sobre la naturaleza humana de Cristo eran, en substancia, exactamente los mismos defendidos por Edward Hepenstall. En otras palabras, Cristo tomó la naturaleza de Adán después de la caída, pero sin participación en las tendencias naturales para el mal -- una carne semejante a la de pecado, pero no idéntica.[94] Cuanto a las opiniones de Georges Stéveny, las tenemos por escrito y bien detalladas, gracias a su reciente libro A La Découverte du Christ (La Descubierta de Cristo).[95]

Georges Stéveny, "En el Camino de los Pioneros"

Georges Stéveny estudió teología en el Seminario Adventista de Collonges-sous-Salève y recibió su diploma de póst-graduación en filosofía en la Universidad de Ginebra. Después de muchos años leccionando, él sirvió la Iglesia Adventista por 18 años como pastor-evangelista en Francia y en Belgica. Brillante orador, Stéveny fascinó muchas veces grandes auditorios con sus argumentos filosóficos y bíblicos. Llamado para ser profesor de teología en el Seminario Adventista de Collonges-sous-Salève en 1967, fue él posteriormente llevado al liderazgo de la institución, de 1970 a 1980. Dio continuidad a su ministerio como presidente de la Asociación Franco-Suiza y secretario general de la División Euro-Africana de los Adventistas del Séptimo Día, de 1985 a 1990.

Aun cuando hubiese escrito muchos artículos y auxiliado en la edición de muchas obras publicadas, tuvo él que esperar hasta su jubilación para escribir A La Découverte du Christ, que representó la cosecha del conocimiento y de las meditaciones espirituales de toda su vida. Esos fueron presentados en forma de una Cristología de dos niveles. Primeramente como la "Baja Cristología", arraigada en la historia que nos capacita a descubrir Cristo en Su vida terrena. Entonces, en un segundo nivel, la "Alta Cristología", que era la revelación del Cristo de nuestra fe. Esa parte de su obra es de particular interés porque trata directamente de la Encarnación, sus implicaciones y consecuencias.[96]

El método seguido es la presentación de la exégesis sistemática para cada texto cristológico, comenzando con el Prólogo del evangelio de Juan, seguido por pasajes-claves de las epístolas de Pablo. Esa es una Cristología enteramente basada en el estudio de la revelación bíblica. El estudio lleva al lector a través de la demostración de que "Jesús era Dios antes de Su encarnación", y "permaneció inevitablemente Dios por sobre Su humillación".[97] "Pero en Cristo, el mismo Dios habitó con nosotros. Él Se hizo hombre, el segundo y último Adán. Surge, sin embargo, una cuestión, indudablemente delicada, pero legítima: ¿Cuán identificado con nosotros realmente estaba Jesús? ¿Tomó

Él la naturaleza de Adán antes o después de la caída?"[98]

Georges Stéveny rechazó categóricamente la noción de que Cristo poseía la naturaleza de Adán antes de la caída. La expresión paulina "en semejanza (similitud) de carne pecaminosa" no podría ser atribuida a Adán antes de la caída. Pero, "no es suficiente denunciar la diferencia entre ambas situaciones experimentadas por los dos Adanes, lo que es totalmente obvio. Lo que precisamos reconocer es que ellos no vivieron en la misma carne ni en la misma naturaleza".[99]

"Decir que Jesús vivió en la carne semejante a la de Adán antes de la caída es, por lo tanto, discordar de la divina revelación. Pero sería otro error decir que Él era idéntico a Adán después de la caída. Nos prendemos a falsas opciones al querer definir la naturaleza de Jesús simplemente en relación a Adán, antes o después de la caída. Una enorme y esencial diferencia que distingue Jesús del hombre, el cual se volvió ontológicamente separado de Dios".[100] "Jesús no era apenas Dios; no era apenas hombre. Cristo ocupó una posición diferente, una nueva posición, en el comienzo de una nueva era".[101]

Pero, entonces, "¿cuál es exactamente la carne de Cristo y cuáles Sus inclinaciones interiores? ¿Hasta dónde va Su identificación con nosotros?"[102] Para renovar la condición humana, tenía Él que asumirla enteramente. Una mera semejanza externa no está en armonía con la declaración de Pablo, de que Dios envió a Su Hijo en "semejanza de carne pecaminosa" (Rom. 8:3). "Fue en la carne que Dios condenó el pecado por Jesucristo. La demostración del apóstol Pablo es válida apenas para una condición formal, para dar a conocer que Jesús resistió bajo las mismas condiciones que las nuestras. No admitir eso es decir que toda la argumentación es falla y la conclusión inaceptable: '... para que la justa exigencia de la ley se cumpliese en nosotros, que no andamos según la carne, sino según el Espíritu'. (Rom. 8:4)"[103]

"Si Jesús no hubiese enfrentado la tentación bajo las mismas condiciones que las nuestras", asevera Stéveny, "la lucha sería desigual y Su ejemplo impropio".[104] Pero el poder del Espíritu, a través de quien Cristo condenó el pecado en la carne, es ofrecido a todos los que Lo reciben por la fe. Consecuentemente, "gracias a Jesucristo el Espíritu Santo desarrolla a nuestro favor el mismo ministerio que Él cumplió a favor del Hijo de Dios. En eso reposa un aspecto esencial del evangelio... Cuán confortador es saber que la humanidad, comprometida por Adán, su líder, puede ser regenerada por Jesucristo, en Quien todas las cosas son hechas nuevas".[105]

William G. Johnsson Trata de Armonizar

En una serie de cinco editoriales publicados en la Adventist Review, William G. Johnsson, editor-jefe, trató de amainar la discusión sobre la naturaleza de Cristo en sus artículos "Nuestro Incomparable Salvador".[106] "Mi propósito en esos editoriales no es tratar de probar que un lado está cierto y el otro errado. Espero reconciliarnos presentando fielmente las preocupaciones de cada lado y mostrando cuanto tenemos en común, a despecho de todo. No espero cambiar las mentes; deseo apelar para la sabiduría y el buen sentido de nuestro pueblo, en quien deposito gran confianza".[107]

Habiendo destacado que los adventistas confiesan la completa y eterna divinidad de Jesucristo, Johnsson enfatizó que Su humanidad es igualmente vital. Pero es precisamente ahí que yace el pomo de la discordia entre los adventistas contemporáneos. Johnsson recapituló objetivamente ambos puntos de vista y entonces preguntó: "¿Qué nos dice la Biblia sobre la humanidad de Jesús?"[108] La respuesta fue exactamente aquella dada en su libro sobre la epístola a los Hebreos.[109] "El silencio del Nuevo Testamento sobre ese específico punto de debate es ensordecedor. A mi ver nosotros, como iglesia, somos prudentes en no tratar de definir en nuestras creencias fundamentales la naturaleza humana de Cristo, más detenidamente de lo que lo hace la Escritura".[110]

"¿Qué nos dice Ellen White acerca de Jesús?"[111], Johnsson pregunta. Ella enfatizó Su divinidad tanto cuanto Su humanidad y la milagrosa unidad entre ambas. "Él padeció tristezas, sufrimiento y tentación; Sus pruebas fueron reales -- Él Se arriesgó al fracaso y a la pérdida eterna. Pero, en medio a todo eso, Él Se mantuvo perfectamente impecable; Él es nuestro incomparable Salvador".[112]

Si Ellen White nos estimuló a estudiar la humanidad de Jesús, también se esforzó para recordarnos que debemos hacer eso con extremo cuidado: "Sean cuidadosos, extremamente cuidadosos cuando tratando de la naturaleza humana de Cristo". ¿Pero qué es lo que ella dijo sobre Su naturaleza? ¿Era la de Adán antes o después de la caída? Para saber eso "precisamos mirar hacia lo que ella escribió y no escribió al respecto".[113]

Ellen White, que hizo múltiples referencias a los "fundamentos" o "pilares" del mensaje adventista, nunca mencionó la naturaleza humana de Cristo como siendo uno de ellos. Además, es fácil descubrir declaraciones de ella para apoyar cada punto de vista. De hecho, notó Johnsson, Ellen White afirmó que "aun cuando Jesús Se haya hecho verdaderamente humano y pasado por nuestras experiencias, Él era diferente de nosotros en aspectos clave. Cristo era Dios-Hombre y no participó de nuestras pasiones, inclinación para el mal y propensiones para pecar. Él era semejante a nosotros y sin embargo diferente de nosotros. Solamente teniendo esos dos hechos en mente podemos hacerle justicia a ella".[114]

Con frecuencia, observó Johnsson, los argumentos no tocan el problema real -- la naturaleza del pecado. "La cuestión por detrás de la cuestión es el concepto de pecado. Aquellos que pretenden comprender más claramente la naturaleza humana de Cristo, conseguirían más si parasen de debatir si Jesús vino en naturaleza humana pré o póst-caída, y gastasen tiempo buscando saber lo que la Biblia dice a respecto del pecado".[115]

Johnsson sustentaba que la Biblia no restringe la definición de pecado a la transgresión de la ley. "En penetrante análisis, Pablo describe el pecado como una fuerza, un principio innato, un estado -- 'el pecado habita en mi'(Rom. 7:14-20). Así no solamente nuestros actos son pecaminosos; nuestra propia naturaleza está en guerra contra Dios".[116]

"¿Poseía Jesús tal naturaleza? No. Si así fuese, Él tendría necesidad de un Salvador. Él no poseía propensión para el mal; ninguna deformación en Su naturaleza moral que Lo predispusiese a la tentación. Él es el único totalmente sin pecado -- en acciones y también en Su ser interior. Él es 'santo, inocente, inmaculado, separado de los pecadores' (Heb. 7:26)."[117] "Pero yo necesito de un Salvador que es diferente, alguien que no participa del problema del pecado, que no necesita Él mismo de un salvador. Y mi Salvador debe no apenas estar libre de la mancha del pecado, ¡sino también ser él mismo Dios! Solamente Dios puede remover mis pecados".[118]

El esfuerzo de Johnsson para resolver el problema es, sin duda, digno de loor. Incuestionablemente, el primer paso para la solución yace en la definición bíblica del concepto de pecado. Las aparentes contradicciones entre la caída, sufridora y degradada naturaleza humana que Cristo asumió, y la pura, santa e impecable naturaleza que todos Le atribuyen, no encontrarán de otro modo una explicación capaz de reconciliar dos puntos de vista radicalmente opuestos.

Entretanto, para alcanzar ese propósito, no es suficiente declarar lo que Cristo es o no es.[119] Cada adventista cree que Jesús era impecable, que Él no tiene en Sí malas propensiones, y que solamente podría ser nuestro salvador en ese estado. Precisa ser explicado cómo Él pudo ser tentado en todas las cosas como nosotros, en carne semejante a la carne pecaminosa, sin cometer pecado. Esa es la verdadera esencia del problema. Pero cuando el impase es resuelto, Cristo surge más efectivamente como nuestro incomparable Salvador.

Jack Sequeira y el Problema del Pecado

En su libro Beyond Belief,[120] Jack Sequeira busca la solución para el problema de la naturaleza humana de Cristo en la definición bíblica de pecado. Como sugerido en el título, el autor pretende conducir a sus lectores "más allá de la creencia", para "la promesa, el poder y la realidad del evangelio eterno".

Sequeira está más interesado en Soteriología que en Cristología; él busca colocar "el plan de la salvación bajo una nueva luz".[121] Pero, una vez que no se puede hablar de la obra de Cristo sin hablar de Su persona, Sequeira es compelido a tomar posición sobre la naturaleza humana de Cristo y la naturaleza del pecado. Para él, "el evangelio es la solución de Dios para el problema del pecado. Así, es importante principiar nuestro estudio del evangelio comprendiendo el pecado. Muchas veces tratamos de la solución que Dios nos preparó en Cristo (el evangelio), sin primero reconocer la plena extensión del problema... Únicamente cuando comprendemos nuestra completa pecaminosidad en naturaleza y acción, entenderemos la solución de Dios. Hasta percibir la depravada naturaleza del pecado, no perderemos nuestra confianza propia ni volveremos para Cristo como nuestra única justicia. El evangelio se vuelve significativo, entonces, únicamente contra el paño de fondo de una plena comprensión del pecado".[122]

Sequeira entonces traza el origen y el desarrollo del pecado. "Como descendientes de Adán y Eva, somos todos esclavos del pecado. Nacemos egoístas y nuestra inclinación natural es vivir independientemente de Dios (ver Juan 8:34; Rom. 1:20-23; 6:17)".[123] El Antiguo Testamento se vale de una docena de diferentes términos para pecado. Pero en el (Salmo 51:2-3), descubrimos conceptos básicos expresados en tres palabras clave: iniquidad, pecado y transgresión. "a.) Iniquidad. Ella no se refiere primariamente al acto del pecado, sino a la condición de pecaminosidad; por naturaleza, somos espiritualmente 'inclinados' (ver Sal. 51:5; Isa. 53:6; 64:6). b.) Pecado. Literalmente 'perder la marca'. Eso se refiere a nuestro fracaso en alcanzar el ideal de Dios (ver Rom. 3:23; 7:15-24; Isa. 1:4-6). c.) Transgresión. Ella es una deliberada violación de la Ley de Dios, un acto espontáneo de desobediencia (ver 1 Juan 3:4; Rom. 7:7-13)".[124]

Comentando (Isaías 53:6), Sequeira escribe: "Primero, cada uno de nosotros se desvió porque todos seguimos la inclinación natural para el 'propio camino'. Segundo, ese pender de seguir nuestro propio camino, esa auto-centralización, es la iniquidad que fue puesta sobre Cristo, nuestro Portador de pecados. Cuando Él 'condenó el pecado en la carne' sobre la cruz (Rom. 8:3), fue la inclinación para el pecado que Él sentenció".[125] Dios envió Su Hijo en carne pecaminosa, no para probar a Sus hijos que ellos podrían igualmente obedecer la ley de Dios o para servir como un ejemplo para ellos, sino para libertarlos del pecado. "En el mismo centro de la doctrina de la Cristología está la gloriosa verdad de que Cristo asumió la humanidad para poder ser el Salvador del mundo. Únicamente a aquellos que primeramente lo recibieron como Salvador, se hizo Él un Ejemplo".[126]

Habiendo explicado el porqué de la Encarnación, Sequeira también consideró el cómo. "¿Cómo Cristo salvó el género humano en Su humanidad? "¿Eso se dio vicariamente con Cristo actuando en el lugar de la raza humana, o realmente, esto es, con Cristo asumiendo la caída naturaleza de la humanidad?" Sequeira opta por la última, rechazando la idea de la substitución vicaria, la cual dice él "hace el evangelio antiético". Que un hombre inocente pudiese morir en lugar de un culpado es inaceptable. Además, eso reduce muy fácilmente el evangelio a la "gracia barata".[127]

De acuerdo con Sequeira, "Cristo, en Su humanidad, salvó los hombres y las mujeres en realidad y no vicariamente. Los defensores de esa posición enseñan que Cristo tomó la naturaleza que Adán poseía después de la caída. Argumentan ellos que una vez que Cristo vino para salvar la caída humanidad, Él tenía que asumir la naturaleza humana pecaminosa que necesitaba de redención. Identificándose así con nuestra colectiva humanidad degenerada, Cristo se calificó a ser el segundo Adán y legalmente obtuvo el derecho de ser nuestro Substituto".[128]

Para Sequeira eso no significa que Cristo en Su humanidad hubiese sido exactamente como nosotros en nuestra caída humanidad. Ciertamente, "la Escritura enseña que Cristo realmente asumió nuestra condenada naturaleza humana pecaminosa como nosotros la conocemos. Pero Él derrotó completamente "la ley del pecado y de la muerte"(Rom. 8:2) que habitaba en esa naturaleza humana pecaminosa, y entonces la ejecutó en la cruz. Hubiese Cristo consentido, aun por un pensamiento, con los pecaminosos deseos de la naturaleza que Él asumió, entonces Se habría vuelto un pecador con necesidad, Él mismo, de un salvador. He aquí porque, lidiando con la naturaleza humana de Cristo, debemos ser extremamente cautelosos para no inducir Su mente o la capacidad de escoger al pecado o decir que Él 'tuvo' una naturaleza pecadora".[129]

Con respecto al problema del pecado, Sequeira enfatiza que no deberíamos ir más allá de lo que la Escritura dice. "No debemos enseñar que en Adán toda la humanidad heredó la culpa. Esta es la herejía del 'pecado original' introducida por Agustín y adoptada por la Iglesia Católica Romana. Culpa, en sentido legal, siempre incluye volición personal o responsabilidad y Dios no nos hace personalmente responsables por algo por lo cual no tuvimos capacidad de escoger. Solamente cuando personal, conscienciosa, deliberada, persistente y definitivamente rechazamos el don de la vida eterna en Cristo, la culpa, la responsabilidad y la segunda muerte se vuelven nuestras (ver Juan 3:18, 36; Marcos 16:1; Hebreos 2:1-4; 10:14, 26-29)".[130]

La Cristología de Sequeira es apenas un fundamento de su teología con respecto a cómo los pecadores son salvos "en Cristo". Su posición intransigente contra la expiación substitutiva se ha probado controversial, pero él claramente asume una postura favorable a la Cristología tradicional, basando sus argumentos en la Escritura y no en Ellen White.

La Última Declaración de Ellen White Sobre la Naturaleza Humana de Cristo

Comenzamos este estudio histórico focalizando 150 años de Cristología, con la primera declaración de Ellen White. Daremos el toque final a esa historia con una de sus últimas afirmaciones. Esa intrigante manifestación fue descubierta apenas recientemente y trata con la parte más controversial del asunto: si Cristo estaba sujeto a todas las "malas tendencias" de la humanidad o si Él era exento de ellas.

Nuestra investigación confirma la de George Knight, que afirma que Ellen White nunca usó la expresión "tendencias pecaminosas" en relación a la naturaleza humana de Cristo. De acuerdo con Knight, eso hacía parte de las "enseñanzas de Prescott, Waggoner y Jones sobre las tendencias de la naturaleza humana de Cristo", que "penetraban el clima adventista a mediados de la década de 1890".[131] Pero la recién descubierta carta levanta la cuestión sobre si ella realmente usó una expresión tan fuerte.

La Adventist Review del 17 de Febrero de 1994 anunció que una carta inédita de Ellen

White había sido descubierta recientemente.[132] Escrita el 29 de Agosto de 1903, en Elmshaven, Sta. Helena, California, esa carta fue dirigida al Dr. J. H. Kellogg.[133] Parece que ella nunca fue enviada, como fue el caso con muchas otras retenidas por Ellen White, mientras aguardaba para ver cómo la controversia con Kellogg se desarrollaría entre 1902 y 1908. Cualquiera que sea la razón, esa carta, o su copia, estaba fuera de los archivos. El archivista Tim Poirier la descubrió totalmente por acaso en Diciembre de 1993. Cuando el anuncio de la descubierta fue hecho, el Patrimonio White le ofreció una copia a todos aquellos que deseasen tenerla.

Como la mayoría de las cartas de Ellen White, ella trata de diversos asuntos de naturaleza práctica. Pero uno de los párrafos tocó en el asunto de la humanidad de Cristo en términos particularmente significativos. Al revisar el pasaje en el cual ella habla de la naturaleza humana caída asumida por Cristo, Ellen White hizo varias alteraciones manuscritas en el texto. Esos cambios son presentados abajo en negrito. Esa muestra de su trabajo testifica de su preocupación con la claridad sobre un punto particularmente sensible y pasible de malentendidos. He aquí el párrafo en cuestión:

"Cuando Cristo, al inicio, le anunció a la hueste celestial Su misión y obra en el mundo, declaró que estaba para dejar Su posición de dignidad y ocultar Su santa misión asumiendo la semejanza del hombre, cuando en realidad Él era el Hijo del infinito Dios. Y cuando llegase la plenitud de los tiempos, Él descendería de Su trono de alto comando, pondría a un lado Su manto regio y corona real, revistiendo Su divinidad con la humanidad, viniendo a la Tierra para ejemplificar lo que la humanidad debe hacer y ser para vencer el enemigo y sentarse con el Padre en Su trono. Viniendo como lo hizo, como un hombre, para enfrentar y estar sujeto a todas las malas tendencias de las cuales el hombre es heredero, operando de todas las maneras concebibles para destruir Su fe, consintió en ser herido por las agencias humanas inspiradas por Satanás, el rebelde que había sido expulsado del Cielo".[134]

Ese texto tiene paralelo con algo que Ellen White publicara en Early Writings.[135] Allí ella usó, por primera vez, la expresión "naturaleza humana caída" para describir la naturaleza asumida por Cristo. En la declaración de 1903, deseó ser aún más precisa. De inicio ella escribió: "Viniendo como Lo hizo, como un hombre, con todas las malas tendencias de las cuales el hombre es heredero, a Sí mismo hizo posible ser herido por las agencias humanas inspiradas por Satanás." Eso pareciera ser un claro apoyo a una naturaleza humana sujeta a "todas las tendencias malas", a las cuales Cristo nunca cedió.

Pero, evidentemente, Ellen White, al releer el texto dactilografiado, sintió que ese no era exactamente el pensamiento que pretendía comunicar. Así, adicionó dos frases manuscritas las cuales fueron negritadas en el texto anterior. Con el texto interlinear añadido, el pasaje quedaría así: "Viniendo como hizo, como un hombre, para enfrentar y estar sujeto a todas las malas tendencias de las cuales el hombre es heredero, operando de toda manera concebible para destruir Su fe, consintió en ser herido por las agencias humanas inspiradas por Satanás". Algunos dirían que esa revisión presenta significativo cambio de sentido, haciendo parecer que las malas tendencias estaban en otras que fueron formadas contra Cristo, aun cuando eso sea discutible.

Al publicar ese importante pasaje, el editor de la Adventist Review escribió con propiedad: "Los estudiantes de los escritos de Ellen White estarán interesados en la sentencia final de ese párrafo. Ellos irán a observar como ella estaba preocupada en no ser mal comprendida y, al leer el borrador dactilografiado, hizo cambios de propio puño para dejar más claro el significado. Esa afirmación tomará su lugar entre muchas otras que ella escribió sobre la naturaleza humana de Cristo".[136]

Según Paul Gordon, entonces director del Patrimonio de Ellen G. White, "no es probable que cualquier nueva carta cambie significativamente la comprensión adventista de sus [Ellen White] enseñanzas. Tenemos ya una inmensa colección de sus escritos en libros, cartas, diarios y manuscritos, por lo cual podemos estar confiantes en saber lo que ella creía".[137]

En los párrafos siguientes, Ellen White explicó el secreto de la victoria de Cristo sobre las "malas tendencias". "Como Cabeza de la humanidad, Cristo vivió en la Tierra una vida consistente y perfecta, en conformidad con la voluntad de Su Padre celestial. Cuando Él dejó las cortes celestiales, anunció la misión que Se propusiera cumplir: 'He aquí vengo; en el rollo del libro está escrito a Mi respecto: Me deleito en hacer Tu voluntad, oh Dios Mío.' Siempre supremo en Su mente y corazón estaba el pensamiento: 'No Mi humana voluntad, sino Tu voluntad sea hecha'. Ese era el infalible principio que Lo movía en todas Sus palabras y actos, y que modeló Su carácter".[138]

De ese modo, habiendo vencido "todas las malas tendencias de las cuales el hombre es heredero", Jesucristo, nuestro Señor, "nos dio un ejemplo de lo que hombres y mujeres precisan ser, si escogen ser Sus discípulos y mantienen el principio de su confianza hasta el fin".[139] Pues, "a través de Su experiencia, durante los 33 años que Él vivió en la Tierra, Cristo fue asediado por todas las tentaciones con las cuales la familia humana es tentada; sin embargo, Él Se mantuvo sin siquiera una mancha de pecado".[140]

Habiendo llegado al fin de un estudio alcanzando 150 años de Cristología Adventista, nuestro propósito es proceder a una síntesis del conocimiento obtenido hasta aquí y lanzar la base para evaluación de las diferentes posiciones.

En última análisis, esperamos sugerir una Cristología que se armonice con la enseñanza bíblico y reconciliar los diferentes puntos de vista.

Notas y Referencias

1. Ralph Larson, The Word Was Made Flesh.

2. Ídem, pág. 7.

3. Ibídem.

4. Ídem, págs. 15-21.

5. Ídem, págs. 22-28.

6. Ídem, págs. 29-31.

7. Ver El Ministerio, Junio de 1989, para las dos revisiones de los libros de Ralph Larson hechas por Herbert E. Douglas y Eric C. Webster.

8. Larson, págs. 224-264.

9. Ídem, pág. 281.

10. Ídem, págs. 297-300.

11. El Patrimonio o Depositarios de Ellen White fue creado por la propia escritora en 1912. Ella designó cuatro depositarios o fideicomisarios. En 1950, el número creció para siete y, en 1958, para nueve, uno de los cuales representaba a América del Sur y otro a Europa. Fui honrado y designado para Europa durante 20 años, de 1970 a 1990.

12. Ver Documents Available (Documentos Disponibles) del Patrimonio de Ellen G. White, Washington, D.C., Mayo de 1982. Ese trabajo sugiere que diversas publicaciones sean preparadas para corregir ciertas interpretaciones erradas de los escritos de Ellen White: sobre el santuario, sobre el juicio investigador, sobre la reforma de la salud, o contra la acusación de plagio.

13. Ese resumen, La Historia de la Cristología Adventista, compuesto de 120 páginas poligrafiadas, fue preparado para beneficio de los estudiantes matriculados en cursos de Cristología.

14. Las reuniones del Patrimonio de Ellen G. White son encuentros anuales de los fideicomisarios con los miembros del staff del White Estate, para el estudio de problemas referentes a los escritos de Ellen White, y la confección de planes para expandir su influencia.

15. Robert W. Olson, carta de 21 de Abril de 1986.

16. Ibídem.

17. Ibídem.

18. Bruno W. Steinweg, suplemento de su

estudio dactilografiado The Doctrine of the Human Nature of Christ Among Adventists Since 1950 (La Doctrina de la Naturaleza Humana de Cristo Entre los Adventistas Desde 1950).

19. Robert W. Olson, The Humanity of Christ (Washington, D.C.: Ellen G. White Estate, 1986)

20. Ídem, pág. 3.

21. Document of Consultation IV of Ellen G. White Estate. Ese estudio fue publicado en la revista francesa Servir, segundo trimestre de 1989, bajo el título La Naturaleza Humana de Cristo, págs. 13-30.

22. Ver nuestros capítulos 15 y 16.

23. Ver Document of Consultation IV, bajo el título La Humanidad de Cristo.

24. Ídem. Tim Poirier Una Comparación de la Cristología de Ellen G. White y Sus Fuentes Literarias, págs. 99-104. Ver también Ministry, Diciembre de 1989.

25. Henry Melvill, Sermones (New York: Stanford and Swords, 1844). Ver White Estate Consultation IV, págs. 105-115.

26. Poirier, pág. 100.

27. Ídem, pág. 101.

28. Ibídem.

29. Octavius Winslow, La Gloria del Redentor (Londres: John Farquhar Shaw, 1855). Ellen White tenía ese libro en su biblioteca particular.

30. Ídem, págs. 129, 132-134. Citado por Poirier, págs. 101, 102.

31. Poirier, pág. 102.

32. Carta 181 de Ellen G. White, 1899, en The Seventh-day Adventist Bible Commentary, Ellen G. White Comments, vol. 1, pág. 1083. Citada por Poirier, pág. 103.

33. Manuscrito 57 de Ellen G. White, 1890. Citado por Poirier, pág. 103. En muchos otros contextos, Ellen White estableció el mismo contraste entre los dos Adanes. Ver nuestro capítulo 3.

34. Winslow. Citado por Poirier, pág. 102 (itálicos suplidos).

35. Manuscrito 57 de Ellen G. White, 1890. Citado por Poirier, pág. 103.

36. Ellen G. White, El Deseado de Todas las Gentes, pág. 117.

37. _____, Mensajes Selectos, vol. 1, págs. 267, 268.

38. D. A. Delafield, Ellen G. White en Europa (Washington, D.C.: Review and Herald Pub. Assn., 1975).

39. _____, en Document of Consultation IV of Ellen G. White Estate (dactilografiado).

40. Ídem, pág. 130 (Ellen G. White, manuscrito 57 de 1890).

41. _____, en Document of Consultation IV.

42. Ídem, pág. 131.

43. Ibídem.

44. Ídem, pág. 131-132.

45. Las principales obras de George R. Knight son: Mitos en el Adventismo (1985); De 1888 Para la Apostasía -- El Caso de A. T. Jones (1987); Santos Airados (1989); Mi Apego Con Dios (1990); todos publicados por la Review and Herald Publishing Association.

46. Knight, De 1888 Para la Apostasía, págs. 132-150.

47. Ídem, pág. 133.

48. Ibídem.

49. Ibídem.

50. Ídem, pág. 140.

51. Ibídem.

52. Ídem, pág. 141.

53. Ibídem.

54. En Esto Creemos.

55. Ídem, pág. V.

56. Ídem, pág. IV.

57. Ídem, pág. 36.

58. Ídem, págs. 45-50.

59. Ídem, pág. 46.

60. Ibídem.

61. Ídem, págs. 46-47.

62. Ídem, pág. 47.

63. Ibídem.

64. Ibídem.

65. Ídem, págs. 48-49.

66. Ídem, pág. 49.

67. E. G. White, El Deseado de Todas las Gentes, pág. 49.

68. _____, Primeros Escritos, págs. 150, 152.

69. _____, El Deseado de Todas las Gentes, pág. 49.

70. _____, Testimonies for the Church, vol. 5, pág. 177.

71. _____, El Deseado de Todas las Gentes, pág. 117.

72. En Esto Creemos, pág. 47.

73. Norman R. Gulley, en la Adventist Review, 18 y 25 de Enero, y 1, 8, 15 y 22 de Febrero de 1990. Ver Donald Karr Short, Hecho Como... Sus Hermanos (publicado por el autor en 1991). Él criticó severamente esos artículos, destacando la confusión por ellos causada en el seno de la iglesia; entonces defendió las ideas fundamentales de la Cristología tradicional.

74. Roy Adams, en la Adventist Review, 29 de Marzo de 1990; 19 y 26 de Abril de 1990. Esos tres editoriales fueron inicialmente publicados en Canadian Adventist Messenger, Abril y Mayo de 1988.

75. _____, en la Adventist Review, 29 de Marzo de 1990. The Seventh-day Adventist Bible Commentary, Ellen G. White Comments, vol. 7, pág. 904.

76. _____, en la Adventist Review, 29 de Marzo de 1990.

77. _____, en la Adventist Review, 19 de Abril de 1990.

78. _____, en la Adventist Review, 26 de Abril de 1990.

79. Ibídem.

80. Ibídem.

81. _____, La Naturaleza de Cristo (Hagerstown, Md.: Review and Herald Pub. Assn., 1994) Él consideró la noción de una iglesia dividida sobre la cuestión de la perfección.

82. Ídem, págs. 19-36.

83. Ídem, págs. 37-54.

84. Ídem, págs. 68-69.

85. Ídem, pág. 58. Adams dice seguir la interpretación "como todos los seminaristas universitarios de los últimos 25 años, o recibida de los labios del profesor de teología, Dr. Raoul Dederen, que por muchos años lección en nuestras universidades.

86. Ver nuestro capítulo 9.

87. Jean Cazeaux, en la Revue Adventiste, Julio de 1969.

88. Alfred Felix Vaucher (1887-1993) estuvo directamente ligado con el inicio de la Iglesia Adventista en Europa. Como pastor y profesor, él también se volvió un investigador especializado en el campo de la profecía bíblica. Él fue distinguido por la Andrews University, que lo premió con el grado de doctor honoris causa, en 1963, por los méritos de sus contribuciones.

89. Vaucher, en la Revue Adventiste, Febrero de 1978. Ver también la revista Servir, primer trimestre de 1957, págs. 17-18.

90. Ibídem, pág. 5.

91. Vaucher, La Historia de la Salvación, cuarta edición (Dammarie-les-Lys, França: Ediciones Vie et Santé, 1987), págs. 193-198.

92. Paul Nouan, en la Revue Adventiste, Diciembre de 1994, presenta el problema de la naturaleza de Cristo de modo semejante al de la Cristología de Heppenstall.

93. Los pastores de Bélgica, España, Francia, Italia, Portugal y Suiza, así como los de muchos otros países de Europa, África y Américas, son preparados en la Facultad Adventista de Teología de Collonges-sous-Salève, Francia.

94. Ver nuestro capítulo 12.

95. Georges Stéveny, La Descubierta de Cristo (Dammarie-les-Lys, França: Editions Vie et Santé, 1991).

96. Ídem, págs. 229-299.

97. Ídem, pág. 259.

98. Ídem, pág. 284.

99. Ídem, pág. 287.

100. Ídem, pág. 288-289.

101. Ídem, pág. 292.

102. Ibídem.

103. Ídem, pág. 293.

104. Ídem, pág. 296.

105. Ídem, pág. 298.

106. William G. Johnsson, en la Adventist Review, 8 y 22 de Julio de 1993; 12, 19 y 26 de Agosto de 1993.

107. Ídem, 8 de Julio de 1993.

108. Ídem, 12 de Agosto de 1993.

109. Ver nuestro capítulo 12.

110. Johnsson, en la Adventist Review, 12 de Agosto de 1993.

111. Ídem, 19 de Agosto de 1993.

112. Ibídem.

113. Ídem. Ver The Seventh-day Adventist Bible Commentary, Ellen G. White Comments, vol. 5, pág. 1128.

114. Johnsson, en la Adventist Review, 19 de Agosto de 1993. Pero compare lo que Ellen White escribió en su carta al Dr. J. H. Kellogg fechada el 29 de Agosto de 1903 (publicada en la Adventist Review, 7 de Febrero de 1994) y discutida en nuestro capítulo 14.

115. _____, en la Adventist Review, 26 de Agosto de 1993.

116. Ibídem.

117. Ibídem.

118. Ibídem.

119. Ver observaciones de Jack Sequeira en la Adventist Review del 23 de Septiembre de 1993.

120. Jack Sequeira, Beyond Belief: The Promise, The Power and the Reality of the

Everlasting Gospel (Más Allá de la Creencia: la Promesa, el Poder y la Realidad del Evangelio Eterno) (Boise, Idaho: Pacific Press Pub. Assn., 1993). Sequeira nació en Quenia. Estudió teología en el Newbold College, Inglaterra. Por 12 años fue misionero en África, habiendo pastoreado en seguida diversas iglesias en los Estados Unidos. Al tiempo de ese libro, él era el pastor-jefe de la Capital Memorial Seventh-day Adventist Church en Washington, D.C.

121. Ídem, pág. 7.

122. Ídem, pág. 11 (itálicos suplidos).

123. Ídem, pág. 17.

124. Ídem, ver págs. 13-16.

125. Ídem, pág. 14.

126. Ídem, pág. 41.

127. Ídem, págs. 41-42.

128. Ídem, pág. 43.

129. Ídem, pág. 44.

130. Ídem, pág. 54.

131. Knight, From 1888 to Apostasy, pág. 144.

132. Ídem, Ver Adventist Review, 17 de Febrero de 1994.

133. Ellen G. White, carta 303, 1903.

134. Ibídem.

135. E. G. White, Early Writings, pág. 150. Ver nuestro capítulo 2.

136. Johnsson, en la Adventist Review, 17 de Febrero de 1994.

137. Adventist Review, 18 de Febrero de 1994.

138. Ellen G. White, carta 303, 1903.

139. Ibídem.

140. Ibídem.

Capítulo 15—Evaluación y Crítica

Sería errado pensar que la cuestión de la naturaleza humana de Cristo sea apenas de interés y preocupación de los teólogos. Presentemente, ella ha perturbado muchos miembros de la iglesia, amenazando dividirlos. La siguiente carta, enviada por un lector a los editorede la Adventist Review, es un buen indicador de esa realidad.

"La iglesia de que soy miembro está dividida en la cuestión de la naturaleza de Cristo. Surgen argumentos en las clases de la Escuela Sabática, después de las reuniones de la iglesia, en las comidas sabáticas, en los encuentros de oración, al teléfono, en todo lugar. Las personas están realmente perdiendo la amistad al debate sobre la naturaleza de Cristo. ¿Es, de hecho, necesario decidir sobre ese punto para ser un buen adventista? Eso me aborrece, ¿pero qué puedo hacer?"[1]

Para responder a esas angustiosas preguntas, no basta decir, como fue hecho en ese caso, que ese es un asunto del "gran misterio", que precisamos "estudiar la Biblia y el Espíritu de Profecía diligentemente y pensar que las tendencias de la iglesia sobre esa cuestión son dignas de toda aceptación, y que deben ser evitadas todas las discusiones acrimoniosas".[2] La iglesia precisa tener también una respuesta adecuada y suficiente para traer conforto a la consciencia turbada, y satisfacer la mente ansiosa de comprender esa verdad vital, acerca de la cual Ellen White declara: "La humanidad del Hijo de Dios es todo para nosotros. Ella es el ello dorado que liga nuestra alma a Cristo, y a través de Cristo a Dios. Ella debe ser nuestro estudio".[3]

Habiendo comprendido la importancia de la naturaleza humana de Cristo en el plan de la salvación, los pioneros adventistas hicieron de ella la piedra de toque de su Cristología, en armonía con el consejo dado por el apóstol Juan: "En esto conocéis el Espíritu de Dios: todo espíritu que confiesa que Jesucristo vino en carne es de Dios; y todo espíritu que no confiesa a Jesús no es de Dios. Sino que es el espíritu del anticristo…" (1 Juan 4:2-3)

¿Eso es Realmente Esencial?

Una vez que la controversia acerca de la naturaleza humana de Cristo alcanzó grandes proporciones, muchos adventistas se han seriamente preguntado: ¿Es realmente imperioso decidir sobre eso?

Ya en 1978, el presidente de la Asociación General, Robert Pierson, estaba deseoso de ponerle un fin a la división sobre la cuestión que, en su mente, no era esencial para la salvación.[4] Por la misma razón, el artículo 4 de las creencias fundamentales, votado en la reunión de la Asociación General de 1980, el cual dice respecto al "Hijo", silencia sobre el asunto.

Es verdad que nadie consideraría como esencial para la salvación la correcta comprensión intelectual de una doctrina específica. Como George Knight apropiadamente afirmó: "No es nuestra teología que nos salva, sino el Señor de nuestra teología".[5] Aceptar a Jesús como nuestro Salvador y participar de Su vida divina nos hace auténticos discípulos de Cristo. Pocos de los discípulos de Jesús, a través de los siglos, se preocuparon con detalles de la Cristología que discutimos hoy. Pero, semejantemente al ladrón en la cruz, poseían la certeza de la salvación por la fe en Jesucristo. "No alabamos el evangelio, sino a Cristo. No adoramos el evangelio, sino al Señor del evangelio"[6], exclama Ellen White.

Sin embargo, eso no significa que el contenido del evangelio o las doctrinas no sean importantes. ¡Lejos de eso! El vivir cristiano y el crecimiento espiritual son posibles apenas a través del conocimiento de la verdad conforme ella es en Jesús. (Efe. 4:21). Todo cristiano es llamado a crecer en el "pleno conocimiento, según la imagen de aquel que lo creó". (Col. 3:10). Nadie podría apegarse apenas a los "principios elementales de los oráculos de Dios" (Heb. 5:12). Todos deberían esforzarse para comprender siempre más "los misterios de Dios" (1 Cor. 4:1), en particular "el misterio de la piedad", esto es, conocer a Cristo "manifiesto en carne... y justificado en Espíritu" (1 Tim. 3:16).

La experiencia cristiana ha mostrado una directa relación entre nuestra comprensión de la naturaleza humana de Cristo y Su obra de salvación. En otras palabras, entre Cristología y Soteriología. Engañarse sobre el significado de la Encarnación y la realidad de la humillación de Cristo, conduce inevitablemente al engaño sobre la realidad de Su obra de justificación. La historia de la Cristología adventista revela que errores de interpretación han sido cometidos, especialmente a la luz del hecho de que hoy tenemos, por lo menos, tres explicaciones acerca de la naturaleza humana de Cristo. Obviamente, ellas no pueden estar todas de acuerdo con las Escrituras y los escritos de Ellen White.

En nuestra búsqueda de la verdad, es necesario analizar y evaluar las tesis conflictivas. Los argumentos básicos de cada posición cristológica serán resumidos a seguir.

Resumen de las Tres Interpretaciones Actuales

Para que nadie concluya que la Iglesia Adventista no es clara con relación a su creencia a respecto de la Persona que es central en su fe, vamos a revisar las líneas comunes que ligan esas interpretaciones antes de examinar sus diferencias. El artículo 4 de las Creencias Fundamentales afirma con mucha claridad lo que los adventistas siempre creyeron acerca de Jesús, Hijo de Dios e Hijo del Hombre. A seguir, presentamos su íntegra, conforme votada en la sesión de la Conferencia General, en 1980:

"El Eterno Dios-Hijo se encarnó en Jesucristo. A través de El todas las cosas fueron creadas, el carácter de Dios revelado, la salvación de la humanidad realizada, y el mundo juzgado. Para siempre verdaderamente Dios, Él también Se hizo verdaderamente hombre, Jesús, el Cristo. Fue concebido del Espíritu Santo y nació de la virgen María. Vivió y sufrió tentación como un ser humano. Por Sus milagros manifestó el poder de Dios y fue confirmado como el prometido Mesías divino. Él sufrió y murió voluntariamente en la cruz por nuestros pecados y en nuestro lugar; resucitó de los muertos y ascendió al Cielo para ministrar en el santuario celestial a nuestro favor. Él vendrá nuevamente en gloria para el libramiento final de Su pueblo y la restauración de todas las cosas".[7]

Obviamente, esa declaración no expresa el punto controvertido sobre la naturaleza humana de Cristo. Sin embargo, la declaración de fe de 1872, que permaneció intocada hasta 1931, especificaba que Cristo "tomó sobre Sí la naturaleza de la simiente de Abraham, para la redención de nuestra raza caída".[8] A causa de las diferencias que surgieron en ese particular desde la década de 50, los delegados en la sesión de la Conferencia General de 1980 juzgaron más sabio abandonar esa fraseología, y substituir la fórmula que expresaba la creencia común.

Eso, sin embargo, no extinguió la controversia, la cual se intensificó hasta que los diferentes puntos de vista fuesen más claramente definidos y una interpretación alternativa surgiese. Escogemos clasificarla como alternativa porque ella toma emprestados argumentos básicos de cada una de las otras dos Cristologías, conocidas por los teólogos como posiciones póst-lapsariana y pré-lapsariana. Lo que sigue es un resumen de las tres Cristologías:

1. La Cristología Tradicional o Histórica

Esa posición posee prioridad histórica en la Iglesia Adventista. Ella es llamada póst-lapsariana porque enseña que Jesús vino en naturaleza humana caída, la naturaleza de Adán después de la caída. Consecuentemente, la carne de Cristo es considerada semejante a la de todos los seres humanos. No una carne corrompida, sino una carne que, de acuerdo con la ley de la hereditariedad, lleva consigo inherentes tendencias para pecar, tendencias a las cuales Jesús nunca sucumbió. Aun cuando fue "tentado en todos los puntos, como nosotros" (Heb. 4:15), Él no cometió pecado. De ahí, Él no apenas "condenó el pecado en la carne", sino que hizo posible que "la justicia de la ley se cumpliese en nosotros, que no andamos según la carne, sino según el Espíritu" (Rom. 8:3-4).

Esa enseñanza, aun cuando esté basada en el Nuevo Testamento, era contraria a las creencias básicas de la Cristiandad. Eso porque los adventistas eran considerados como herejes, ya que algunos pensaban que ellos enseñaban que Jesús era pecador por nacimiento, como el resto de la humanidad.

Muchos adventistas hoy no saben que su iglesia enseñó durante un siglo -- desde el origen del movimiento hasta 1950 -- la posición póst-lapsariana. Sin embargo, algunos teólogos adventistas, no comprendiendo como pudo ser posible para Jesús vivir sin pecar en una naturaleza humana caída, creen ser necesario formular una nueva Cristología.

2. La Nueva Cristología o la Posición Pré-Lapsariana

El argumento básico de la nueva Cristología es bien conocido: Jesús "asumió la naturaleza humana de Adán sin pecado", esto es, la naturaleza de Adán antes de la caída. En verdad, "en El no había pecado, ya sea heredado o cultivado, como es natural en todos los descendientes de Adán". Del mismo modo, "si Cristo fue tentado en todos los puntos como nosotros", eso nunca ocurrió como proveniente de Su íntimo, una vez que Él no heredó de Adán ninguna de nuestras propensiones para el mal.[9]

En suma, "lo que quiera que Jesús haya asumido, no lo fue intrínseca o innatamente... Todo lo que Jesús adoptó, todo lo que Él soportó, ya sea el fardo y la penalidad de nuestras iniquidades, o las dolencias y fragilidades de la naturaleza humana -- todo fue experimentado vicariamente"[10] "Vicariamente Él tomó nuestra pecaminosa y caída naturaleza... Soportó nuestras debilidades, tentaciones, vicariamente, del mismo modo que soportó nuestras iniquidades".[11]

Es difícil comprender por qué la enseñanza tradicional fue súbitamente puesta a un lado. Aparentemente, no fue tanto por falta de conocimiento de la posición histórica, como por el deseo por parte de algunos de ser reconocidos como cristianos "auténticos".

Más sorprendente es que los promotores de la nueva Cristología apoyaron su causa en los escritos de Ellen White. Así la disputa se resumió a diferencias de interpretación con respecto a ciertas declaraciones cruciales de la Sra. White.

3. La Cristología Alternativa

La Cristología alternativa es más reciente y probablemente la más difundida hoy. Ella es ahora promovida por el libro En Esto Creemos,[12] que fue preparado por más de 200 representativos líderes y eruditos seleccionados de los más altos niveles de la denominación.

En armonía con la Cristología tradicional de los pioneros, la postura alternativa enseña que Jesús tomó la naturaleza de Adán después de la caída. Obviamente, de acuerdo con sus defensores, Cristo no vino en "poder y esplendor" o aun con la naturaleza impecable de Adán. Al contrario, Él tomó la forma de siervo, con la naturaleza debilitada por 4000 años de degeneración racial.

Eso no implica, sin embargo, que Jesús haya heredado "malas tendencias" de Adán. Aun cuando el cuerpo de Cristo estuviese sujeto a la deterioración física y haya heredado las debilidades de la constitución corporal del hombre, Él no recibió ninguna de las inclinaciones para el mal asociadas a la caída naturaleza humana.

Basados en la fórmula emprestada de una de las fuentes de Ellen White, el ministro anglicano Henry Melvill, ellos sostienen que Jesús heredó de Adán apenas "simples debilidades" y "características tales como hambre, dolor, debilidad, tristeza y muerte. A pesar de ser consecuencias del pecado, ellas no son pecaminosas".[13] Así, Cristo no era exactamente como Adán antes de la caída y ni después de ella. Diferentemente de otros seres humanos caídos, Él nació sin tendencias para el mal. En ese punto ellos concuerdan con la nueva Cristología.

Cada una de esas Cristologías es definida en la base de la hereditariedad humana. Obviamente, las diferencias de interpretación sugieren que pueden haber sido cometidos errores. Ellen White apunta la causa principal: "Cometemos muchos errores a causa de nuestros errados puntos de vista acerca de la naturaleza humana de nuestro Señor. Cuando le conferimos a Su naturaleza humana un poder que no es posible para el hombre obtener en sus conflictos con Satanás, destruimos la integralidad de Su humanidad".[14]

Esa declaración sugiere claramente el criterio por el cual una interpretación debe ser evaluada. Precisamos reconsiderar toda interpretación que apoque o obscurezca la participación de Cristo en la naturaleza humana pecaminosa, si deseamos retornar a la Cristología bíblica.

Errores de Evaluación

En las diversas reuniones anuales del Patrimonio de Ellen G. White, tuvimos la oportunidad no apenas de estudiar la Cristología de los pioneros, sino también de criticar ciertos aspectos de la nueva Cristología.

El primero de los errores fue pasar por alto la enseñanza tradicional de la iglesia. Es difícil comprender por qué las unánimes declaraciones hechas por líderes adventistas por más de un siglo debiesen ser condenadas sin una verificación más seria. Si los defensores de la nueva Cristología hubiesen examinado la literatura oficial de la iglesia a la luz de la historia, aun si hubiese sido apenas superficialmente, probablemente no habrían declarado que apenas una minoría de los adventistas escribió que Cristo tomó la naturaleza humana caída de Adán después de la caída. Fuera de eso, ellos nunca habrían osado decir que "esa equivocada posición de la minoría" procedía de unos pocos "lunáticos irresponsables".[15]

El más grave error de análisis fue cometido en la interpretación de la enseñanza de Ellen White, sobre el cual los abogados de la nueva teología se basaron para mostrar que Cristo tomara la naturaleza impecable de Adán antes de la caída. Esa afirmación no es encontrada en ningún lugar de los escritos de Ellen White; pero lo contrario de ella es afirmado centenas de veces. ¿Cómo, entonces, podría alguien escribir que "en apenas tres o cuatro lugares en todos esos inspirados consejos" de Ellen White existen alusiones hechas a la naturaleza humana caída asumida por Cristo?[16]

Los estudiosos evangélicos, con quien el problema de la Encarnación fue discutido en los años cincuenta, no estaban errados cuando dirigieron la mira de su crítica contra el libro Estudios Bíblicos Para el Hogar. Ese volumen declaraba que Cristo vino "en carne pecaminosa". ¿Por qué ellos fueron llevados a creer que "esa expresión pasó desapercibida en el libro por algún error desconocido?"[17] Ese libro, de hecho, hasta cuando la Cristología fue cambiada cerca de 1950, era el más representativo de las creencias generales de los adventistas.

Finalmente, la manera como la nueva Cristología fue presentada se constituyó en un error complementario. Publicándola sin los nombres de los autores y bajo el título Seventh-day Adventists Answer Questions on Doctrine (Los Adventistas del Séptimo Día Responden a Cuestiones Sobre Doctrina), solamente podría provocar una justificada reacción. ¿Por qué debería la nueva Cristología de Questions on Doctrine ser considerada más en armonía con la verdad bíblica que aquella inicialmente contenida en Estudios Bíblicos? Solamente un examen crítico de los diferentes puntos de vista puede proveer una respuesta.

Una Doctrina Condenada Por la Iglesia

La nueva Cristología fue presentada por sus patrocinadores como "el nuevo marco histórico" del adventismo. Obviamente, para los creyentes adventistas esa enseñanza era nueva, pero no para los demás cristianos. De hecho, ella fue antes un lamentable retroceso a la antigua enseñanza de las principales iglesias cristianas.

A fin de considerar Cristo como teniendo una impecable naturaleza humana, como la de Adán antes de la caída, los concílios de la Iglesia Católica creyeron ser necesario crear el dogma de la inmaculada concepción de María. Las iglesias protestantes, en contraste, basaban su Cristología en la doctrina agustiniana del pecado original, de acuerdo con la cual todos los hombres son pecadores y culpados por nacimiento. Cristo, por lo tanto, no podría asemejarse a ellos, ya que Él no fue ni pecador ni culpado. De ahí la creencia general de que Jesús, desde Su encarnación, asumiera la naturaleza humana de Adán antes de la caída.

Los pioneros adventistas se opusieron a las doctrinas de la inmaculada concepción y del pecado original. Algunos nuevos conversos al adventismo algunas veces tenían dificultades en comprender como Cristo, con una caída naturaleza humana, podría vivir sin pecado, como los pioneros enseñaban. Cartas fueron escritas a Ellen White "afirmando que Cristo no podría haber tenido la misma naturaleza que el hombre, pues si así fuese, Él habría sucumbido bajo tentaciones similares". He aquí su respuesta: "Si Él no tuviese la naturaleza del hombre, no podría ser nuestro ejemplo. Si Él no fuese participante de nuestra naturaleza, no podría haber sido tentado como el hombre lo es. Si no Le fuese posible ceder a la tentación, Él no podría ser nuestro ayudador".[18]

La nueva Cristología no es apenas un retroceso a las antiguas creencias cristianas; ella es también un retorno a una creencia ampliamente rechazada por la Iglesia Adventista. Acordémonos de la infeliz experiencia del movimiento de la carne santa. Ese movimiento también enseñaba que "Cristo tomó la naturaleza humana de Adán antes de la caída; así Él asumió la humanidad como ella se encontraba en el Jardín del Edén".[19]

Tal enseñanza fue discutida y rechazada en la sesión de la Conferencia General de 1901. Cuando Ellen White fue informada al respecto, volvió de Australia y personalmente se opuso a la doctrina de la carne santa. Ella no dudó por un sólo momento para describirla como "erradas teorías y métodos" y una "invención barata y miserable de teorías humanas, engendrada por el padre de las mentiras".[20]

Los proponentes de la nueva teología nunca mencionan ese incidente en su historia de las doctrinas adventistas. Considerando que el autor de Movement of Destiny recuerda pormenorizadamente como los pioneros sobrepujaron sus diferencias a respecto de la naturaleza humana de Cristo, él no dice una simple palabra sobre lo que ellos enseñaban uniformemente sobre Su naturaleza humana. Sin embargo, él dedica varios capítulos al mensaje de 1888 y al papel desempeñado por Waggoner y Jones, pero conserva significativo silencio cuanto a su Cristología. A pesar de ello se constituyó en la base de su mensaje de la justificación por la fe.

Métodos Tendenciosos

La declaración original de la nueva Cristología fue hecha en Ministry, en Septiembre de 1956, sección 11, apoyada en nueve citas de Ellen White, sin comentarios o referencias bíblicas. El título general anuncia el concepto básico de la nueva teología: "Tomó la Impecable Naturaleza de Adán Antes de la Caída." Entonces, para introducir cada una de las citas, hay subtítulos pretendiendo reforzar la idea principal envuelta, tales como: "Cristo Asumió la Humanidad Como Dios la Creó", "Tomó la Forma Humana, Pero no la Corrompida y Pecaminosa Naturaleza", "Asumió la Naturaleza Humana Impecable de Adán", "Perfecta Impecabilidad de la Naturaleza Humana", etc.[21]

Nadie precisa ser un especialista para notar que ninguna de las citas de Ellen White presentadas en ese documento realmente se armoniza con esos subtítulos. Ellen White nunca escribió lo que esos títulos insinúan. En verdad, ella afirma exactamente lo opuesto. Pero ninguna de esas declaraciones es mencionada. Habiendo aceptado la posición común del cristianismo con respecto a la naturaleza humana de Cristo, y aparentemente convencidos de que esa era la posición de Ellen White, los editores publicaron una selección tendenciosa de citas para justificar sus puntos de vista, sin fundamento textual objetivo.

Una declaración sucinta, registrada en Movement of Destiny, se constituyó en otro ejemplo típico. Cada afirmación citada sin referencia merece ser cuidadosamente examinada, colocada en su contexto inmediato y explicada a la luz de la enseñanza general de Ellen White.[22] Restringiremos nuestra demostración a la siguiente sentencia: "Cristo era como Adán antes de la caída -- 'un ser puro, impecable, sin mancha de pecado sobre Sí'".[23]

Pero eso hace violencia al texto original. La primera parte, "Cristo era como Adán antes de la caída", es presentada como procedente de la pluma de Ellen White, al paso que, en realidad, es de la labra del autor del texto. La segunda parte; '-- 'un ser puro, impecable, sin mancha de pecado sobre Sí', es en verdad una descripción que Ellen White hace de Adán y no de Cristo. He aquí la declaración como presentada en su contexto original: "El primer Adán fue creado un ser puro, impecable, sin mancha de pecado sobre sí; él era la imagen de Dios... Pero Jesucristo era el unigénito Hijo de Dios. Él tomó sobre Sí la naturaleza humana y fue tentado en todos los puntos como el ser humano".[24]

Si esa declaración registrada en la carta de Ellen White a W. H. L. Baker no fue suficientemente explícita, la siguiente, encontrada en El Deseado de Todas las Gentes, no deja duda sobre lo que ella enseñaba sobre el asunto: "Cristo debía redimir, en nuestra humanidad, la falla de Adán. Cuando este fue vencido por el tentador, sin embargo, no tenía sobre sí ninguno de los efectos del pecado. Se encontraba en la pujanza de la perfecta varonilidad, poseyendo el pleno vigor de la mente y del cuerpo. Se encontraba circundado de las glorias del Edén... No así cuanto a Jesús, cuando penetró en el desierto para medirse con Satanás. Por cuatro mil años estuviera la raza a decrecer en fuerzas físicas, vigor mental y moral; y Cristo tomó sobre Sí las debilidades de la humanidad degenerada. Únicamente así podía salvar al hombre de las profundidades de su degradación".[25]

Otro ejemplo de "métodos errados" está en ignorar declaraciones evidentes de El Deseado de Todas las Gentes, a favor de otras contenidas en la carta Baker. Apenas alguien que perdió todo sentido de proporción podría escribir que las declaraciones contenidas en la carta Baker -- "fuertemente contrabalanceadas", "tres o cuatro lugares" -- en la cual Ellen White usa los términos "naturaleza caída" y "naturaleza pecaminosa", para describir la naturaleza humana asumida por Cristo.

En vista a esos "errados métodos y teorías", apenas una exégesis saludable, que tome en cuenta todas las fuentes disponibles y el significado de los términos empleados, hará posible restablecer la unidad interpretativa con respecto a la naturaleza humana de Cristo. Es verdad que muy pocos defensores actuales de la nueva Cristología aún siguen los métodos equivocados de sus fundadores. Hoy un simple argumento -- de hecho, una simple palabra -- es usada por muchos de ellos para justificar su punto de vista. ¿Pero resistirá ese argumento a un cuidadoso escrutinio?

Un Argumento Ficticio, una Expresión Desencaminadora

El método y el sistema de interpretación empleados en el libro Question on Doctrine difieren un tanto de aquellos usados en el argumento básico de la nueva Cristología. Aquí, los proponentes no más afirman explícitamente que "Cristo tomó la impecable naturaleza de Adán antes de la caída", aun cuando mantengan firmemente que "en Su naturaleza humana, Cristo era perfecto e impecable".[26] Ellos no niegan más que "Él era el segundo Adán, viniendo en 'semejanza' de carne humana pecaminosa (Rom. 8:3)."[27] Reconocen que Ellen White "ocasionalmente" usaba expresiones tales como "naturaleza pecaminosa" o "naturaleza caída" de Cristo.[28]

Sin embargo, están ansiosos para especificar que "lo que quiera que Jesús haya tomado, no era Suyo innata o intrínsecamente... Todo lo que Jesús asumió, todo lo que Él soportó -- ya sea la carga y la penalidad de nuestras iniquidades, o las enfermedades y debilidades de nuestra naturaleza humana -- fue adoptado vicariamente".[29] De acuerdo con los autores de Question on Doctrine, "es en ese sentido que todos deberían comprender los escritos de Ellen G. White, cuando ella se refiere ocasionalmente a pecaminosa, caída y deteriorada naturaleza humana".[30]

Si Ellen White hubiese realmente escrito que Cristo tomó nuestra naturaleza humana apenas vicariamente, así como los pecados de todo el mundo, ese sería un fuerte argumento. En realidad, ella nunca usó el adverbio "vicariamente",[31] ni jamás escribió que Cristo "tomó la naturaleza humana impecable".[32]

Por otro lado, la Sra. White usó apenas una vez la palabra vicario con relación al sacrificio redentor de Cristo.[33] Ciertamente Jesús no podría perdonar pecados e imputarle Su justicia a los pecadores penitentes de otro modo sino por la substitución. Pero afirmar que Él tomó vicariamente la caída naturaleza humana, significa decir que Él la asumió apenas aparentemente y no en realidad. Eso también significaría que la muerte de Cristo debería ser entendida vicariamente, una vez que el salario del pecado es la muerte y la naturaleza humana de Jesús era impecable. En suma, esa especie de razonamiento lleva, al final de cuentas, al docetismo, esto es, una Cristología en la cual Jesús es un ser humano apenas aparente.

Nos es inconcebible que Ellen White haya insistido sobre la realidad de la participación de Cristo "en la carne y en la sangre" de la humanidad, "en semejanza de carne pecaminosa", queriendo decir que esa relación fue apenas vicaria. Esa expresión no es encontrada en parte alguna de sus escritos, así, no hay soporte para tal interpretación. Al contrario, Ellen White no cesó de enfatizar la realidad de la naturaleza humana caída adoptada por Cristo.

¿Cómo podría ella haber dicho eso más claramente? "Cristo no dio a entender que tomó la naturaleza humana; Él, de hecho, la tomó. En realidad, Cristo tenía la naturaleza humana." Y para no dejar cualquier duda sobre ese tipo de naturaleza, ella añade: "'Por lo tanto, visto como los hijos son participantes comunes de carne y sangre, también Él semejantemente participó de las mismas cosas...' (Heb. 2:14) Él era el hijo de María; la simiente de David de acuerdo con la descendencia humana. Cristo declaró ser un hombre, el hombre Cristo Jesús'".[34] "Él no poseía la mera semejanza de un cuerpo, sino que tomó la naturaleza humana participando de la vida de la humanidad".[35] "Él no apenas Se hizo carne, sino que fue hecho en semejanza de carne pecaminosa".[36]

Ellen White no usaba, como regla, un lenguaje simbólico y metafórico con doble significado. El principio por ella expresado con relación a la interpretación del lenguaje bíblico, se aplica igualmente al suyo propio: "El lenguaje de la Biblia debería ser explicado de acuerdo con su significado obvio, a menos que un símbolo o figura sea empleado".[37] Ella escribió en lenguaje claro que significa exactamente lo que pretendía decir. Eso es aún más necesario con respecto al delicado y difícil tópico de la naturaleza humana de Cristo.

Puntos Fuertes y Débiles de la Cristología Alternativa

Nuestra apreciación sería incompleta si los conceptos básicos de la Cristología alternativa no fuesen sometidos a un examen crítico. Por un lado, esa posición intermediaria tiene el mérito de reforzar la posición póst-lapsariana; pero por otro, ella perpetúa el error principal de la posición pré-lapsariana al declarar impecable la naturaleza humana de Cristo.

De hecho, los patronos de la Cristología alternativa afirman, como los pioneros, que la humanidad de Cristo no era la inocente humanidad de Adán antes de la caída. A fin de poder realizar la obra de salvación para la cual el Padre envió Jesús en carne "semejante al pecado", fue necesario que Él viniese "en Su encarnación en la humilde forma de siervo, retratando servidumbre, sujeción, subordinación. Él tomó una debilitada naturaleza humana y no la perfecta naturaleza de Adán antes de haber pecado".[38]

Esa posición hace un gran progreso en la dirección de un retorno a la verdad central del evangelio. Pero ella aún se prende a la idea equivocada del pecado original, de acuerdo con la cual los seres humanos nacen pecadores. Visto que a Jesús no le sería permitido heredar pecado, Él precisaba nacer con una naturaleza impecable. Consecuentemente, dicen ellos, que Cristo heredó apenas las debilidades de la constitución física del hombre, "simples debilidades": hambre, dolor, debilidad, tristeza y muerte", pero no "tendencia para pecar" o "propensiones pecaminosas".

Esas conclusiones encubren muchos lamentables engaños. El primero envuelve la misión de Jesús. El propósito de la Encarnación no era librar la humanidad de todas las "simples debilidades", sino libertarla del pecado interior que "me lleva cautivo a la ley del pecado que está en mis miembros" (Rom. 7:23). Para librarnos de la esclavitud del pecado es que Jesús fue enviado en "semejanza de carne pecaminosa" y tuvo que ser hecho "semejante a Sus hermanos." (Heb. 2:17)[39]

Hay también equivocaciones en ciertas expresiones tales como "propensiones heredadas" y "malas propensiones". Ellas no son semejantes en las obras de Ellen White. Propensión es una tendencia, una inclinación, una atracción a la tentación. Si resistida ella no se vuelve pecado. "Propensiones heredadas" se vuelven "malas propensiones" apenas después que cesó la tentación. Ellen White dice: "No Lo expongan [Cristo] delante del pueblo como un hombre con propensiones para pecar. Él es el segundo Adán. El primer Adán fue creado puro, impecable, sin una mancha de pecado sobre sí... A causa del pecado, su posteridade nació con inherentes propensiones para la desobediencia. Pero Jesucristo era el Hijo Unigénito de Dios. Él tomó sobre Sí mismo la naturaleza humana... Ni por un momento hubo en El una mala propensión".[40] Evidentemente, "Él sabe por experiencia cuales son las debilidades de la humanidad, cuáles son nuestras necesidades, y donde yace la fuerza de nuestras tentaciones; pues Él fue "tentado en todas las cosas, como nosotros, pero sin pecado' (Heb. 4:15)".[41]

Igualmente, hay un malentendido entre las expresiones "malas tendencias" y "malas propensiones". Ellen White hace una clara distinción entre ambas locuciones. Mientras declara solemnemente que Jesús nunca tuvo "malas propensiones",[42] también afirma que Él tenía que enfrentar y estar sujeto a todas las malas tendencias de las cuales el hombre es heredero, operando de toda manera concebible para destruir Su fe".[43]

Como William Hyde observó: "aun cuando era oprimido por las debilidades de la humanidad caída, Jesús nunca permitió que las tendencias y propensiones de la raza humana se volviesen malas. Él nunca permitió que una debilidad humana se volviese un pecado personal. Aun cuando tentado a pecar, nunca participó del pecado, nunca desarrolló propensiones malas o pecaminosas".[44]

Para justificar el punto de vista de que Jesús poseía una naturaleza humana sin pecado, Heppenstall afirmó que el pecado nunca fue transmitido por "propagación natural". Siendo "una cosa espiritual", el propio pecado no puede "ser transmitido genéticamente".[45] Si eso fuese verdad, debería ser válido para toda la humanidad, lo que claramente no es el caso. Al declarar que Jesús nació "de mujer, nació bajo la ley" (Gal. 4:4), Pablo confirma que Jesús heredó, como todos los hombres, "los resultados de la operación de la gran ley de la hereditariedad. Lo que fueron esos resultados es mostrado en la historia de Sus antepasados terrestres. Él vino con tal hereditariedad para compartir de nuestros dolores y tentaciones, y darnos ejemplo de una vida impecable".[46] La diferencia entre Jesús y el restante de la humanidad no procede del hecho de que todos los humanos son pecadores por hereditariedad. Ellos son pecadores "porque todos pecaron" (Rom. 5:12). Solamente Jesús nunca pecó, aun cuando vino "en semejanza de carne pecaminosa".

Obviamente, los ancestrales de Cristo poseían más que "simples debilidades". Ellen White afirma que "Cristo tomó sobre Sí las debilidades de la humanidad degenerada. Solamente así podría Él rescatar al hombre de las profundidades de su degradación"[47] "Al tomar sobre Sí la naturaleza del hombre en su condición caída, Cristo no participó, en lo mínimo que fuese, de su pecado".[48]

Para explicar esa paradoja, es imperativo que nos abstengamos de los errores de la inmaculada concepción y del pecado original. Eso es lo que trataremos de hacer en el capítulo final, con base en la Escritura.

Notas y Referencias

1. Adventist Review, 31 de Marzo de 1994.
2. Ibídem.
3. Ellen G. White, Selected Messages, libro 1, pág. 244.
4. Robert H. Pierson, en la Review and Herald, 7 de Diciembre de 1978. Ver Adventist Review, 1 de Noviembre de 1990: "An Appeal for church Unity" (Un Apelo a la Unidad de la Iglesia), del Instituto de Investigación Bíblica.
5. George R. Knight, From 1888 to Apostasy, pág. 135.
6. The Seventh-day Adventist Bible Commentary, Ellen G. White Comments, vol. 7, pág. 907.
7. En Esto Creemos, pág. 36.
8. Ver nuestro capítulo 2.
9. R. Allan Anderson, en Ministry, Septiembre de 1956. Ver nuestro cap. 14.
10. Questions on Doctrine, págs. 61 e 62.
11. W. E. Read, en Ministry, Abril de 1957. Ver nuestro cap. 10.
12. Ver En Esto Creemos, págs. 45-52.
13. Ídem, pág. 68.

14. Ellen G. White, manuscrito 1, 1892. En The Seventh-day Adventist Bible Commentary, Ellen G. White Comments, vol. 7, pág. 929.

15. LeRoy Edwin Froom, Movement of Destiny, pág. 428. Ver nuestro cap. 10.

16. Anderson.

17. Ibídem.

18. E. G. White, Selected Messages, libro 1, pág. 408 (Review and Herald, 18 de Febrero de 1890).

19. S. N. Haskell para Ellen G. White, 25 de Septiembre de 1900. (Itálicos suplidos) Ver nuestro cap. 7.

20. Ellen G. White, carta 132, 1900 (Selected Messages, vol. 2, pág. 37). Ver nuestro cap. 7.

21. Anderson. Ver nuestro cap. 10.

22. Ralph Larson hace un análisis crítico de esa declaración en The Word Was Made Flesh, págs. 249-261.

23. Froom, pág. 497.

24. Ellen G. White, carta 8, 1895, en Seventh-day Adventist Bible Commentary, Ellen G. White Comments, vol. 5, pág. 1128.

25. Ellen G. White, The Desire of Ages, pág. 117.

26. Anderson. Ver nuestro cap. 10.

27. Questions on Doctrine, pág. 55.

28. Ídem, pág. 52.

29. Ídem, págs. 60.

30. Ídem, págs. 61-62.

31. Ver el CD-ROM de Ellen G. White. Es verdad que la palabra vicariamente aparece en un subtítulo de Selected Messages, vol. 3, pág. 133. Obviamente, ese subtítulo debe ser acreditado a los autores de la compilación del libro y no a la pluma de Ellen White.

32. Questions on Doctrine, pág. 650.

33. E. G. White, en la Review and Herald, 1 de Noviembre de 1892.

34. E. G. White, en la Review and Herald, 5 de Abril de 1906 (Selected Messages, vol. 1, pág. 247).

35. Ellen G. White, carta 97, 1898.

36. Ellen G. White, carta 106, 26 de Junio de 1896. Citado en The Seventh-day Adventist Bible Commentary, Ellen G. White Comments, vol. 5, pág. 1126.

37. E. G. White, The Great Controversy, pág. 599.

38. Edward Heppenstall, The Man Who is God, pág. 74. Ver nuestro cap. 12.

39. Roy Adams, en la Review and Herald, 26 de Abril de 1990, y The Nature of Christ, págs. 68-69.

40. The Seventh-day Adventist Bible Commentary, Ellen G. White Comments, vol. 5, pág. 1128.

41. E. G. White, The Ministry of Healing (La Ciencia del Buen Vivir), pág. 71.

42. The Seventh-day Adventist Bible Commentary, Ellen G. White Comments, vol. 5, pág. 1128.

43. Ellen G. White, manuscrito 303, 1903, publicado en la Review and Herald, 17 de Febrero de 1994. Sin embargo, ese manuscrito no apenas no fue publicado en toda la vida de Ellen White; él nunca fue enviado y así debe ser usado con extrema cautela.

44. William T. Hyde, en Ministry, Febrero de 1972. Ver nuestro cap. 12.

45. Heppenstall, pág. 126. Ver nuestro cap. 12.

46. E. G. White, The Desire of Ages, pág. 49.

47. Ídem, pág. 117.

48. E. G. White, Selected Messages, vol. 1, pág. 256.

Capítulo 16—Datos bíblicos sobre Cristología

La posición de que Cristo tomó la caída naturaleza humana ha tenido apenas unos pocos defensores a través de la historia del Cristianismo, y aquellos que la enseñaban fueron frecuentemente considerados herejes. Eso precisa ser prontamente reconocido. Pero la verdad no depende del número de sus seguidores. Muchas verdades bíblicas esenciales han sido distorcionadas a través de los siglos, en razón de ideas preconcebidas o conceptos errados, resultando en una enseñanza completamente extraña a las Escrituras.

El problema de la naturaleza y destino de la humanidad es el primer ejemplo.[1] Al aceptar la idea platónica de la inmortalidad del alma, los padres de la Iglesia perpetuaron errores graves con respecto a la muerte, resurrección y vida eterna. Del mismo modo, por desconsideración de las informaciones del Nuevo Testamento sobre el asunto de la naturaleza humana de Cristo, fueron formuladas teorías arbitrarias que resultaron en doctrinas defectuosas.

Evidencias Neotestamentarias

Para resolver el problema, es preciso iniciar con un cuidadoso análisis de las informaciones. Un problema bien entendido está medio resuelto. Los datos escriturísticos claramente definidos sobre los cuales la Cristología se apoya, pueden ser sintetizados como un paradojo: Cristo participó de la "seme-janza de carne pecaminosa", sin compartir de ningún pecado de la humanidad.

Esa afirmación doble está colocada en el corazón del prólogo del evangelio de Juan. Por un lado, el apóstol declara: "El Verbo Se hizo carne", y por otro afirma que el Verbo "habitó entre nosotros"... lleno de gracia y verdad" (Juan 1:14). El paradojo surge del hecho de que, aun cuando Se haya hecho humano en estado de caído, Cristo, no obstante, vivió entre nosotros sin pecado, en perfecta obediencia a la ley de Dios.

Juan deja esa verdad como la piedra de toque de su Cristología: "En esto conocéis el Espíritu de Dios: todo espíritu que confiesa que Jesucristo vino en carne es de Dios; y todo espíritu que no confiesa a Jesús no es de Dios; sino que es el espíritu del anticristo..." (1 Juan 4:2-3)

La palabra carne, en Juan, tiene generalmente un significado despreciativo. Seres humanos nacen de acuerdo con "la voluntad de la carne" (Juan 1:13), y juzgan "según la carne" (Juan 8:15). Y Juan concluye: "Porque todo lo que hay en el mundo, la concupiscencia de la carne, la concupiscencia de los ojos y la soberbia de la vida, no viene del Padre, sino del mundo." El mismo Jesús siempre opuso sistematicamente "carne" y "Espíritu". "El que es nacido de la carne es carne, y el que es nacido del Espíritu es espíritu." (Juan 3:6) "El Espíritu es el que vivifica, la carne para nada aprovecha". (Juan 6:63)

Pablo también enfatiza en sus epístolas la oposición entre la carne y el Espíritu en la persona de Cristo. En la introducción de su epístola a los Romanos, él define la doble naturaleza de Cristo en estos términos: "... nació de la simiente de David según la carne; y que con poder fue declarado Hijo de Dios, según el espíritu de santidad (Rom. 1:3-4). Entonces, apelando a la grandeza del "misterio de la piedad", Pablo declara una vez más los fundamentos de la Cristología: "Aquel que Se manifestó en carne, fue justificado en espíritu..." (1 Tim. 3:16)

No satisfecho en afirmar que Cristo es, al mismo tiempo, carne y Espíritu -- esto es, verdaderamente hombre y verdaderamente Dios -- Pablo dice que Dios envió "... Su propio Hijo en semejanza de carne de pecado", así "en la carne condenó el pecado" (Rom. 8:3). Cualquiera que sea el significado dado a la palabra "semejanza", eso no significa que la carne de Cristo sería diferente de aquella de la humanidad en Su nacimiento. Jesús, sin embargo, no era como Adán antes de la caída, pues Dios no creó Adán "en semejanza de carne pecaminosa".

En su epístola a los Filipenses, Pablo destaca el paradojo existente entre la realidad de la condición humana y la perfección de la obediencia de Jesús hasta el fin de Su vida. De un lado, el apóstol acentúa la plena y total participación de Cristo en la naturaleza humana: "Él tomó 'la forma de siervo'" (literalmente esclavo); Él Se hizo "semejante a los hombres" y fue "obediente hasta la muerte, y muerte de cruz" (Fil. 2:7-8). En otras palabras, aun cuando era "nacido de mujer, nacido bajo la ley" como todos los seres humanos, por Su perfecta obediencia a la Ley de Dios Cristo no apenas "condenó el pecado en la carne" (Rom. 8:3), sino que se hizo el Redentor de aquellos que están "bajo la ley" (Gal. 4:5). En efecto, escribió Pablo: "Porque la ley del Espíritu de vida, en Cristo

Jesús, te libró de la ley del pecado y de la muerte". (Rom. 8:2)

La epístola a los Hebreos realza ese doble aspecto de la persona y obra de Cristo. "Pues, en verdad, no presta auxilio a los ángeles, pero si a la descendencia de Abraham. Por lo que convenía que en todo fuese hecho semejante a sus hermanos..." (Heb. 2:16-17). Una vez que los hermanos "son participantes comunes de carne y sangre, también Él, semejantemente, participó de las mismas cosas" (verso 14). Por lo tanto, Él "en todo fue tentado, pero sin pecado" (Heb. 4:15). Esa fue la condición necesaria para el cumplimiento de Su misión de servir como "un sumo sacerdote misericordioso y fiel en las cosas concernientes a Dios, a fin de hacer propiciación por los pecados del pueblo. Porque en aquello que Él mismo, siendo tentado, padeció, puede socorrer a los que son tentados". (Heb. 2:17-18).

Esos son los datos bíblicos fundamentales de la Cristología. Nadie tiene el derecho de debilitar o alterar esas informaciones con argumentos faltos de idoneidad bíblica.

El Concepto Bíblico de Pecado

Uno de los principales problemas de la Cristología envuelve malentendidos sobre la naturaleza del pecado. De forma a resolver el problema de la naturaleza humana de Cristo, precisamos determinar primeramente el concepto bíblico de pecado. A través de los siglos él fue entendido de diversas maneras, pero raramente en armonía con la enseñanza de las Escrituras.

Los católicos y muchos protestantes enseñan la doctrina del pecado original. Hay muchos modos de entender esa doctrina, pero el concepto básico es que somos pecadores por nacimiento, culpados simplemente porque pertenecemos a la familia humana como descendientes de Adán. De ese punto de vista, si Jesús hubiese nacido con la misma naturaleza pecaminosa como todos los otros hombres, Él sería un pecador, culpado por nacimiento. Consecuentemente, no podría ser nuestro Salvador.

Habiendo adoptado esa premisa, en armonía con los teólogos evangélicos, los promotores de la nueva Cristología adventista pudieron apenas concluir que "Cristo tomó la naturaleza de Adán antes de la caída". A fin de ser el Salvador del mundo, Cristo tenía que poseer una naturaleza sin pecado, la cual no tendría si hubiese nacido con la naturaleza de Adán después de la caída.

En razón de no haber base bíblica para la doctrina del pecado original, el adventismo tradicional la condenó o simplemente la ignoró. Ellen White, en todos sus escritos, nunca la mencionó. Una vez apenas ella usó la expresión "el pecado original" en relación al pecado cometido por Adán al principio. "Cada pecado cometido", escribió ella, "reaviva el eco del pecado original."[2] Hoy, algunos teólogos de otras confesiones, del mismo modo, consideran la doctrina del pecado original como extraña a la enseñanza bíblica.[3]

A fin de comprender la enseñanza bíblica sobre la cuestión del pecado, no es suficiente saber que el "pecado es ilegalidad" (1 Juan 3:4), y que todos los hombres son pecadores "porque todos pecaron" (Rom. 5:12). Los redactores de las Escrituras, y Pablo en particular, establecen ciertas distinciones sin las cuales la naturaleza humana de Cristo permanecería incomprensible. Primeramente, es importante no confundir pecado como un principio de acción y pecados como acción.

1. Pecado Como un Poder y Pecados Como Acciones

La Biblia establece una importante distinción entre pecado, en el singular, como el poder de la tentación, y pecados, en el plural, como actos transgresores de la ley. Pablo, en especial, hace la diferencia entre lo que él llama de "ley del pecado", que lo mantiene "prisionero" (Rom. 7:23), y "las obras de la carne", las cuales él clasifica (Gal. 5:19-21; Tito 3:3).

En su análisis del hombre "vendido bajo pecado", Pablo especifica que el principio del pecado vive en él, esto es, en su carne. Ese principio actúa en sus miembros, "guerreando contra la ley ..." Así, "aun queriendo yo hacer el bien, el mal está conmigo". "En efecto, el querer está en mí, pero el efectuarlo no". Consecuentemente, "no soy más yo que hago esto, sino el pecado que habita en mi". (Rom. 7:14-23).

Pablo define el principio que hace la humanidad "prisionera de la ley del pecado", usando varias expresiones. Primero lo llama de "inclinación de la carne" (phronema tes sarkos), oponiéndose a la "inclinación del Espíritu" (phronema tou pneumatos) (Rom. 8:6). La palabra phronema incluye las afecciones, la voluntad, así como la razón de alguien que vive de acuerdo con su naturaleza pecaminosa o de acuerdo con el Espíritu (Rom. 8:4 y 7). Pablo utiliza la expresión "la codicia de la carne" (ephithumian sarkos) (Gal. 5:16-17) traducida frecuentemente por la palabra carne (Rom. 1:24; 6:12; 7:7). Finalmente, la expresión "poder del pecado" (dunamis tes hamartia) (1 Cor. 15:56) traduce bien el aspecto dinámico del principio que opera en el hombre y lo hace esclavo del pecado.

A través de esas expresiones Pablo no quiere referirse a acciones del pecado, sino simplemente a las tendencias de la carne que impelen al pecado. Esas son apenas inclinaciones, no pecados aun. Pero tales tendencias naturales para la desobediencia, heredadas de Adán, inevitablemente se vuelven pecados cuando cedemos a sus apelos.

En su análisis del proceso de tentación, Santiago establece precisamente la diferencia que existe entre "codicia" (ephitumia) y el acto pecaminoso. De acuerdo con él, "cada uno, sin embargo, es tentado cuando atraído y seducido por su propia concupiscencia; entonces la concupiscencia, habiendo concebido, da a luz el pecado; y el pecado, siendo consumado, genera la muerte". (Santiago 1:14-15). En otras palabras "la concupiscencia de la carne, la concupiscencia de los ojos y la soberbia de la vida" (1 Juan 2:16), son los orígenes de todas las tentaciones, como las de Cristo en el desierto, volviéndose pecado solamente con el consentimiento del tentado.

Ellen White confirma ese punto de vista cuando escribe: "Hay pensamientos y sentimientos sugeridos y despertados por Satanás, que afectan aun al mejor de los hombres; pero si ellos no son nutridos, si ellos son repelidos como odiosos, el alma no es contaminada con la culpa, y nadie es contaminado por su influencia".[4] Cualquiera que pueda ser la intensidad de la tentación, ella nunca es, en sí misma, un pecado. "Ningún hombre puede ser forzado a transgredir. Su propio consentimiento debe ser primeramente obtenido; el alma tiene que querer practicar el acto pecaminoso antes que la pasión domine la razón o la iniquidad triunfe sobre la consciencia. La tentación, aun cuando sea fuerte, nunca es disculpa para pecar".[5]

Ellen White escribió: "El Hijo de Dios, en Su humanidad, luchó contra las mismas impetuosas y aparentemente aplastadoras tentaciones que asaltan al hombre -- tentación a la indulgencia con el apetito, la presunciosa osadía de aventurarse donde Dios no Lo condujera, y a la adoración del dios de este mundo, sacrificando así una feliz eternidad por los facinantes placeres de esta vida".[6] "Él sabe por experiencia cuales son las debilidades de la humanidad, cuales son nuestras necesidades, y donde yace la fuerza de nuestras tentaciones; pues Él fue "tentado en todos los puntos, como nosotros, pero sin pecado"".[7]

La diferencia entre Jesús y los seres humanos no está en el plano de la carne o de la tentación, una vez que Él "fue tentado en todos los puntos, como nosotros". La diferencia está en el hecho que Jesús nunca cedió a las seducciones de la carne, mientras todos nosotros, sin excepción, sucumbimos a ellas y quedamos bajo el poder del pecado (Rom. 3:9). Aun cuando alguien siente el deseo de hacer el bien, no tiene en sí mismo el poder para resistir la fuerza del pecado que habita en él (Rom. 7:18). Sólo Cristo, por el poder del Espíritu de Dios que en El habitaba, fue capaz de resistir "hasta la sangre, combatiendo contra el pecado" (Heb. 12:4). Ellen White confirma: "Aun cuando Él sufriese toda la fuerza de la pasión de la humanidad, nunca cedió a la tentación de practicar un simple acto que no fuese puro, elevado y ennoblecedor".[8]

Para comprender cómo Jesús pudo vivir sin pecar "en semejanza de carne pecaminosa", otra importante distinción debería ser hecha: la diferencia entre las consecuencias del pecado de Adán, transmitidas a todos sus descendientes, de acuerdo con la "gran ley de la hereditariedad"[9], y la culpa, que no es transmisible de padre para hijo.

2. Solamente Aquellos Que Pecan Son Culpados

De acuerdo con la doctrina del pecado original, no apenas son culpados los deseos de la carne, sino también todos los seres humanos en virtud del nacimiento, a causa del pecado de Adán. Eso explica la práctica del bautismo infantil para librar de la maldición del pecado. Esa creencia y práctica son totalmente extrañas a las Escrituras. Ni aun en (Rom. 5:12), el locus classicus (posición clásica) de la doctrina del pecado original, afirma que todos los seres humanos son nacidos pecadores. Fuera de eso, Pablo añade que antes de Moisés, la humanidad no pecaba "a la semejanza de la transgresión de Adán" (verso 14).

La Escritura enseña que la culpa no es transmisible por hereditariedad. Apenas aquel que peca es culpado. "No se harán morir los padres por los hijos, ni los hijos por los padres; cada cual morirá por su propio pecado". (Deut. 24:16; 2 Reyes 14:6). El profeta Ezequiel repite esa misma ley en estos términos: "El alma que pecar, esa morirá; el hijo no llevará la iniquidad del padre, ni el padre llevará la iniquidad del hijo. La justicia del justo quedará sobre él, y la impiedad del impío caerá sobre él". (Eze. 18:20)

Cada uno, por lo tanto, es culpado de sus propias faltas. Consecuentemente, aunque yo sea "pecador desde el tiempo en que mi madre me concibió" y "pecador desde el nacimiento", de acuerdo con las palabras del salmista (Sal. 51:5), de manera alguna soy, culpado del pecado de mis ancestrales. Pablo escribe que antes de su nacimiento, los hijos de Isaac y Rebeca no habían "practicado bien o mal" (Rom. 9:11). Ciertamente ellos se levaban en sí mismos, por hereditariedad, las consecuencias del pecado de Adán, que inevitablemente los volverían pecadores y responsables por sus propias transgresiones de la ley de Dios, pero no eran culpados ya sea por naturaleza o por hereditariedad. Así ocurre con todos los que son "nacidos de mujer, nacidos bajo la ley"(Gal. 4:4), y sucedió con el mismo Jesús.

Sobre ese punto, Ellen White escribe; "Es inevitable que los hijos sufran las consecuencias de los malos hechos de sus padres, pero ellos no son punidos por la culpa de sus padres, excepto si participan de sus pecados. Si los hijos andan en los pecados de los padres, ese será el caso. Por herencia y ejemplo los hijos se vuelven participantes del pecado de sus padres. Tendencias al error, apetitos pervertidos y corrupción moral, así como enfermedades físicas y degeneración, son transmitidos como legado de padre para hijo, hasta la tercera y cuarta generación".[10]

Lo que la posteridad de Adán y Eva heredó fue la tendencia para pecar y las consecuencia del pecado: muerte. Por sus transgresiones el veneno de la serpiente fue inoculado en la naturaleza humana como un virus mortal. Pero en Cristo, Dios proveyó la vacuna salvadora.

"En Semejanza de Carne Pecaminosa"

A la luz de lo que hemos dicho sobre la naturaleza del pecado, debería ser comprendido que era posible para Jesús vivir sin pecar, libre de toda corrupción, en pensamiento y actos, "en semejanza de carne pecaminosa".

Ya hubo mucha discusión sobre el significado de la palabra "semejanza" (homoiomati). Naturalmente, ella enfatiza semejanza, similitud, identidad, pero no diferencia. En los tres pasajes donde la expresión es usada, siempre indica identidad de una naturaleza que tiene que ver con parecerse o semejanza de la carne (Rom. 8:3), con el hombre (Fil. 2:7), o con la tentación (Heb. 2:17). Para estar en posición de poder ayudar los "descendientes de Abraham"... Él debía ser semejante a Sus hermanos" (Heb. 2:16-17).

Entretanto, es importante entender que Pablo no está diciendo que Cristo Se "asemejaba" al hombre carnal, ni que Su carne Se parecía con aquella del hombre pecaminoso, corrompido por una vida de pecado y esclavo de las malas propensiones. El apóstol limitó la semejanza a la carne en la cual habitaba "la ley del pecado", y donde "la concupiscencia de la carne, la concupiscencia de los ojos y la soberbia de la vida" (1 Juan 2:16) dominaban.

De acuerdo con (Santiago 1:15), la concupiscencia es la madre del pecado, y no el pecado en sí mismo, así como el pecado es el padre de la muerte y no la propia muerte. Las concupiscencias son tentaciones a las cuales todos los seres humanos están sujetos, y que el mismo Jesús tuvo que enfrentar, una vez que Él fue "tentado en todos los puntos, como nosotros" (Heb. 4:15). Pero, diferentemente de lo que acontece con nosotros, Cristo nunca permitió que las malas tendencias, aun cuando eran hereditarias y potencialmente pecaminosas, se volviesen pecado. Él siempre supo "rechazar el mal y escoger el bien" (Isa. 7:15), desde el día de Su nacimiento hasta la muerte en la cruz.

Ellen White y los defensores de la Cristología tradicional hacen distinción entre "tendencias hereditarias" y "tendencias cultivadas para el mal"[11] Ahora, si Jesús heredó tendencias para el mal, por otro lado, Él nunca las "cultivó". He aquí porque ella pudo escribir que Cristo conocía "por experiencia... el poder de nuestras tentaciones"[12], así como "el poder de la pasión de la humanidad"[13], pero sin nunca ceder a su fuerza de atracción.

La mejor explicación referente a las diferencias entre tendencias heredadas y cultivadas, es encontrada en la carta de Ellen White a Baker. Esa explicación es muy significativa, porque la carta es el principal documento sobre el cual los propugnadores de la nueva Cristología se fian para afirmar que Cristo tomó la impecable naturaleza de Adán antes de la caída.

"No Lo presenten delante del pueblo como un hombre con 'propensiones para pecar'. Él es el segundo Adán. El primer Adán fue creado puro y sin pecado, sin mancha de pecado sobre sí; él era la imagen de Dios. Podría caer y cayó por la transgresión. A causa del pecado, su posteridad nació con inherentes propensiones para la desobediencia. Pero Jesucristo era el Unigénito Hijo de Dios. Él tomó sobre Sí la naturaleza humana, y fue tentado en todos los puntos como ser humano. Él podría haber pecado; podría haber caído, pero ni por un momento había en El una mala propensión".[14]

Comparando "inherentes propensiones para la desobediencia", heredadas por toda la posteridad de Adán, con "malas propensiones", que Jesús no poseía, los teólogos de la nueva Cristología, bien como aquellos de la Cristología alternativa, interpretaron mal la carta de Ellen White a Baker, en contradicción con sus propias enseñanzas en otras partes.

Escribiendo a Baker, ella dijo: "Al tratar de la humanidad de Cristo, usted precisa estar atento a cada afirmación, con recelo de que sus palabras sean interpretadas como significando más de lo que quieren decir, y así pierdan o ofusquen las claras percepciones sobre Su humanidad combinada con la divinidad".[15] Y añadió: "Percibo que hay peligro en abordar asuntos que traten de la humanidad del Hijo del infinito Dios".[16]

De ahí esas advertencias: "Sean cuidadosos, extremamente cuidadosos al tratar de la naturaleza humana de Cristo. No Lo presenten al pueblo como un hombre con propensiones para el pecado".[17] "Nunca, de modo alguno, dejen la más leve impresión sobre mentes humanas, de que una mancha de pecado o inclinación para la corrupción habitaba en Cristo, o que Él, de alguna forma, cedió a ella... Que cada ser humano se abstenga de hacer Cristo totalmente humano, como uno de nosotros, pues eso no puede ser".[18]

Pero, si Ellen G. White insiste, por un lado, sobre la perfección inmaculada de Cristo, ella también declara que Su naturaleza impecable fue adquirida "bajo las más probantes circunstancias"[19], "para que pudiese comprender la fuerza de todas las tentaciones con las cuales el hombre es atacado".[20] Pero "en ninguna ocasión hubo cualquier respuesta a sus [Satanás] múltiples tentaciones. Ni por una única vez Cristo entró en el terreno de Satanás, para concederle cualquier ventaja. Satanás nada encontró en El para animarlo en sus avances". "'Está escrito', era Su arma de resistencia, y es esa la espada del Espíritu Santo que todo ser humano debe usar".[21]

Ciertamente, nunca comprenderemos plenamente como Cristo pudo ser "tentado en todos los puntos, como nosotros, pero sin pecado". Ellen White afirma: "La encarnación de Cristo fue y será para siempre un misterio".[22] Pablo declaró que "grande es el misterio de la piedad: Aquel que Se manifestó en carne, fue justificado en espíritu, visto de los ángeles, predicado entre los gentios, creído en el mundo, y recibido arriba en la gloria" (1 Tim. 3:16).

Dado que la nueva Cristología reivindica estar apoyada en algunas declaraciones de Ellen White -- particularmente aquellas hechas en la carta a Baker -- es pertinente demostrar que esa carta está en perfecto acuerdo con la enseñanza de los pioneros, y en armonía con la doctrina de los apóstoles.

Razones Para la Encarnación

Sin duda, la encarnación del Hijo de Dios siempre estará envuelta en cierto misterio para la comprensión humana. Sin embargo, el misterio dice más respecto al cómo de la encarnación que al por qué. Ningun pasaje bíblico explica cómo "el Verbo Se hizo carne", o cómo las naturalezas divina y humana fueron combinadas en la persona de Cristo. Por otro lado, Jesús y los apóstoles se manifestaron claramente sobre el porqué de Su venida. Vale decir, la solución para el problema de la encarnación debería primero ser buscada a la luz de lo que Dios reveló.

A través de los siglos, los teólogos se perdieron en sus respuestas al por qué. Con mucha frecuencia, explican el sacrificio de Cristo en relación a Dios antes que al hombre. Las teorías de la substitución penal ha hecho parecer que Dios precisaba de los sufrimientos de Cristo, o de la sangre de una víctima inocente, para perdonar pecados. Pero Dios Se define como siendo, por naturaleza, "misericordioso, compasivo, tardío en irarse... que perdona la iniquidad, la transgresión y el pecado". (Exo. 34:6-7)

(Isaías 53) muestra hasta qué punto la comprensión humana acerca del don de Dios puede estar equivocada: "... nosotros Lo refutábamos por afligido, herido de Dios y oprimido", al paso que "Él fue herido a causa de nuestras transgresiones, y aniquilado a causa de nuestras iniquidades" (Isa. 53:4-5). Obviamente, Jesús no Se ofreció en sacrificio para apaciguar la ira de un Dios ofendido. Dios no Se vengó en Cristo para satisfacer Su justicia. Todos los textos que explican la razón de la venida de Cristo afirman lo contrario, esto es, que Dios envió Su Hijo unigénito por nuestra causa. Dios siempre es presentado como el Iniciador del plan de la salvación y Jesús como el Mediador entre Dios y los hombres. "Aquel que ni aun escatimó a Su propio Hijo, antes Lo entregó por (hyper) todos nosotros..." (Rom. 8:32). Jesús confirmó eso a través de los símbolos de la Cena del Señor: "Esto es Mi cuerpo , que es dado (hyper) por vosotros... Este cáliz es el nuevo pacto en Mi sangre, que es derramada por [hyper] vosotros". (Lucas. 22:19-20).

Pablo se esforzó para ayudarnos a comprender las razones de la venida de Cristo. Pero debemos concordar con Pedro, que en sus epístolas hay "puntos difíciles de entender, que los indoctos e inconstantes tuercen..." (2 Pedro 3:16). La Cristología de Pablo realmente se constituye en uma de las más difíciles. Sin embargo, ningun pasaje es más revelador que aquel en el cual él muestra, por un lado, la miserable situación del hombre "vendido bajo pecado" (Rom. 7:14-24); y por otro, las razones por las cuales Dios envió "Su propio Hijo en semejanza de carne pecaminosa" (Rom. 8:2-4).

La pregunta que se hace a sí mismo: "¿Quién me librará del cuerpo de esta muerte?", él mismo responde: "Gracias a Dios, por Jesucristo nuestro Señor." (Rom. 7:24-25). Entonces, Pablo resume cuatro razones específicas para explicar el porqué de la acción salvífica de Dios:

1. "Para Ser Una Ofrenda por el Pecado"

Esa razón es fundamental y justifica todas las otras. Obviamente, si no hubiese habido pecado al inicio, la encarnación de Cristo no sería necesaria. Pero, a causa del pecado y del amor divino por la humanidad, "Dios ... dio a Su Hijo Unigénito, para que todo aquel que en El cree, no perezca, sino que tenga la vida eterna". (Juan 3:16). Toda la Biblia es la respuesta de Dios al problema del pecado.

Tan luego el pecado entró en el mundo como resultado de la desobediencia de Adán y Eva a las leyes del Creador, Dios reveló Su plan de salvación. Antes de mostrarle a nuestros primeros padres las consecuencias del pecado, Él les prometió un Salvador nacido de la simiente de la mujer. Aun cuando la serpiente hiriese Su calcañar, Él le pisaría su cabeza (Gen. 3:15).

Así, a través de los siglos, la promesa de un Salvador fue renovada. Por medio del ángel Gabriel, Dios le anunció a Daniel, el profeta, que el Mesías vendría en un tiempo específico para realizar Su obra redentiva, "para hacer cesar la transgresión, para dar fin a los pecados, para expiar la iniquidad y traer la justicia eterna..." (Dan. 9:24) Cuando Jesús Se presentó a Juan Bautista, en las márgenes del Jordán, él Lo proclamó como "el Cordero de Dios que quita el pecado del mundo". (Juan 1:29).

La misión de Cristo, una vez completada, es explicada por Pablo en términos similares a la razón por la cual Dios "envió Su Hijo en semejanza de carne pecaminosa", para condenar "el pecado en la carne" (Rom. 8:3).

2. Para Condenar "el Pecado en la Carne"

Evidentemente, esa condenación del pecado no fue realizada "vicariamente" o en la base de una mera transacción legal por parte de Dios. A causa del pecado, fue necesario que el Verbo Se hiciese carne (Juan 1:14), que Cristo "fuese hecho semejante a Sus hermanos" (Heb. 2:17) y que fuese "tentado como nosotros, pero sin pecado" (Heb. 4:15).

Para condenar 'el pecado en la carne", Pablo especifica que fue "en el cuerpo de Su carne" (Col. 1:22) que Cristo triunfó sobre el pecado, luchando contra el pecado a punto de derramar sangre (Heb. 12:4). A través de "Su carne" Cristo "abrió un nuevo y vivo camino" (Heb. 10:20), que nos llevó a la reconciliación con Dios. Pedro declaró que Cristo llevó "Él mismo nuestros pecados en Su cuerpo sobre el madero, para que, muertos para los pecados, pudiésemos vivir para la justicia..."(1 Ped. 2:24)

Fuera de eso, para abolir la muerte (2 Tim. 1:10) así como todas "las obras del diablo" (1 Juan 3:8), Cristo tuvo que participar de la "carne y de la sangre" del hombre, "para que por la muerte derrotase a aquel que tenía el poder de la muerte, esto es, el diablo" (Heb. 2:14). Ese fue el prerrequisito para Cristo hacerse "un Sumo Sacerdote santo, inocente, inmaculado, separado de los pecadores..." (Heb. 7:26), y estar en posición de librar a "todos aquellos que, con miedo de la muerte, estaban por toda la vida sujetos a la esclavitud" (Heb. 2:15). Esta es la segunda razón dada por Pablo para justificar la encarnación de Cristo.

3. Para Libertar los Seres Humanos "de la Ley del Pecado y de la Muerte"

Habiendo condenado el pecado en la carne, Cristo podía ahora actuar para librar al hombre de la esclavitud del pecado. "Porque en aquello que Él mismo, siendo tentado [pero sin pecado] sufrió, puede socorrer a los que son tentados" (Heb. 2:18; 4:15). Librar al hombre del pecado constituye, por lo tanto, el primer objetivo de la encarnación de Cristo.

A fin de ayudarnos, los escritores sacros usaron el lenguaje de una sociedad de practicante de la esclavitud, donde era necesario pagar rescate para libertar un esclavo. El mismo Jesús usó esas palabras para ilustrar la razón de Su misión. Él afirmó: "Todo aquel que comete pecado es esclavo del pecado". Y añadió para el beneficio de Su público: "Si, pues, el Hijo os libertar, verdaderamente seréis libres". (Juan 8:34 y 36) Pues "el Hijo del hombre vino... para dar Su vida en rescate de muchos". (Marcos 10:45; Mateo 20:28)

Pablo, semejantemente, usa esas expresiones. Él le escribió a los Gálatas: "Pero viniendo la plenitud de los tiempos, Dios envió Su Hijo, nacido de mujer, nacido bajo la ley, para rescatar [literalmente, comprar] a los que estaban bajo la ley, a fin de que recibamos la adopción de hijos". (Gal. 4:4-5). En su carta a Timoteo, él recuerda que Cristo "... Se dio a Sí mismo en rescate por todos". (1 Tim. 2:6) Entonces, en Tito, él escribe que Jesús "... Se dio a Sí mismo por nosotros, para redimirnos [literalmente, libertarnos] de toda iniquidad, y purificar para Sí un pueblo todo Suyo, celoso de buenas obras" (Tito 2:14). En suma, Jesús no solamente vino para quitar nuestros pecados (1 Juan 3:5), sino también para libertarnos de ellos (Apoc. 1:5; 1 Juan 1:7-9).

4. "Para Que la Justicia de la Ley se Cumpliese en Nosotros"

Ese es el principal objetivo por el cual Dios envió Su Hijo "en semejanza de carne pecaminosa". La conjunción "para que" (ina), que introduce la última declaración de Pablo, señala el propósito de la acción de Cristo a nuestro favor. Note que no es sobre la justificación (dikaiosune) que se está tratando aquí, sino de los justos (dikaioma) reclamos de la ley.

En nuestra situación como seres humanos, prisioneros de la ley del pecado, somos incapaces de obedecer los mandamientos de Dios. Aun cuando deseemos hacerlo, nos falta poder. Además, por sí misma, la ley es impotente para librarnos del poder del pecado. "... Si la justicia viene mediante la ley, luego Cristo murió en vano". (Gal. 2:21) Entretanto, eso no significa que la ley fue abolida y que no debemos más observarla. Al contrario, Pablo afirma que "la observancia de los mandamientos de Dios" es lo que cuenta (1 Cor. 7:19). Jesús fue enviado para capacitarnos a vivir de acuerdo con la voluntad de Dios, expresa en Su Ley, como nos enseñó por Su ejemplo.

Por Su participación en la sangre y carne de la humanidad, y en razón de Su victoria sobre el "pecado en la carne", Jesús se volvió para nosotros un principio vital, una licencia para la transformación, capaz de fortalecer cada pecador en la "obediencia que proviene de la fe" (Rom. 1:5; 16:26). Pues sí, a través de la solidaridad humana, "por la desobediencia de un sólo hombre muchos fueron constituidos pecadores", Pablo nos da la certeza de que "por la obediencia de uno, muchos serán constituidos justos". (Rom. 5:19)

En armonía con el nuevo pacto prometido, del cual Cristo es el Mediador, la ley no está más simplemente escrita en tablas de piedra. "Este es el pacto que haré con ellos después de aquellos días, dice el Señor. Pondré Mis leyes en sus corazones, y las escribiré en su entendimiento." (Heb. 10:16). De ese modo, la justicia de la ley puede ser realizada en nosotros, para que, después de eso, no más andemos según la carne, sino según el Espíritu, siguiendo el ejemplo de Cristo.

Victoria a Través "del Espíritu de Vida en Cristo Jesús"

En el mismo pasaje de la epístola a los Romanos, Pablo no explica meramente el porqué de la misión de Cristo. Él también nos revela el secreto de Su victoria sobre el pecado, y cómo lo imposible se hace posible para aquellos que están en Cristo. Por dos veces el apóstol hace referencia al Espíritu: primero, al decir que en Cristo estaba "el Espíritu de vida", y entonces, al mostrar cómo, por el Espíritu de Cristo, somos capacitados a "andar como Jesús anduvo" (1 Juan 2:6).

1. Cristo, "Justificado en el Espíritu"

Una de las revelaciones esenciales de la Cristología reside en el hecho de que el propio Cristo, durante Su manifestación en la carne, tuvo que ser "justificado en el Espíritu" (1 Tim. 3:16). En razón de Su victoria sobre el pecado y la muerte, Jesús "... con poder fue declarado Hijo de Dios." (Rom. 1:4). Aun cuando Jesús haya nacido "de la simiente de David según la carne" (Rom. 1:3), Mateo especifica que Él fue concebido por el Espíritu Santo (Mat. 1:18 y 20). De acuerdo con el salmista, Él fue puesto bajo el cuidado de Dios desde Su nacimiento (Sal. 22:10).

Entonces, en Su bautismo, Jesús "vio el Espíritu de Dios descendiendo como paloma y viniendo sobre Él" (Mateo 3:16). El Espíritu también Lo condujo al desierto "para ser tentado por el diablo" (Mat. 4:1). Porque Dios no le concedió a Jesús "el Espíritu por medida", Pablo escribió que "en El habita corporalmente toda la plenitud de la Divinidad" (Col. 2:9). Realmente, "Dios estaba en Cristo reconciliando Consigo mismo el mundo". (2 Cor. 5:19).

Toda la vida de Cristo en este mundo, así como toda Su obra en favor de la salvación del hombre, lleva el sello del "Espíritu de vida" que en El estaba. "Dios Lo ungió con el Espíritu Santo y con poder, el cual anduvo por todas partes, haciendo el bien y curando a todos los oprimidos del diablo, porque Dios era con Él". (Hechos 10:38) Sin el Espíritu, Jesús nunca habría sido capaz de realizar las obras que efectuó. "El Hijo, de Sí mismo, nada puede hacer..." (Juan 5:19, 30). Fuera de eso, sin el Espíritu de Dios, Él nunca habría sido capaz de derrotar el poder del pecado en Su propia carne. Pero por el Espíritu, Él Se santificó (Juan 17:19), para volverse "tal Sumo Sacerdote, santo, inocente, inmaculado, separado de los pecadores, y hecho más sublime que los cielos" (Heb. 7:26).

Para ayudarnos a comprender cómo Dios desea beneficiarnos con la victoria de Cristo, Pablo aplica la tipología de los dos Adanes. Él presenta a Jesús como el nuevo Adán, destinado a substituir el Adán transgresor. Mientras que "el primero Adán se hizo alma viviente; el último Adán, espíritu vivificante" (1 Cor. 15:45); en otras palabras, un espíritu que crea vida. De ahí, de acuerdo con el principio de la solidaridad humana, por la desobediencia del primer Adán, "entró el pecado en el mundo, y por el pecado la muerte, así también la muerte pasó a todos los hombres..." (Rom. 5:12). Pero, por Su obediencia, el segundo Adán le trajo a "todos los hombres ... justificación y vida". (Rom. 5:18). "Y, así como trajimos la imagen de lo terreno, traeremos también la imagen de lo celestial". (1 Cor. 15:49). Hay una condición, todavía: el Espíritu de vida que estaba en Cristo debe, igualmente, habitar en nosotros. Pues, "si alguien no tiene el Espíritu de Cristo, ese tal no es de El". (Rom. 8:9).

2. Transformado por el "Espíritu de Cristo"

El mismo Espíritu que permitió a Jesús obtener la victoria sobre el pecado, debería, semejantemente, actuar en nosotros con poder para hacernos hijos de Dios. Jesús fue el primero a explicar eso a Nicodemos: "En verdad, en verdad te digo que si alguien no nace del agua y del Espíritu, no puede entrar en el reino de Dios... Necesario es nacer de nuevo". Como la acción del viento, "así es todo aquel que es nacido del Espíritu". (Juan 3:5-8).

Jesús le habló a Sus discípulos sobre "el Espíritu que habían de recibir lo que en El creyesen". Pero Juan explica: "... el Espíritu aún no había sido dado, porque Jesús aún no había sido glorificado". (Juan 7:39) He aquí porque, después de haber anunciado Su partida, Jesús les reaseguró: "Todavía, os digo la verdad, os conviene que Yo vaya; pues si Yo no fuere, el Consolador no vendrá a vosotros; pero, si Yo fuere, os lo enviaré. Y cuando Él venga, convencerá al mundo de pecado, de justicia y de juicio". (Juan 16:7-8) Y más: "Cuando venga, sin embargo, Aquel, el Espíritu de verdad, Él os guiará a toda la verdad". (Juan 16:13).

Inmediatamente después de Su resurrección, Jesús renovó la promesa: "... Pero vosotros seréis bautizados en el Espíritu Santo dentro de pocos días". (Hechos 1:5) Y repitió: "Pero recibiréis poder, al descender sobre vosotros el Espíritu Santo, y me seréis testigos, tanto en Jerusalén, como en toda Judea y Samaria, y hasta los confines de la

Tierra". (Hechos 1:8) Aquello que Jesús le prometió a los doce y se cumplió en el Pentecostés, semejantemente lo promete a todos los que responden a los apelos del Espíritu. Pues "toda la autoridad en el Cielo y en la Tierra" le fue dada a Él (Mat. 28:18) Cristo está trabajando para atraer todos los seres humanos a Sí mismo (Juan 12:32), para dejarles clara la verdad y capacitarlos a vivir por el Espíritu, como Él mismo lo hizo cuando estuvo en la Tierra.

Desde el Pentecostés, Dios concede Su Espíritu a todo aquel que lo pide (Lucas 11:13). Y el Espíritu habita -- y también Cristo a través de Su Espíritu, en aquellos que Lo reciben. Así como Jesús venció "el pecado en la carne" por el Espíritu Santo, igualmente Él habilita Sus hijos a vencer por el poder del Espíritu. De hecho, (2 Pedro 1:4) declara que ellos se hacen "participantes de la naturaleza divina, habiendo escapado de la corrupción, que por la concupiscencia hay en el mundo".

Por Su ministerio, Jesús ha abierto el camino para el Espíritu y ha proporcionado un nuevo nacimiento a la generación de seres humanos regenerados por el Espíritu. Y a todos los que son nacidos del Espíritu, Dios no solamente les da el poder para decir "no" a la "impiedad y a las pasiones mundanas" sino también para vivir "en el presente mundo sobria, y justa, y piamente, aguardando la bienaventurada esperanza y el aparecimiento de la gloria de nuestro gran Dios y Salvador Cristo Jesús". (Tito 2:12-13).

Ellen White resumió perfectamente lo que los adventistas creen con respecto al papel del Espíritu en la vida del creyente. "Es el Espíritu que hace efectivo lo que fue realizado por el Redentor del mundo. Es por el Espíritu que el corazón es purificado. A través de Él creyente se hace participante de la naturaleza divina. Cristo concedió Su Espíritu como un divino poder para vencer todas las tendencias heredadas y cultivadas para el mal, y para imprimir Su propio carácter en la iglesia".[23] "Cristo murió en el Calvario para que el hombre pudiese tener el poder de vencer sus tendencias naturales para el pecado".[24]

La vida de los profesos cristianos no está, por lo tanto, limitada al perdón de los pecados, o a "una religión fácil que no exija lucha, abnegación y separación de los desatinos del mundo".[25] Contrariamente, el Espíritu de vida que está en Cristo ha realmente libertado al cristiano de la esclavitud del pecado, de forma que él pueda vivir victoriosamente, según el ejemplo del Salvador. "La vida que Cristo vivió en este mundo, hombres y mujeres pueden vivirla a través de Su poder y bajo Su instrucción. En su conflicto con Satanás, ellos pueden tener toda la ayuda que Él tuvo. Pueden ser más que vencedores por Aquel que los amó y a Sí mismo Se dio por ellos".[26]

Conclusión

Para encerrar este capítulo, citamos un pasaje extraído de un manuscrito de Ellen White, sobre el asunto de la humillación de Cristo. En el, Ellen White explica la naturaleza humana de Cristo de un modo que no podría ser más claro.

Primeramente ella evoca el dato fundamental de la Cristología bíblica: "Él [Cristo] no tomó para Sí la naturaleza de los ángeles, sino la humanidad, perfectamente idéntica a nuestra propia naturaleza, exceptuándose la mancha del pecado".

Entonces, reconociendo las dificultades de algunos en comprender una verdad totalmente opuesta al credo de las principales iglesias, Ellen White prosigue: "Pero no debemos apegarnos a nuestras ideas comunes y terrenas, y en nuestros deturpados pensamientos cogitar que el riesgo de Cristo ceder a las tentaciones de Satanás haya degradado Su humanidad, y que Él poseía las mismas tendencias pecaminosas y corruptas propensiones como el hombre".

"La naturaleza divina, combinada con la humana, Lo hizo susceptible de ceder a las tentaciones de Satanás. La prueba de Cristo fue mucho mayor que la de Adán y Eva, pues el Salvador tomó nuestra naturaleza caída pero no corrompida, la cual no se pervertiría a menos que Él atendiese a las palabras de Satanás en lugar de las palabras de Dios. Suponer que Cristo no pudiese ceder a la tentación, Lo coloca donde Él no puede ser un perfecto ejemplo para el hombre".[27]

El trecho siguiente muestra claramente que si Jesús vivió una vida impecable en una naturaleza humana diferente de la nuestra, y si Él no hubiese sido "en todo semejante a Sus hermanos" (Heb. 2:17), no podría "socorrer a los que son tentados" (Heb. 2:18). Esa es la misma verdad que Juan sintetiza en el prólogo de su evangelio, y que es el corazón de la Cristología bíblica: "El Verbo", que "estaba con Dios en el principio" -- "Se hizo carne y habitó entre nosotros lleno de gracia y verdad... pues todos nosotros recibimos de Su plenitud, y gracia sobre gracia". "A todos cuantos Lo recibieron, a los que creen en Su nombre, les dio el poder de volverse hijos de Dios". (Juan 1:2, 14, 16, 12)

Notas y Referencias

1. Ver Jean R. Zurcher, The Nature and Destiny of Man (New York: Philosophical Library, 1969).

2. Ellen G. White, en Review and Herald, 16 de Abril de 1901.

3. Ver nuestro capítulo 7 y Emil Brunner, Dogmatics, vol. 2, pág. 103.

4. Ellen G. White, en Review and Herald, 27 de Marzo de 1888.

5. _____, Testimonies for the Church, vol. 5, pág. 177.

6. _____, Selected Messages, libro 1, pág. 95.

7. _____, The Ministry of Healing, pág. 71.

8. _____, In Heavenly Places, pág. 155.

9. _____, The Desire of Ages, pág. 49.

10. _____, Patriarchs and Prophets (Mountain View, Calif.: Pacific Press Pub. Assn., 1913), pág. 306 (itálicos suplidos).

11. _____, Counsels to Parents, Teachers and Students (Mountain View, Calif.: Pacific Press. Pub. Assn., 1913), pág. 20; Christ's Object Lessons (Washington, D.C.: Review and Herald Pub. Assn., 1941), pág. 330.

12. _____, The Ministry of Healing, pág. 71. Carta 8 de Ellen G. White, 1895, en Seventh-day Adventist Bible Commentary, Ellen G. White Comments, vol. 5, pág. 1129 (itálicos suplidos).

13. _____, In Heavenly Places, pág. 155 (itálicos suplidos).

14. Carta 8 de Ellen G. White, 1895, en Seventh-day Adventist Bible Commentary, Ellen G. White Comments, vol. 5, págs. 1128, 1129 (itálicos suplidos).

15. Ibidem.

16. Ibidem.

17. bidem.

18. Ibidem.

19. Ibidem.

20. bidem.

21. Ibidem.

22. Ibidem.

23. E. G. White, The Desire of Ages, pág. 671.

24. _____, Review and Herald, 2 de Febrero de 1992.

25. _____, The Great Controversy, pág. 472.

26. _____, Testimonies for the Church, vol. 9, pág. 22.

27. Ellen G. White, manuscrito 111, 1890. Extraído de Journal 14, págs. 272-285.

Epílogo

No es la primera vez que la Iglesia Adventista ha confrontado serios problemas teológicos. Ninguna de las doctrinas de la iglesia fue aceptada sin un cuidadoso y diligente estudio, algunas veces seguido por largos períodos de discusión, investigación y oración. Comparando sus divergentes convicciones, los pioneros fueron capaces de excluir errados conceptos teológicos heredados de varias tradiciones cristianas, y aclarar verdades bíblicas tales como reveladas por las Escrituras.

Para cumplir su tarea, el principio aplicado era consistente con el praticado por los reformadores: sola scriptura (Sólo la Escritura). "La Biblia, y sólo la Biblia, es nuestro credo... El hombre es falible, pero la Palabra de Dios es infalible... Ergamos la bandera en la cual está escrito: 'La Biblia es nuestra regla de fe y disciplina'".[1] Ese fue el fundamento sobre el cual las creencias esenciales de la Iglesia Adventista fueron establecidas -- y ninguno otro más.

Cuando el problema de la justificación por la fe fue discutido en Minneapolis, en el año 1888, Ellen White creía ser necesario recordarle a los delegados el único método válido para resolver problemas doctrinales. "Tomemos la Biblia y con humilde oración y espíritu de aprendizaje, vamos al gran Maestro del mundo. ... Debemos examinar las Escrituras procurando las evidencias de la verdad... Todos los que reverencian la Palabra de Dios, tal como ella enseña; todos los que cumplen Su voluntad según lo mejor que pueden, conocerán si la doctrina es de Dios. ... Cualquier otro medio no es el modo de Dios y creará confusión".[2]

A causa de que la iglesia no siempre siguió estrictamente ese método en su búsqueda de la verdad, ella sufre hoy de un lamentable estado de confusión con respecto a la Cristología. El inevitable resultado es que la misma confusión ahora reaparece con relación a la doctrina de la justificación por la fe.[3] Es alto el tiempo de reconocer la seriedad de la situación y promover un fórum especial con el propósito expreso de profundizar la investigación sobre los diversos aspectos históricos y teológicos de la Cristología.

Este estudio no fue emprendido para recrudecer la controversia que infelizmente ya pagó un alto precio. Nuestro propósito es simplemente hacer conocida la enseñanza unánime de los pioneros de la iglesia, desde su inicio hasta los años cincuenta, así como las diversas interpretaciones presentadas por los autores en décadas recientes. La objetividad en esa cuestión requiere comprensión de toda la historia. El consejo de Ellen White -- cuyos escritos son, en sí mismos, el ámago de la controversia -- debería ser cuidadosamente seguido si esperamos alcanzar la unidad: "Que todos prueben sus posiciones por las Escrituras y substancien cada punto reivindicado como verdad por la revelada Palabra de Dios".[4]

Desde que comencé a escribir la historia de la Cristología Adventista -- intencionalmente restringida a los primeros 150 años de la iglesia (1844-1994) -- muchas obras fueron publicadas para ayudar a resolver la controversia que nos divide.[5] Cada uno de esos libros hace una significativa contribución al debate, pero a causa de sus puntos de vista antagónicos, ellos aun sostienen la confusión.

Es importante recordar la declaración de Kenneth Wood: "Antes que la iglesia proclame con poder divino el último mensaje de advertencia al mundo, ella debe unirse en torno de la verdad sobre la naturaleza humana de Cristo".[6] [Énfasis añadido] Nunca está demás repetir: "La humanidad del Hijo de Dios es todo para nosotros. Es la corriente de oro que liga nuestra alma a Cristo, y por medio de Cristo a Dios. Ese debe ser nuestro estudio".[7]

Notas y Referencias

1. Ellen G. White, Selected Messages, libro 1, pág. 416.

2. Ellen G. White, Manuscrito 15, 1888. Citado en A. V. Olson, Through Crisis to Victory, 1801-1901, págs. 293-302 (itálicos suplidos).

3. Martin Weber, Who's Got the Truth? (¿Quién Tiene la Verdad?) (Silver Spring, Md.: Home Study International, 1994).

4. Ellen G. White, Evangelism (Washington D.C.: Review and Herald Pub. Assn., 1946), pág. 256.

5. A. Leroy Moore, Adventism in Conflict: Resolving the Issues That Divide Us (El Adventismo en Conflicto: Solucionando las Cuestiones Que Nos Dividen) (Hagerstown, Md.: Review and Herald Pub. Assn., 1995); ver especialmente las págs. 145-157; Woodrow W. Whidden II, Ellen White on Salvation: A Chronological Study (Ellen G. White y la Salvación -- Un Estudio Cronológico) (Hagerstown, Md.: Review and Herald Pub. Assn., 1995) ver especialmente las págs. 57-65); Jack Sequeira , Saviour of the World: The Humanity of Christ in the Light of the Everlasting Gospel (El Salvador del Mundo: la Humanidad de Cristo a la Luz del Evangelio

Eterno) (Boise, Idaho: Pacific Press Pub. Assn., 1996); Woodrow W. Whidden II, Ellen White on The Humanity of Christ (Ellen White y la Humanidad de Cristo) (Hagerstown, Md.: Review and Herald Pub. Assn., 1997).

6. Kenneth H. Wood, en nuestro prefácio, pág. 9

7. E. G. White, Selected Messages (Mensajes Selectos), vol. 1, pág. 244.

Libros Para Continuar Comprendiendo Este Precioso Mensaje de 1888

1. Cristología en los Escritos de Elena G. de White, Ralph Larson. (A4)*
2. 1888 Reexamindo, Robert Wieland (A4).
3. El Retorno de la Lluvia Tardía, Ron Duffield (A4).
4. Herido en Casa de sus Amigos, Ron Duffield (A4).
5. La Palabra se Hizo Carne, Ralph Larson (A4).
6. Oro Afinado en Fuego, Robert Wieland (A4).
7. Carta a los Romanos, Waggoner (A4).
8. El Pacto Eterno, Waggoner (A4).
9. El Evangelio en Gálatas, Waggoner (A4).
10. El Camino Consagrado a la Perfección Cristiana, A. T. Jones (A4)
11. El Mensaje del Tercer Ángel 3 Tomos en 1, A. T. Jones (A4).
12. Lecciones sobre la Fe, Waggoner y Jones (A4).
13. Mensajera del Señor, Herbert Douglass (A4).
14. Cartas a las Iglesias, M. L. Andreasen (A4).

***PRONTO VENDRÁN MAS LIBRO EN CAMINO

* Tamaño del Libro y a letra GRANDE

Para conseguir estos libros por cajas (40% descuento) o un cátalogo con mas de nuestras publicaciones, favor escribirnos a:

lsdistribution07@gmail.com

www.ingramcontent.com/pod-product-compliance
Lightning Source LLC
LaVergne TN
LVHW082244060526
838200LV00046B/2048